Rudolf Stertenbrink

ALLEIN DIE LIEBE

Rudolf Stertenbrink

ALLEIN DIE LIEBE

WORTE
DER HEILIGEN THERESIA
VON LISIEUX

Zum Geburtstag [illegible] Ihnen,
liebe Frau [illegible] reichen
Segen, alles Gute, [illegible] Ge-
sundheit, Mut und [illegible]
Ihr [illegible]
[illegible]

Herder
Freiburg · Basel · Wien

VIERTE AUFLAGE
als Sonderausgabe

Imprimatur. – Freiburg im Breisgau, den 5. Februar 1980
Der Generalvikar: Dr. Schlund
Satz: Zobrist & Hof AG, Pratteln
Druck und Einband: Freiburger Graphische Betriebe 1987
ISBN 3-451-21051-7

Je heiliger eine Frau ist, um so mehr ist sie Frau. *Léon Bloy*

Man steht vor dem Bild eines Menschen, der eindrücklich beweist, daß, wie unfruchtbar und öde auch immer eine Zeitepoche sein mag, der in ihr lebende Mensch stets zum Ewigen durchbrechen kann. In jeder Geschichtsperiode besteht die Möglichkeit, der Aufforderung des Angelus Silesius nachzukommen: Mensch werde wesentlich! Nie ist ein Christ durch den Leerlauf seiner Zeit entschuldigt, denn auch im oberflächlichsten Jahrhundert kann er im Göttlichen verwurzelt sein. *Walter Nigg*

Sie gehört keiner Front noch Parteiung an: in ihr berühren sich vielmehr Alter und Jugend der Kirche, Dauer und Wiedergeburt in einem zeitlosen Jetzt. *Ida Friederike Görres*

Inhalt

Hinführung 11

I. GOTT IST DER UNVERGLEICHLICHE VATER

1. Gott – der Bettler um unsere Liebe 19
2. Das Schlüsselwort zum Geheimnis Gottes heißt Barmherzigkeit 26
3. Der Gott des Evangeliums vergilt nicht Gleiches mit Gleichem 32
4. Jesus allein versteht die Tiefe des Wortes „Lieben“ 35
5. Die großen Gnaden des Lebens vergißt man nicht 44

II. DIE ERFAHRUNG DER EIGENEN NICHTIGKEIT VOR GOTTES GRÖSSE UND LIEBE

1. Für Kinder gibt es keine Hindernisse 51
2. Demut ist Wahrheit 59
3. Die Wahrheit siegt immer 64
4. Reichtum schafft noch kein Glück 67
5. Einfache Menschen brauchen keine komplizierten Mittel 72

III. DAS MENSCHLICHE NICHTS ZIEHT GOTTES LIEBE AN

1. Jesus unterrichtet ohne Lärm 77
2. Irdische Worte können die Geheimnisse des Himmels nicht wiedergeben 80
3. Von der Notwendigkeit des Schweigens 83

IV. DIE BEFREIUNG AUS DEM LABYRINTH DES EIGENEN ICH

1. Hingabe ist Preisgabe des Stehens in sich selbst .. 87
2. Vertrauen wirkt Wunder 92
3. Vertrauen trotz Schwachheit und Schuld 96

V. WIE MAN MIT GOTT INS GESPRÄCH KOMMEN KANN

1. Meditation führt über die Sinne zum Sinn 105
2. Die Bibel offenbart uns Gottes Charakter 112
3. Das Gebet ist die Zeit Gottes 115
4. Nicht um im goldenen Kelch zu bleiben, steigt Gott vom Himmel herab 122
5. Beten mit Theresia 125

VI. DAS EINFACHE PROGRAMM DER LIEBE

1. Mein Beruf ist die Liebe 131
2. Liebe dient der Kirche mehr als Werke 137
3. Gott will nichts ohne uns tun 141
4. Auch Priester sind gebrechliche Menschen 145
5. Die Liebe gibt; sie zählt und rechnet nicht 147

VII. DER „KLEINE WEG“ IST EIN LEBENSWEG

1. Der „kleine Weg“ ist für alle da 159
2. Warten Sie nicht bis morgen, um heilig zu werden 163

VIII. VORBILDER SIND UNERLÄSSLICH

1. Was Menschenführung vermag 171
2. Vorbilder treiben zur Nachahmung an 177
3. Maria ist mehr Mutter als Königin 181
4. Die kanonisierten Heiligen müssen nicht immer die größten sein 186

IX. MAN MUSS KÄMPFEN, BEVOR MAN SIEGER WIRD

1. Die Dinge nicht einfach laufen lassen 193
2. Der Kampf gegen die Hinterlist der eigenen Natur 201

X. DAS WAHRE LEBEN VOLLZIEHT SICH IN DER VERBORGENHEIT UND SELBSTVERGESSENHEIT

1. Vom Loslassen zur Gelassenheit 209
2. Lob – Ruhm – Ehre 213
3. Die Kunst, sich selbst zu vergessen 217

XI. WIE SICH POSITIVES DENKEN AUSWIRKT

1. Die positiven Augen 227
2. Die Fähigkeit zu lächeln 232
3. Humor ist Siegesfreude 235
4. Die Freude wächst mit der inneren Weite 242
5. Der Friede liegt in der Tiefe 249

XII. DIE ERFAHRUNG DER VERGÄNGLICHKEIT

1. Feste sind Tage des Himmels 255
2. Man irrt sich, wenn man etwas Leben nennt, was enden muß 258
3. Jeder Augenblick ist eine Fundgrube 264

XIII. GOTT PRÜFT UNS IN DEM, WAS UNS AM TEUERSTEN IST

1. Kein Opfer übersteigt unsere Kraft 271
2. Auch das Leid will freundlich empfangen werden 275
3. Gott prüft den Glauben, bevor er Wunder wirkt 285

XIV. IM HIMMEL GIBT ES KEINE GRÄBER MEHR

1. Der Tod ist das Echo des Lebens 299
2. Himmel – ein Glück ohne Wolken 306

Abkürzungen 313
Anmerkungen 314
Lebensdaten 317

Hinführung

Der indische Religionsphilosoph G. Singh erzählt: „Eines Tages saß ich am Ufer eines Flusses. Ich zog aus dem Wasser einen runden harten Stein und zerschlug ihn. Das Innere war ganz trocken. Dieser Stein war lange im Wasser gelegen, aber das Wasser war nicht in ihn eingedrungen. Ebenso ist es mit den Menschen – in Europa. Jahrhundertelang sind sie vom Christentum umflutet, eingetaucht in seine Segnungen. Sie leben im Christentum, aber das Christentum ist nicht in sie eingedrungen und lebt nicht in ihnen. Die Schuld liegt nicht am Christentum, sondern an der Härte der Herzen. So wundere ich mich nicht, daß viele Menschen nicht verstehen können, was Christus ist."

Man kann natürlich das Herz eines Christen nicht wie einen Stein auseinanderschlagen, um in sein Inneres zu schauen. Dennoch kann dieser Vergleich zum Nachdenken anregen, und das deshalb, weil es hier um ein Problem geht, das auch Jesus gesehen hat. Es war ihm so wichtig, daß er es zum Gegenstand einer Rede machte. Er begann ungefähr so: „Das menschliche Herz gleicht einem sehr unterschiedlichen Ackerboden, in den der Same kommen soll." Dabei hatte er vier verschiedenartige Menschengruppen im Auge.

Zur *ersten* Gruppe gehören jene, deren Herz wie ein festgetretener Weg ist. Sie hören zwar Gottes Wort, aber es dringt nicht in ihr Inneres. Die *zweite* Gruppe umfaßt solche, deren Herz einem steinigen Boden gleicht. Sie sind zwar gefühlsmäßig ansprechbar, doch das Wort erreicht nicht ihre tieferen Schichten. Fragt man sie beispielsweise nach einer Predigt, was sie ihnen gegeben hat, dann sagen sie: „Na ja, sie war ganz schön!“ Und damit hat es sich. Die *dritte* Gruppe besteht aus jenen, die ein Herz voller Alltagssorgen und Lebenssehnsüchte haben, so daß es einem Acker voller Dornen und Disteln gleicht. Diese Leute hören die Botschaft von Gottes unvorstellbarer Güte, aber sie können nicht abschalten. Sie können den Alltag nicht Alltag sein lassen. So geben sie der Botschaft wenig Raum in sich. In der *vierten* Gruppe finden wir die Menschen mit dem guten Herzen. Weil sie offen sind, nehmen sie das Wort tief in sich auf. Das Wort macht sie anders; es verwandelt sie. Das Dunkle wird hell in ihnen, das Ohnmächtige stark, das Harte weich. Neue Augen wachsen ihnen. Alles erscheint ihnen in einem neuen Licht. Freude, Hoffnung, Mut, Zuversicht und eine eigentümliche Leichtigkeit kommen in ihr Leben. Sie haben den Eindruck: „Jetzt erst beginnt das Leben!“

Es nützt nun wenig, wenn man sagt: Die Offenheit ist die einzige Voraussetzung, damit das Wort Gottes uns erreicht. Ebenso wichtig ist, daß auch gezeigt wird, wie man dorthin gelangt. Dabei sind wir überzeugt, daß hier allein die Bibel helfen kann. Wie sollte Gott von uns jene heilsnotwendige Offenheit erwarten können, ohne uns zu sagen, wie sie uns gelingt? Die biblische Antwort wird eine Überraschung sein. Sie erklärt: Allein das Kind vermag uns zu sagen, wie wir zur Offenheit des Herzens kommen, damit uns Gott mit ungeahnten Gaben des Himmels beschenken kann. Warum?

Das Kind weiß, daß es aus sich selbst nichts ist, nichts hat und nichts kann. Aus diesem Bewußtsein wächst seine Blickrichtung, die das Kindlichste am Kind ist. Das Kind schaut nach oben, weil es *alles* von dort erwartet. Oben ist es weit und hell. Daher wird im Aufblick weit und hell das kindliche Herz. Je erwachsener ein Mensch wird, um so mehr besteht die Gefahr, daß sich seine Blickrichtung von oben nach unten verlagert und damit immer enger, dunkler und härter wird. Hier zeigt sich: gesund ist ein Mensch, wenn in ihm gesund ist das Kind; denn das Kindlichste am Kind ist zugleich das Menschlichste am Menschen![1]

Dies sind Schlüsselworte, die uns das Lebensgeheimnis eines Menschen erahnen lassen, der es unter diesem Gesichtspunkt in den wenigen Jahren seines irdischen Daseins zur Meisterschaft gebracht hat: Theresia von Lisieux (1873–1897). Wer sich in ihre Spiritualität vertieft, fühlt in sich „die Sehnsucht nach Größe und Heiligkeit aufsteigen, die dem Umgang mit erlesenen Menschen folgt“[2].

Theresia von Lisieux ist durch ihren „kleinen Weg der geistigen Kindheit“ weltbekannt geworden. Wenn auch dieser Ausdruck in keinem Werk, das sie selbst geschrieben hat, erscheint, charakterisiert er doch das Wesentliche ihrer Lehre. Allerdings wird man diesen Weg nur verstehen, wenn man sich auf ihn einläßt. Er führt zu jener „Wieder-Geburt“, über die Jesus mit Nikodemus einmal im Verlauf einer Nacht gesprochen hatte.

Damit wird sichtbar: es geht hier um die höchste und geheimnisvollste aller Beziehungen, um die Beziehung zwischen Mensch und Gott. Daher stimmt, wenn man sagt: Theresia hat mit ungeheurer Kühnheit ins Licht gestellt, was es heißt, daß Gott jeden Menschen bedingungslos liebt. Zugleich zeigt sie, wozu der Mensch fähig ist, wenn er sich rückhaltlos in diese Liebe fallenläßt. Von Gottes Liebe getragen, vermag er das Kleinste in großer Weise zu tun.

Wer auf dem „kleinen Weg“ zu diesem Vertrauen und dieser Hingabe kommt, für den wird das Evangelium zur Botschaft der Freude. Daher sagt Walter Nigg: „Dieser kleine Weg, den sie lehrte, ist nur scheinbar klein, und man macht sich keiner geistlichen Taschenspielerei schuldig, wenn man ihn als sehr groß bezeichnet (...) Von ihm gilt das Wort Hölderlins: ‚Oft offenbart sich im Kleinsten das Größte.' Mit ihrer Lehre vom kleinen Weg hat Theresia eine neue Art von Heiligkeit gefunden, die den Heroismus in das Gewand des Unscheinbaren kleidet. Eine neue Bahn hat sich eröffnet, der für die moderne Heiligkeit ungeahnte Bedeutung zukommt."[3]

Theresia lehrt nur, was sie in ihrem eigenen Leben erprobte. Ihre Lehre ist ihr Leben. Das ist keineswegs selbstverständlich. Man denke hier beispielsweise an den Philosophen Max Scheler (1874–1928). Als man ihn fragte, wie es möglich sei, daß zwischen seiner Lehre und seinem Leben ein solcher Unterschied bestehe, gab er die ebenso geistreiche wie fragwürdige Antwort: „Man kann von einem Wegweiser nicht verlangen, daß er den Weg selbst geht."[4] Indem Theresia den Weg, den sie lehrt, zuerst selbst geht, wird sie zu einem vertrauenswürdigen Wegweiser und ihr Weg zu einem wirklichen Lebensweg.

Die Heilige hat ihre „Lehre vom kleinen Weg der geistigen Kindheit" nicht systematisch entfaltet. „Bei dieser ganz urwüchsigen Intelligenz herrscht die Anschauung vor und eilt der Vernunft voraus."[5] Theresia denkt nicht, sie sieht. Intuitiv erfaßt sie die Zusammenhänge und formuliert sie in der Regel in knapp bemessenen Sätzen oder treffsicheren Bildern, die in verblüffender und origineller Weise zum Ausdruck bringen, was sie sagen will. Hans Urs von Balthasar erklärt sogar: „Mir ist in neuerer Zeit kein heiliggesprochener Christ bekannt, der ein solches dichterisches Vermögen gehabt hätte wie Theresia von Lisieux. Die Bilder sprudeln unter ihrer Feder nur so hervor, immer originell, immer ins Schwarze treffend. Sie illustriert damit ihre Lehre vom ‚Kleinen Weg', die dadurch noch farbiger, verständlicher, anziehender wird."[6] Spürt sie, daß in ihr etwas lebendig ist, das nicht von ihr selbst stammen kann, das vielmehr in sie hineingelegt wurde, dann beginnt sie mit dem Hinweis: „Ich fühle ..." oder „Ich spüre ..."

Darüber hinaus bemerkt der aufmerksame Leser ihrer Schriften, wie nicht selten in einzelnen Worten ihre ganze Lehre gegenwärtig ist. Dieses Phänomen erinnert uns an den Philosophen Martin Heidegger (1889–1976), der einmal bemerkte, daß jeder große Denker im Grunde nur einen einzigen Gedanken denkt[7]. Hier zeigen sich offensichtlich Parallelen zwischen großen Denkern und großen Sehern.

Obwohl es bei Theresia von Lisieux kein theologisches System gibt, haben wir in dem vorliegenden Werk den Versuch gemacht, sie selbst in systematischer Weise zur Sprache zu bringen. Dies scheint möglich, weil sie zu diesem oder jenem Thema an verschiedenen Stellen ihres Schrifttums „ihre Einfälle“ formuliert. Vergleicht man diese miteinander, so ist man überrascht, wie ein und dasselbe immer wieder neu gesehen wird. Außerdem wird bei sorgfältiger Betrachtung sichtbar, daß einzelne Themen miteinander sehr verwandt sind und deshalb zu einem Kapitel zusammengefaßt werden können. Von hier aus ist es dann nicht mehr schwer, aufgrund der erarbeiteten Kapitel einen Gesamtentwurf „herauszuspüren“, der es ermöglicht, jedem Kapitel den ihm zukommenden Platz zuzuweisen. Auf diese Weise konnte aus mehr als tausend kleinen oder größeren Bausteinen das Gebäude theresianischer Spiritualität errichtet werden. Bei all unserem Bemühen stimmen wir jedoch Hans Urs von Balthasar zu, wenn er darauf hinweist, daß sich die Lehre vom kleinen Weg gerade deshalb in verschiedener Weise richtig darstellen läßt, weil sie aus einem Guß ist. Dann aber betont er zurecht: „So gewichtig eine Darstellung sein mag, wichtiger noch ist es, teilzunehmen an der ursprünglichen Kraft der Vision.“[8]

Schließlich soll erwähnt werden, daß nahezu das gesamte französische Schrifttum der Heiligen berücksichtigt worden ist. Dieses liegt seit wenigen Jahren zu einem guten Teil in einer kritischen Ausgabe vor. Auch schien uns wichtig, jedes Zitat von der französischen Vorlage her zu übersetzen und zu belegen. So wird für einen Sachverständigen mit einem Blick ersichtlich, inwieweit die vorgestellten Worte *unmittelbar* aus der Feder der Heiligen hervorgegangen sind. Weil ein Wort oft unter verschiedenen Gesichtspunkten bedacht werden kann, ließ es sich nicht immer vermeiden, das eine oder andere Zitat in verschiedenen Zusammenhängen erneut aufzuführen.

Köln, den 4. Januar 1980 *Rudolf Stertenbrink OP*

Erstes Kapitel

GOTT IST DER UNVERGLEICHLICHE VATER

Theresia von Lisieux, diese sichere Theologin, die nie Theologie studierte, liefert uns keine abstrakten Begriffe von Gott. Davon gibt es in der Theologie genug. Daß Gott das absolute Sein oder das vollkommene und notwendige Wesen ist, mag eine wichtige Aussage sein; doch was sagt sie einem Menschen, der nach dem Sinn seines Lebens fragt, der sich selbst nicht mehr versteht, mit seinem Leben nicht mehr fertig wird, den Schatten seiner Schuld nicht abzuhängen vermag? „Daß Gott die Existenz ist … was bedeutet mir das, mir, diesem Gespinst ontologischer und moralischer Fehler, mir, diesem vom Tode bedrohten, vom Schwindel vor dem Nichts gepeinigtem Wesen?“[9]

Hören wir aber, daß Gott, wie die Bibel sagt, nichts als Liebe ist – Liebe für mich, und erfahren wir, was damit gemeint ist, dann sind wir bereits die Gefangenen dieser Liebe, die uns spürbar zu Bewußtsein bringt: Gott liebt dich bis in den Grund deines Daseins; denn er ist dir nicht nur Vater, er ist für dich „der unvergleichliche Vater“. Die Größe Theresias besteht darin, daß sie dieser Liebe geglaubt hat und diesen Glauben auch in den schwersten und dunkelsten Stunden ihres Lebens festzuhalten bemüht war. So wurde ihr Leben zu einem eindrucksvollen Kommentar der Worte aus dem ersten Johannesbrief, die voller Siegesfreude sind: „Wir haben die Liebe erkannt und an die Liebe geglaubt, die Gott zu uns hat!“ (4,16.)

1. Gott – der Bettler um unsere Liebe

Das Wort von Augustinus: „Die Sehnsucht Gottes ist der Mensch!“ könnte auch von Theresia gesprochen worden sein. Sie weiß, daß Gott alles eingesetzt hat, um beim Menschen anzukommen, daß er sich zum Bettler um unsere Liebe gemacht hat. Sie weiß aber auch, wie sehr Gott die Sehnsucht des bewußt lebenden Menschen ist. Diese Sehnsucht nach Gott, von dem allein sie sich bis in den Abgrund verstanden und geliebt weiß, drückt sich in vielen ihrer Worte aus. Das Einmünden von „Gottes Sehnsucht nach dem Menschen“ in „ihre Sehnsucht nach Gott“ ist die Erfüllung ihres Lebens. Es ist die Erfüllung eines jeden Menschenlebens, das sich nicht mit dem Vordergründigen und Oberflächlichen eines wechselhaften und vergänglichen Daseins zufriedengibt.

Wer auf Erden kennt uns vollkommen, und von wem sind wir vollkommen geliebt? CS 164

Gott allein kann mich verstehen. DE 253/11.7.1

Das Herz empfindet oft Sehnsüchte, die das Wort nicht auszudrücken vermag. Es sind Wünsche, die Gott allein verstehen oder vielmehr erraten kann. LT 139/30.12.92

Wie sehr kennt Gott ganz allein den Abgrund der Herzen ... Wie kurz sind die Gedanken der Geschöpfe.

MsC, 19v

Mein empfindsames und liebendes Herz hätte sich leicht verschenkt, hätte es ein Herz gefunden, das fähig gewesen wäre, es zu verstehen ... Ich suchte Freundschaft mit Mädchen meines Alters, vor allem mit zweien von ihnen. Ich liebte sie, und sie liebten mich ihrerseits, soweit sie dazu fähig waren. Doch wie eng und unbeständig ist das Herz der Geschöpfe! ... Schon bald erfuhr ich, daß meine Liebe nicht verstanden wurde. Eine meiner Freundinnen mußte nach Hause zurück und kam erst einige Monate später wieder. Während ihrer Abwesenheit hatte ich an sie gedacht und bewahrte sorgfältig einen kleinen Ring auf, den sie mir geschenkt hatte. Als ich meine Gefährtin wiedersah, war meine Freude groß. Doch welche Enttäuschung! Ich erhielt nur einen gleichgültigen Blick ... Meine Liebe war nicht verstanden worden. Ich fühlte es, und ich bettelte nicht um eine Zuneigung, die man mir versagte. Doch Gott hat mir ein so treues Herz geschenkt, daß es immer liebt, wenn es einmal in echter Weise geliebt hat (...) Wie dankbar bin ich Jesus, daß er mich „nur Bitterkeit in den Freundschaften dieser Welt" finden ließ. Mit einem Herzen wie dem meinen hätte ich mich einfangen und mir die Flügel beschneiden lassen. Wie wäre es mir dann noch möglich gewesen, „zu fliegen und zu ruhen" (Ps 54,7).

MsA, 38r

Alle meine Sehnsüchte sind dir genau bekannt. PN 23,6

Gott weckt keine Wünsche, die er nicht erfüllen kann.

LT 197/17.9.96

Gott kann unmöglich unerfüllbare Wünsche eingeben.
MsC, 2v

Mein Gott, je mehr du geben willst, desto mehr steigerst du das Verlangen. Ich fühle in mir unermeßliche Wünsche, und vertrauensvoll bitte ich dich zu kommen, um mich in Besitz zu nehmen. MA 317

Immer hat Gott mich wünschen lassen, was er mir geben wollte. DE 259/13.7.15

Immer hat mir gefallen, was Gott mir gab, und dies in einem solchen Ausmaß, daß es genau das war, was ich gewählt hätte, wenn er mich hätte wählen lassen. Das gilt auch hinsichtlich der Dinge, die mir weniger gut und schön als jene erschienen, die den anderen zuteil wurden.
DE 262/14.7.5

Als ich sah, daß Gott (...) meine Wünsche weit überstieg, da begriff ich, wie grenzenlos seine Liebe zu mir ist.
DE 269/16.7.2

Wie oft erklärte uns unser geliebter Vater: „Gott läßt sich niemals an Großmut übertreffen.“ LT 158/8.3(?).94

Ich habe nur noch einen Wunsch,
und das bist du, mein Gott. RP 3

Welches Glück, wenn man bedenkt, daß der dreifaltige Gott uns anschaut, daß er in uns ist und sein Gefallen daran hat, uns zu betrachten. LT 165/7.7.94

„Ihn zu erkennen, wie er sich selbst erkennt, und dadurch unsererseits Götter zu werden“ (Arminjon). Welch eine Bestimmung! Wie groß muß unsere Seele sein.
LT 57/23.7.88

Wir brauchen uns nur auszuliefern, uns unserem großen Gott zu überlassen. Was macht es also aus, wenn wir nichts aufzuweisen haben, was nach außenhin glänzt (...) Wie groß muß notwendigerweise eine Seele sein, um einen Gott zu umfassen! LT 165/7.7.94

Ich meditiere das Vaterunser. Es tut so gut, Gott unseren Vater zu nennen. CS 81

„Vater unser, der du bist im Himmel". Wie trostreich ist dieses Wort; welchen unendlichen Horizont eröffnet es unseren Augen. LT 127/26.4.91

Gott ist liebevoller als eine Mutter. MsA, 80v

Ich versichere dir, Gott ist viel gütiger, als du glaubst. LT 191/12.7.96

Ich fühle es genau: alles kommt von ihm. DE 301/4.8.3

Mehr als je zuvor begreife ich, daß selbst die kleinsten Ereignisse unseres Lebens von Gott gelenkt sind. Er ist es, der uns wünschen läßt und unsere Wünsche voll erfüllt. LT 201/1.11.96

Es ist unglaublich, wie sich alle meine Hoffnungen erfüllt haben. DE 351/31.8.9

Mit welcher Barmherzigkeit hat Gott mich stets geführt. Nie ließ er mich etwas wünschen, ohne es zu geben. Selbst sein bitterer Kelch schien mir angenehm. MsA, 71r

An ihre Kusine Marie Guérin: Gott wird dich nicht in seine Netze nehmen; denn du bist bereits darin eingeschlossen. LT 93/14.7.89

Im Hinblick auf Mt 23,37: Mein ganzes Leben lang hat er dies für mich getan: Er hielt mich vollkommen unter seinen Flügeln verborgen. DE 224/7.6.1

Ich fand keine Hilfe mehr auf dieser Erde, die mir wie eine dürre und wasserlose Wüste erschien. Meine ganze Hoffnung lag in Gott allein. MsA, 66r

Über mich selbst hinausgewachsen,
habe ich keine andere Stütze als meinen Gott. PN 30,1

Angesichts ihrer Todeskrankheit: Wenn ich ersticke, so wird mir Gott die Kraft geben. Ich liebe ihn. Er wird mich nie im Stich lassen. DE 284/27.7.15

Niemals läßt er die im Stich,
die einzig und allein ihn suchen. RP 8

An ihrem Sterbetag: Mein Gott, du, der du so gut bist! … Ja, du bist gut, ich weiß es … DE 382/30.9

Liebe zählt mehr als Bewunderung. DE 256/12.7.2

Gott ist bewunderungswürdig; doch vor allem ist er liebenswert. Lieben wir ihn also. LT 94/14.7.89

Verstehen wir es also, diesen Gott, der um unsere Liebe bettelt, festzuhalten. LT 191/12.7.96

Da Gott so großzügig zu mir ist,
möchte ich es auch ihm gegenüber sein. RP 1

Deine Liebe kam mir von Kindheit an zu Hilfe. Sie wuchs mit mir heran. Und jetzt ist sie zu einem Abgrund geworden, dessen Tiefe ich nicht auszuloten vermag. Liebe zieht Liebe an. Daher, mein Jesus, wirft sich die meine dir entgegen. Sie möchte den Abgrund, der sie anzieht, ausfüllen. Doch sie gleicht nicht einmal einem Tautropfen, verloren im Ozean. MsC, 35r

Unser Vater, der ins Verborgene schaut, sieht mehr auf die Absicht als auf die Größe der Tat. MsC, 28v

Ich liebe Gott so sehr, daß ich ihm gerne mit meiner Liebe und mit meinen kleinen Opfern Freude machen möchte, selbst wenn er nicht wüßte, daß sie von mir kommen. DEA 27/15.5.3

Ich bin kein Egoist. Nicht mein Ich, sondern Gott ist es, den ich liebe. DE 284/27.7.12

Mein Gott, du weißt es: Nie habe ich nach etwas anderem verlangt, als dich zu lieben. Keine andere Ehre erstrebe ich. MsC, 34v

Aus Liebe zu Gott nehme ich alles an, selbst alle Arten von Hirngespinsten, die mir in den Sinn kommen. DE 220/4.6.3

Ich erwarte hier auf Erden keinerlei Belohnung. Alles tue ich für Gott. So kann ich nichts verlieren, und immer bin ich sehr gut entschädigt für die Mühe, die ich mir gebe, um dem Nächsten zu dienen. DE 206/9.5.2

Ich glaube, es gab keine drei Minuten, in denen ich nicht

mit Gott vereint war. Das ist nicht schwer: man denkt von Natur aus an den, den man liebt. PO 30

Ich bereue es nicht, mich der Liebe ausgeliefert zu haben. – Nein, ich bereue es nicht. Im Gegenteil! DE 274/22.7.1

Dreifaltiger Gott, du bist Gefangener meiner Liebe. PN 17,2

2. Das Schlüsselwort zum Geheimnis Gottes heißt Barmherzigkeit

Gottes Liebe ist ihrem Wesen nach barmherzige Liebe, das heißt, eine Liebe, die nach unten geht und dabei keine Grenzen kennt, um auch den, der sich im tiefsten Dunkel befindet, zum Licht zu führen. Oft bemerken wir die hilfreiche Nähe dieser Liebe nicht. Daher meinen wir, wir hätten es aus eigener Kraft geschafft, wieder nach oben gekommen zu sein, oder wir schreiben es glücklichen Umständen zu. Wir übersehen, daß Gott uns in der Regel unmerklich führt.

Nicht selten wird uns seine Hilfe aber auch so zuteil, daß wir von vornherein vor diesem oder jenem Übel bewahrt bleiben. Wie alle wahrhaft großen Menschen, so blieb sich auch Theresia stets bewußt, daß jeder Mensch zu einem Verräter werden kann, wenn er in eine entsprechende Situation gerät. Das Bewußtsein, nie in schwerer Weise schuldig geworden zu sein, ist für sie immer wieder Anlaß, Gottes vorsorgender Liebe zu danken. Ja, ihr gegenüber ist sie dankbarer als gegenüber seiner verzeihenden Liebe, da seine Vorsorge ihr im vornhinein alle Schuld verziehen hat.

Das Eigentümliche der Liebe ist, sich zu erniedrigen.

MsA, 2v

Damit die Liebe vollkommen zufriedengestellt wird, muß sie sich erniedrigen, muß sie sich bis zum Nichts erniedrigen und dieses Nichts in Feuer umwandeln. MsB, 3v

Indem Gott auf diese Weise herabsteigt, zeigt er seine unermeßliche Größe. MsA, 3r

Will Gott schöne Gedanken und erhabene Gefühle, so hat er seine Engel ... Er könnte sogar Wesen erschaffen, die so vollkommen sind, daß sie keinerlei Schwächen unserer Natur haben. Aber nein, er erfreut sich an den armen, kleinen Geschöpfen, die schwach und hilfsbedürftig sind ... Zweifellos gefällt ihm das besser! CS 29

Er hat mit Sicherheit alle wünschenswerten Vollkommenheiten. Aber – wenn ich es so sagen darf – er hat zugleich eine große Schwäche: er ist blind! Und es gibt eine Wissenschaft, die er nicht kennt: das ist das Rechnen (...) Würde er genau sehen und könnte er rechnen, glauben Sie, daß er angesichts all unserer Schuld uns nicht ins Nichts zurückfallen ließe? Aber nein, seine Liebe zu uns macht ihn wirklich blind. Beachten Sie auch: würde der größte Sünder der Erde seine Schuld im Augenblick des Todes bereuen und in einem Akt der Liebe sterben, so zählt er nur sein letztes Gebet und empfängt ihn, ohne zu zögern, in den Armen seiner Barmherzigkeit, ohne einerseits die zahlreichen Gnaden zu zählen, die dieser Unglückliche zurückgewiesen hat, und alle seine Vergehen andererseits.

Um ihn aber so blind zu machen und ihn daran zu hindern, auch nur die kleinste Rechnung zu schreiben, muß man verstehen, ihn beim Herzen zu nehmen. Dort ist seine schwache Stelle. HA 1906, 269f; PO 453f

Wenn man liebt, dann zählt man nicht. PN 17, 5

Jede Sünde findet Barmherzigkeit, und Gott ist mächtig genug, selbst denen Grund zu geben, die keinen haben.
LT 147/13.8.93

Als jemand zu ihr kam und sie um Vergebung bat: Wenn Sie wüßten, was ich empfinde. Noch nie ist mir so klar geworden, mit welcher Liebe Jesus uns aufnimmt, wenn wir ihn nach einem Fehltritt um Verzeihung bitten. Wenn schon ich, sein armes, kleines Geschöpf in dem Augenblick, da Sie zu mir zurückkehren, eine solch zärtliche Liebe empfinde, was muß dann erst im Herzen Gottes vorgehen, wenn man zu ihm zurückkehrt. Ja, ich bin sicher: noch schneller, als ich es eben tat, wird er all unsere Sünden vergessen, um sich nie mehr daran zu erinnern … Er wird noch mehr tun: er wird uns noch mehr lieben als vor unserem Fehltritt! HA 1953, 225

Schimpft ein Vater mit seinem Kind, wenn es seine Schuld selbst bekennt? Bestraft er es dann? Gewiß nicht! (…) Ein König, der auf die Jagd gegangen war, verfolgte einen weißen Hasen. Seine Hunde hatten ihn schon fast eingeholt. In diesem Augenblick kehrte der kleine Hase, der sich bereits verloren glaubte, plötzlich um und sprang in die Arme des Jägers. Dieser war über so viel Vertrauen betroffen und wollte sich von dem weißen Hasen nicht mehr trennen. Niemandem erlaubte er, ihn anzupacken, und behielt sich die Sorge für seine Nahrung vor.

Genauso wird sich Gott uns gegenüber verhalten, wenn wir, verfolgt von der Gerechtigkeit – versinnbildlicht durch die Hunde – Zuflucht in den Armen unseres Richters suchen … CS 52

Gott ließ mich verstehen, daß es Menschen gibt, auf die zu warten seine Barmherzigkeit nicht abläßt, denen er sein Licht nur stufenweise schenkt. MsC, 21r

Von allen Seiten wird deine barmherzige Liebe verkannt, ja, verworfen. Die Herzen, an die du sie verschwenden willst, wenden sich den Geschöpfen zu, um von ihnen das Glück mit ihrer erbärmlichen Zuneigung zu erbetteln, anstatt sich in deine Arme zu werfen und deine unendliche Liebe anzunehmen. MsA, 84r

Wenn Jesus von Magdalena sagte, daß der mehr liebt, dem man mehr vergeben hat, so kann man es mit noch mehr Recht sagen, wenn er die Sünden im voraus vergeben hat. LT 130/23.7.91

Jesus hilft uns, ohne daß es den Anschein hat.
LT 65/20.10.88

Gott, der mein Herz für sich allein wollte, erhörte bereits mein Gebet, „die Tröstungen der Erde in Bitterkeit zu verwandeln" (NC III, 26.3). Ich bedurfte dessen um so mehr, als ich für Lob nicht unempfänglich gewesen wäre. Oft rühmte man vor mir die Intelligenz der andern, aber nie die meine. Daraus schloß ich, daß ich keine hatte und fügte mich darein, daß sie mir vorenthalten war. MsA, 38r

Mit seinem außergewöhnlichen Feingefühl geht Jesus voraus und beseitigt die Steine auf dem Weg.
LT 149/20.10 (?).93

Ich fühle, Jesus hielt mich für zu schwach, um mich der Versuchung auszusetzen. Vielleicht hätte ich mich von dem trügerischen Licht völlig verbrennen lassen, hätte ich es vor meinen Augen funkeln gesehen ... Doch es widerfuhr mir nicht. Wo Stärkere der Freude begegnen und sich dann um der Treue willen davon lösen, empfand ich nur einen bitteren Geschmack. Ich habe also keinerlei Verdienst, wenn ich mich nicht der Zuneigung zu den Geschöpfen ausgeliefert habe, da ich davor allein durch das große Erbarmen Gottes bewahrt wurde.

Ich erkenne, daß ich ohne ihn genauso tief wie die hl. Magdalena hätte fallen können. Darüber hinaus klingt in mir liebevoll das tiefsinnige Wort des Herrn an Simon nach. Ich weiß: „Wem man weniger vergibt, der liebt auch weniger" (Lk 7,47). Aber ich weiß auch, daß Jesus mir mehr vergeben hat als der hl. Magdalena, da er mir im voraus vergab, indem er mich am Fallen hinderte. Ich wollte, ich könnte ausdrücken, was ich fühle! ... Hier ein Beispiel, das meinen Gedanken ein wenig erkennen läßt.

Ich setze den Fall, der Sohn eines tüchtigen Arztes stolpert auf seinem Weg über einen Stein und bricht sich bei diesem Sturz ein Bein. Sein Vater sucht ihn sofort auf, hebt ihn liebevoll auf und behandelt seine Verletzungen, wobei er sich aller Mittel seiner Kunst bedient. Bald ist sein Sohn vollkommen geheilt und zeigt ihm seine Dankbarkeit. Zweifellos hat dieses Kind allen Grund, seinen Vater zu lieben.

Aber ich will noch einen anderen Fall setzen. Der Vater, der wußte, daß auf dem Weg seines Sohnes ein Stein liegt, eilt ihm voraus und schafft ihn fort, ohne daß ihn irgendeiner sieht. Gewiß wird ihm dieser Sohn, dem seine vorausschauende Liebe galt, der aber von dem Unglück, vor dem er durch seinen Vater bewahrt wurde, nichts weiß, keine Dankbarkeit zeigen und ihn weniger lieben, als wenn er von ihm geheilt worden wäre. Wenn er aber (eines Tages) von der Gefahr erfährt, der er soeben entgangen war, wird er ihn dann nicht mehr lieben?

Nun, ich selber bin dieses Kind, Gegenstand der vorausschauenden Liebe eines Vaters, der sein Ewiges Wort nicht gesandt hat, um die Gerechten, sondern die Sünder zu erlösen. Er will, daß ich ihn liebe, weil er mir nicht nur vieles, sondern alles erlassen hat. Er erwartete nicht, daß ich ihn – wie die hl. Magdalena – sehr liebte. Vielmehr wollte er mich erfahren lassen, wie sehr er mich mit einer unaussprechlich vorsorglichen Liebe umfangen hielt, damit ich ihn jetzt bis zur Verrücktheit liebe!! … Ich habe sagen hören, daß man noch keiner reinen Seele begegnet sei, die mehr als eine reumütige geliebt hätte. Wie sehr möchte ich dieses Wort Lügen strafen! MsA, 38v/39r

Man muß die anderen immer mit Liebe beurteilen. CS 107

Es ist nicht Ihre Aufgabe, Friedensrichter zu sein. Nur Gott allein hat dieses Recht. Ihre Aufgabe ist vielmehr, ein Friedensengel zu sein. CS 106

Sein Recht behaupten und Gerechtigkeit fordern ist kein Unrecht gegen den Nächsten, wohl aber für Sie. Wie schade! CS 106

Sein Recht suchen, das bedeutet: zum Nachteil seiner selbst handeln. CS 106

3. Der Gott des Evangeliums vergilt nicht Gleiches mit Gleichem

Im Evangelium begegnen wir nicht dem Gott der Gerechtigkeit, sondern dem Gott barmherziger Liebe. Daher schreibt Hans Urs von Balthasar in seiner Deutung theresianischer Spiritualität: „Die Liebe ist wie die Offenbarung des innersten Wesens Gottes: ‚Gott ist die Liebe' (1 Jo 4,8) heißt es, und niemals: Gott ist die Gerechtigkeit." Das wurde von Theresia ganz klar erkannt. Die Grenzenlosigkeit der Liebe Gottes war die einzige Motivation ihres ganzen Denkens und Lebens. Daher fährt Hans Urs von Balthasar fort: „Mit dem Abbau des Gerechtigkeitsbegriffs als eines einschränkenden Gegenbegriffs zur Liebe erreicht Theresias theologische Kühnheit ihren Höhepunkt."[10] Für sie ist Gottes Gerechtigkeit nur eine Ausdrucksweise seiner barmherzigen Liebe, die um die Hinfälligkeit des Menschen weiß und vor allem ihre Aufmerksamkeit auf das Positive in einem Menschen richtet.

Ich begreife mittlerweile, daß sich nicht alle Menschen gleichen können. Es muß unter ihnen verschiedene Arten geben, damit jede Vollkommenheit Gottes in besonderer Weise geehrt wird. Mir hat er seine unendliche Barmherzigkeit geschenkt, und durch sie hindurch betrachte und verehre ich die anderen göttlichen Vollkommenheiten! … Jetzt zeigen sich mir alle im Lichtkegel der Liebe; selbst die

Gerechtigkeit (und diese vielleicht noch mehr als jede andere) scheint mir mit Liebe bekleidet. MsA, 83v

Ich weiß, daß man ganz rein sein muß, um vor dem Gott, der der Inbegriff der Heiligkeit ist, zu erscheinen. Aber ich weiß auch, daß der Herr unendlich gerecht ist. Diese Gerechtigkeit, die so viele abschreckt, ist der Grund meiner Freude und meines Vertrauens. Gerecht sein bedeutet nicht nur, den Schuldigen gegenüber Strenge walten lassen, es bedeutet darüber hinaus, die aufrichtigen Absichten anerkennen und die Tugend belohnen.

Ich erhoffe mir von Gottes Gerechtigkeit genauso viel wie von seiner Barmherzigkeit. Weil er gerecht ist, „ist er mitfühlend und von großer Milde, langsam im Strafen und überreich an Erbarmen; denn er kennt unsere Gebrechlichkeit; er weiß, daß wir nur Staub sind. Wie ein Vater seine Kinder zärtlich liebt, so hat der Herr Mitleid mit uns!" (Ps 103, 8.14.13.) (...)

So denke ich von Gottes Gerechtigkeit. Mein Weg ist ganz Vertrauen und Liebe. Ich verstehe die Menschen nicht, die vor einem so mitempfindenden Freund Angst haben. LT 226/9.5.97

Welch wohltuende Freude, wenn man bedenkt, daß der gütige Gott gerecht ist, das heißt, daß er unsere Schwächen berücksichtigt, daß er die Gebrechlichkeit unserer Natur bis ins letzte kennt. Wovor sollte ich Angst haben? Sollte der unendlich gerechte Gott, der sich herabließ, alle Fehler des verlorenen Sohnes mit so viel Güte zu verzeihen, nicht auch mir gegenüber gerecht sein, die „ich stets bei ihm bin"? MsA, 83v/84r

Gottes Gerechtigkeit gibt sich mit sehr wenigem zufrieden, wenn das Motiv die Liebe ist. CS 54

Ich habe nie etwas anderes gewollt, als Gott Freude zu machen. Hätte ich versucht, Verdienste zu sammeln, ich wäre jetzt verzweifelt. CS 57

Am Abend dieses Lebens werde ich vor dir mit leeren Händen erscheinen; denn ich bitte dich nicht, Herr, meine Werke zu zählen. Unsere ganze Gerechtigkeit hat Flecken in deinen Augen. Daher will ich mich mit deiner eigenen Gerechtigkeit bekleiden und von deiner Liebe den ewigen Besitz deiner selbst empfangen. Ich will keinen anderen Thron und keine andere Krone als dich. MA 317

4. Jesus allein versteht die Tiefen des Wortes „Lieben“

Jesus Christus, wie er uns in den Evangelien begegnet, ist eindeutig die Mitte im Leben der Heiligen von Lisieux. Er ist ihr „Bräutigam“. Durch sein Antlitz hindurch erkennt und liebt sie das Antlitz Gottes. Zugleich weiß sie sich durch das Antlitz Jesu hindurch von Gott ganz persönlich erkannt und geliebt. So gewinnt man den Eindruck, Gott verberge sich vor ihr hinter Jesus, wie sie sich hinter Jesus vor Gott verbirgt. Für sie ist Jesus alleiniger Mittler zwischen Gott und Mensch. Ihm möchte sie durch ihr Denken, ihre Lebensführung und ihr Opfern nicht nur immer ähnlicher werden; sie möchte mit ihm eins sein, damit er ihr Leben ist und sie mit ihm am Ende ihres Lebens Gott sagen kann: „Dich habe ich auf Erden verherrlicht; ich habe das Werk vollendet, das du mir aufgetragen hast …“(Jo 17,4f).

Du trägst das All und schenktest ihm das Leben;
und dennoch dachtest du an mich. PN 24,6

Ein Gott hat sich für Sie sterblich gemacht. RP 5

Theresia liebte den kurzen Dialog, der dem hl. Bernhard zugeschrieben wird: **„Jesus, was hat dich so klein gemacht?“ – „Die Liebe!“** CS 41

Welches Glück, daß Gott Mensch wurde, damit wir ihn lieben können (...) Sonst würden wir es nicht wagen.

PO 157

Für mich kenne ich keinen anderen Weg als die Liebe, um zur Vollkommenheit zu gelangen ... Lieben, wie ist unser Herz dafür geschaffen! ... Manchmal suche ich ein anderes Wort, um die Liebe zum Ausdruck zu bringen. Aber im Land der Verbannung sind die Worte unfähig, alle Schwingungen der Seele wiederzugeben. Daher müssen wir uns an dieses eine Wort „Lieben" halten.

An wen aber verschwendet unser armseliges und liebehungriges Herz seine Liebe? Wer ist dafür groß genug? ... Kann ein menschliches Wesen sie begreifen ... und vor allem wer versteht es, sie zu erwidern? ... Es gibt nur einen, der die Tiefe dieses Wortes „Lieben" verstehen kann! ... Allein Jesus versteht es, uns unendlich mehr zurückzugeben, als wir ihm geben.

(...) Jesus ist krank. Man muß wissen, daß die Krankheit der Liebe nur durch Liebe geheilt wird (...) Welches Geheimnis der Liebe!

LT 109/27–29.7.90

Welches Glück, für den zu leiden, der uns bis zur Verrücktheit liebt, und in den Augen der Welt für verrückt gehalten zu werden. Man beurteilt die anderen nach sich selbst, und da die Welt verrückt ist, denkt sie logischerweise, wir seien die Verrückten! ...

Aber schließlich sind wir nicht die ersten. Das einzige Verbrechen, das Jesus von Herodes zur Last gelegt wurde, war, daß er verrückt sei. Und ich urteile wie er ... Ja, es war verrückt, die armseligen, kleinen Herzen von Sterblichen aufzusuchen (...) Er, dessen Gegenwart die Himmel nicht fassen können! ... Er war verrückt, auf die Erde zu kommen, um Sünder heimzusuchen und sie zu seinen Freunden, zu seinen Vertrauten, zu seinesgleichen zu machen; er, der mit den beiden anbetungswürdigen Personen des Dreieinigen Gottes vollkommen glücklich war! ... Nie werden wir für ihn jene Torheiten begehen können, die er für uns beging. Unsere Handlungen verdienen diesen Namen nicht; denn sie sind allzu vernünftig und bleiben weit unter dem, was unsere Liebe vollbringen möchte. Die Welt ist also verrückt, da sie nicht weiß, was Jesus getan hat, um sie zu retten. Sie ist ein Wucherer, der die Menschen verführt und sie zu Brunnen lenkt, die keine Wasser haben. LT 169/19.8.94

Die Geschöpfe sind zu klein, um die unermeßliche Leere auszufüllen, die Jesus in dir ausgehoben hat. Gib ihnen keinen Raum in dir. LT 93/14.7.89

Wenn Sie wüßten, wie gleichgültig ich den Dingen der Welt gegenüber sein möchte. Was bedeuten mir alle geschaffenen Schönheiten. Ich wäre unglücklich, und mein Herz wäre so leer, würde ich sie besitzen! ... Es ist nicht zu glauben, wie groß mir mein Herz erscheint, wenn ich alle Reichtümer der Erde betrachte, weil ich sehe, daß alle zusammen es nicht zufriedenstellen könnten. Betrachte ich hingegen Jesus, wie klein kommt es mir dann vor! ... Ihn mehr lieben, als er jemals geliebt worden ist ... Mein einziger Wunsch ist, immer den Willen Jesu zu tun!

LT 74/6.1.89

Jesus allein liest im Tiefsten der Seele. LT 75/6. oder 7.1.89

Der Herr ist so gut zu mir, daß es mir unmöglich ist, ihn zu fürchten. Immer hat er mir gegeben, was ich wünschte, oder vielmehr: er ließ mich wünschen, was er mir geben wollte. MsC, 31r

Ich sehe, daß er allein unwandelbar ist, daß er allein meine grenzenlosen Wünsche erfüllen kann. MsA, 81v

Jesus, wollte ich all meine Wünsche aufschreiben, so müßte ich mir dein Buch des Lebens ausleihen. Denn darin werden die Taten von allen Heiligen berichtet, und diese Taten möchte ich für dich vollbracht haben ... Mein Jesus, was wirst du nun auf all meine Verrücktheiten antworten? ... Gibt es eine kleinere, eine ohnmächtigere Seele als die meine! ... Doch gerade wegen meiner Schwachheit, Herr, hat es dir gefallen, meine kleinen kindlichen Wünsche zu erfüllen, und heute willst du andere, die größer als das Universum sind, in Erfüllung gehen lassen. MsB, 3r

Jesus, verzeihe mir, wenn ich dummes Zeug rede, indem ich dir meine Wünsche und Hoffnungen, die das Unendliche berühren, noch einmal sage. Verzeihe mir und heile meine Seele, indem du ihr gibst, was sie sich erhofft!

MsB, 2v

Ich bedarf eines Herzens,
das brennt vor zärtlicher Liebe,
das meine Stütze bleibt ohne jeden Sinneswandel,
das alles in mir liebt, selbst meine Schwäche,
das mich nicht verläßt, weder bei Nacht noch am Tag.
Ich habe kein Geschöpf finden können,
das mich immer liebte, ohne jemals zu sterben.
Ich brauche einen Gott, der meine Natur annahm,
der mein Bruder wurde und leiden konnte. PN 23,4

Mein brennendes Herz verlangt danach,
sich unaufhörlich zu verschenken.
Es hat das Bedürfnis, seine Liebe zu beweisen.
Wer wird meine Liebe verstehen können?
Und welches Herz möchte mir Gegenliebe schenken?
Vergebens verlange ich danach.
Jesus, du allein kannst mich zufriedenstellen.

Nichts vermag mich hier auf Erden zu beglücken.
Das wahre Glück ist dort nicht anzutreffen.
Mein einziger Friede, mein einziges Glück,
meine einzige Liebe, das bist du, mein Herr. PN 36,1

Jesus, ich weiß, Liebe wird nur durch Liebe bezahlt. Daher habe ich das Mittel gesucht und gefunden, um mein Herz zu erleichtern, indem ich dir Liebe mit Liebe erwidere. MsB, 4r

Jetzt habe ich nur noch den einen Wunsch, nämlich Jesus bis zur Verrücktheit zu lieben ... Meine kindischen Wünsche sind verflogen. MsA, 82v

Solange es dir gefällt, wird dein kleiner Vogel ohne Kraft und ohne Flügel bleiben. Immer wird er ausharren, die Augen fest auf dich gerichtet. Er will fasziniert werden von deinem göttlichen Blick. Er will die Beute deiner Liebe werden. MsB, 5v

Unser Herr will „die treuen Schafe in der Wüste" (Mt 18,12) zurücklassen. Wieviel sagt mir das! ... Er ist sich ihrer sicher. Sie können sich nicht mehr verirren, denn sie sind die Gefangenen der Liebe. LT 142/6.7.93

Um dich zu lieben, gib mir tausend Herzen.
Aber das ist doch zu wenig, Jesus, höchste Schönheit!
Gib mir, um dich zu lieben,
dein eigenes göttliches Herz. PN 24,31

Jesus, ich bitte dich nur um den Frieden und um die Liebe, die unendliche Liebe, die keine andere Grenze hat als dich. MA 315

Um meine Wohnstatt zu nehmen
im Ozean der Liebe,
deshalb komme ich zu dir. PN 24,11

Genauso wie ein Strom, der sich mit Heftigkeit in den Ozean wirft, alles mit sich reißt, was ihm unterwegs begegnet, genauso, mein Jesus, zieht die Seele, die sich dem uferlosen Ozean deiner Liebe hingibt, alle Kostbarkeiten, die sie besitzt, mit sich. MsC, 34r

Ich will ihm nichts abschlagen, selbst wenn ich mich auf Erden traurig und allein fühle. Er bleibt mir noch. Hat nicht die hl. Theresa gesagt: Gott allein genügt?
LT 27/8.10.87

Der hl. Franz von Sales sagt: „Wenn in einem Herzen das Feuer der Liebe brennt, dann fliegt das ganze Mobiliar zum Fenster hinaus.“ Lassen wir nichts außer Jesus in unserem Herzen! LT 89/26.4.89

Jesus, für deine Liebe
hab' ich nicht geschont mein Leben. PN 51,4

Mir scheint, die Liebe kann ein langes Leben ersetzen. Jesus schaut nicht auf die Zeit, weil es im Himmel keine mehr geben wird. Es vermag nur auf die Liebe zu sehen … Ihn lieben und ihn lieben lassen, welch ein Glück ist das!
LT 114/3.9.90

Wer Jesus liebt, gehört zu seiner ganzen Familie. In diesem einzigartigen Herzen, das nicht seinesgleichen hat, findet er alles, was er sich wünscht. Dort findet er seinen Himmel! LT 130/23.7.91

Wie gerne möchte ich mich vom Herrn magnetisieren lassen ... Ja, ich will, daß er sich meiner Fähigkeiten derart bemächtigt, daß ich keine menschlichen und persönlichen Taten mehr vollbringe, sondern nur noch göttliche, die vom Geist der Liebe eingegeben und gelenkt sind.

HA 1906, 282

Unaufhörlich sagte ich mir selbst diese Worte des hl. Paulus: „Nicht mehr ich lebe, sondern Jesus lebt in mir" (Gal 2,20). MsA, 36r

Was bedeutet denn das Verlangen, angezogen zu werden, wenn nicht, sich auf innige Weise mit dem Gegenüber, das das Herz gefangenhält, zu vereinen? Hätten Feuer und Eisen Verstand und würde letzteres zum anderen sagen: „Ziehe mich an!", würde es damit nicht beweisen, daß es sich danach sehnt, mit dem Feuer so eins zu werden, daß dieses es durchdringt, es mit seiner glühenden Substanz durchsetzt und mit ihm nur eins zu sein scheint? (...) Ich bitte Jesus, mich in die Flammen seiner Liebe hineinzuziehen, mich mit ihm so innig zu vereinen, daß er in mir lebt und wirkt. MsC, 35v/36r

Seitdem ich erfaßte, daß es mir unmöglich war, das Geringste aus eigener Kraft zu tun, fiel mir die Aufgabe (...) nicht mehr schwer. Ich fühlte, daß es einzig darauf ankam, mich mehr und mehr mit Jesus zu vereinen, und daß „das übrige mir dazu gegeben würde" (Mt 6,33). Tatsächlich wurde meine Hoffnung nie enttäuscht.

MsC, 22v

Vor einiger Zeit habe ich ein Wort gefunden, das ich sehr schön finde: „Die Ergebung ist noch unterschieden vom Willen Gottes. Es besteht zwischen ihnen derselbe Unterschied, der zwischen Vereinigung und Einheit waltet. In der Vereinigung ist man noch zwei, in der Einheit ist man nur noch eins.“ Wir sollten mit Jesus nur eins sein und alles geringschätzen, was vergänglich ist. Unsere Gedanken müssen auf den Himmel ausgerichtet sein, denn dort wohnt Jesus. LT 65/20.10.88

Auch für mich wird der letzte Abend anbrechen. Dann möchte ich dir, mein Gott, sagen können: „Dich habe ich auf Erden verherrlicht; ich habe das Werk vollendet, das du mir aufgetragen hast; deinen Namen habe ich unter denen bekannt gemacht, die du mir gegeben hast“ (Jo 17,4ff). MsC, 34r

Ich fühle, daß allein Jesus in mir handelt, wenn ich barmherzig bin. Je mehr ich mit ihm vereint bin, um so mehr liebe ich auch meine Schwestern. MsC, 12v

Mit Freude sehe ich, daß sich das Herz weitet, wenn man ihn liebt, und daß es so unvergleichlich mehr Liebe denen schenken kann, die ihm teuer sind, als wenn es sich in eine egoistische und unfruchtbare Liebe verstrickt hätte. MsC, 22r

Eine einzige Liebestat läßt uns Jesus besser erkennen ... Sie wird uns ihm für die ganze Ewigkeit näher bringen! LT 89/26.4.89

Im Evangelium erfahren wir, daß „das Volk ergriffen war, sobald er sprach“ (Lk 19,48). Jesus faszinierte die schwachen Seelen durch seine göttlichen Worte. Er war bemüht, sie für den Tag der Prüfung zu stärken ... Doch wie klein war die Zahl der Freunde unseres Herrn, als er vor seinen Richtern schwieg! LT 145/2.8.93

Das ganze Herzblut will er für sich ... LT 82/28.2.89

Das Vergessenwerden, das ist es – wie mir scheint –, was ihn am meisten schmerzt. LT 108/18.7.90

Welches Geheimnis ist unsere Größe in Jesus …
LT 137/19.10.92

Wir sind größer als das ganze Universum. Eines Tages werden wir selbst ein göttliches Dasein haben. LT 83/5.3.89

Jesus muß unser göttlicher Bindestrich sein.
LT 149/20(?).10.93

Welche Verbindung und welche Zukunft! LT 116/7.9.90

5. Die großen Gnaden des Lebens vergißt man nicht

Der Rückblick in die Vergangenheit des eigenen Lebens ist für Theresia ein wichtiger Weg zur Gotteserfahrung. Auf ihm wird ihr bewußt, mit welch sicherer Hand Gott sie bislang führte und wieviele Zeichen seiner hilfreichen Nähe sie empfangen durfte. Dabei entdeckt sie staunend, wie Gottes Liebe in einem kurzen Augenblick vollbringt, was ihr im Verlauf vieler Jahre nicht gelingen wollte. Da sie während ihres ganzen Lebens nicht vergißt, daß nichts in ihr ist, was seine Liebe auf sie hätte herabziehen können, erklärt sie am Ende ihres kurzen Daseins: „Alles ist Gnade!" In diese wenigen Worte legt sie „ihre ganze Erfahrung, ihre ganze Lehre und ihre ganze innere Einstellung"[11].

Die großen Gnaden des Lebens wie die der Berufung sind unvergeßlich. Es wird Ihnen nützlicher sein, sie im Gedächtnis zu überdenken, als sie schriftlich nachzulesen.

PO 468

Ich machte mir (damals) wahrscheinlich über alles Sorgen. Es war das Gegenteil von heute; denn der gütige Gott schenkt mir die Gnade, wegen keiner vergänglichen Ange-

legenheit niedergeschlagen zu sein (...) Es hat sich in mir ein solcher Wandel vollzogen, daß ich nicht wiederzuerkennen bin ... Wahr ist, daß ich die Gnade ersehnte, „über meine Handlungen eine absolute Herrschaft zu besitzen, ihre Herrin und nicht ihre Sklavin zu sein" (NC III, 38.1). Diese Worte aus der „Nachfolge Christi" berührten mich tief. Aber ich mußte mir diese unschätzbare Gnade sozusagen durch mein sehnsüchtiges Verlangen danach kaufen. Ich war noch ausschließlich ein Kind, das nur den Willen der anderen zu haben schien, weshalb die Leute von Alençon meinten, ich hätte einen schwachen Charakter.

MsA, 43r/v

Es war notwendig, daß Gott ein kleines Wunder wirkte, um mich in einem Augenblick wachsen zu lassen. Dieses Wunder wirkte er am unvergeßlichen Weihnachtsfest. In dieser lichtvollen Nacht, die die Glückseligkeit des Dreifaltigen Gottes aufleuchten läßt, verwandelte Jesus (...) die Nacht meiner Seele in eine Lichtflut ... In dieser Nacht, in der er sich aus Liebe zu mir schwach und leidend machte, machte er mich stark und mutig. Er legte mir seine Waffenrüstung an, und seit jener gesegneten Nacht wurde ich in keinem Kampf mehr besiegt. Im Gegenteil! Ich eilte von Sieg zu Sieg und begann sozusagen „einen Riesenwettlauf" (Ps 19,6). MsA, 44v

Die Weihnachtsnacht 1886 war tatsächlich für meine Berufung entscheidend. Um sie aber noch genauer zu kennzeichnen, muß ich sie die Nacht meiner Bekehrung nennen. In dieser gesegneten Nacht, von der geschrieben steht, daß sie die Herrlichkeit Gottes selbst aufleuchten läßt, hatte Jesus, der aus Liebe zu mir ein Kind wurde, die Güte, mich von den Windeln und Unvollkommenheiten der Kindheit zu befreien. Er formte mich derart um, daß ich mich selbst nicht mehr wiedererkannte. Ohne diese Umwandlung hätte ich noch viele Jahre in der Welt zubringen müssen. Die hl. Teresa, die zu ihren Töchtern sagte: „Ich will, daß ihr in nichts Frauen seid, sondern in allem starken Männern gleicht“, hätte mich nicht als ihr Kind anerkennen wollen, wenn mich der Herr nicht mit seiner göttlichen Kraft bekleidet hätte, wenn nicht er selbst mich für den Krieg ausgerüstet hätte. LT 201/1.11.96

Gott hatte es innerhalb kurzer Zeit verstanden, mich aus dem engen Kreis heraustreten zu lassen, in dem ich mich drehte, ohne zu wissen, wie ein Herauskommen möglich war. MsA, 46v

Ich habe den Eindruck, Gott braucht keine Jahre, um sein Werk der Liebe in einem Menschen zu vollbringen. LT 124/20.10.90

Nichts in ihr war geeignet, seinen göttlichen Blick auf sich zu ziehen. Alles Gute in ihr hat einzig sein Erbarmen gewirkt. MsA, 3v

Gott verschwendet seine größten Schätze und gibt sie uns umsonst. PA 335

Abends, zur Stunde, da die Sonne sich in der Unermeßlichkeit der Fluten zu baden scheint und einen Lichtstrahl vor sich herschickt, brach ich auf, um mich ganz allein mit Pauline auf einen Felsen zu setzen ... Ich erinnerte mich an die packende Geschichte „Von der goldenen Bahn“ ... Lange betrachtete ich diesen Lichtstrahl, Abbild der Gnade, die den Weg erleuchtet, den das kleine Schiff mit dem anmutigen weißen Segel durchlaufen soll ... Neben Pauline faßte ich den Entschluß, mich niemals dem Blick Jesu zu entziehen, damit ich in Frieden der himmlischen Heimat entgegensegle. MsA, 22r

Indem ich mich ein wenig neigte, sah ich durch das Fenster (des Krankenzimmers) die untergehende Sonne, die ihre letzten Strahlen auf die Schöpfung warf, so daß die Gipfel der Bäume ganz vergoldet erschienen. Da sagte ich mir: Welch ein Unterschied, ob man im Schatten bleibt oder sich im Gegensatz dazu der Sonne der Liebe aussetzt. Dann erscheint man ganz vergoldet. DE 642/25.7

Lassen wir uns von der Sonne seiner Liebe vergolden.
LT 89/26.4.89

Nie habe ich Gott etwas anderes als Liebe geschenkt. Jetzt zahlt er mir mit Liebe zurück. Und das ist noch nicht alles. Bald wird er mir mehr geben. Ich bin sehr berührt. Es ist wie ein Strahl oder vielmehr wie ein Blitz inmitten meiner Finsternis ... Allein das Wort „Blitz" trifft hier zu. DE 274/22.7.1

Ich begann meinen Kreuzweg zu beten. Plötzlich wurde ich von einer so heftigen Liebe zu Gott erfaßt, daß ich dies nur so umschreiben kann: es war, als hätte man mich vollkommen ins Feuer geworfen. Welch ein Feuer und welch eine Milde zugleich! Ich brannte vor Liebe und fühlte, daß ich diese Glut keine Minute, ja nicht einmal eine Sekunde länger hätte aushalten können, ohne zu sterben. Jetzt verstand ich, was die Heiligen über diesen Zustand, den sie so oft erlebt haben, sagen. Ich selbst habe dies nur ein einziges Mal und nur für einen einzigen Augenblick durchgemacht. Dann fiel ich bald in meine gewohnte Trockenheit zurück. DE 241/7.7.2

Es genügt, sich seinen göttlichen Strahlen auszusetzen; das heißt, immer in seiner Gegenwart zu leben. Das ist für die Kleinen so einfach und so leicht. Sie lassen sich darauf ein, ihr Nichts und ihre Schwäche genau zu erkennen, sich stets zu demütigen und sich in Gott zu verlieren. PA 503

Die Liebe unseres Herrn offenbart sich ebensogut der einfachsten Seele, die in nichts seiner Gnade widersteht, wie der erhabensten. In der Tat: das Eigentümliche der Liebe ist, sich zu erniedrigen (...) Indem Gott auf diese Weise herabsteigt, zeigt er seine unendliche Größe. Wie die Sonne gleichzeitig den Zedern ihre Strahlen schenkt und jeder kleinen Blume, als wäre sie allein auf der Erde, genauso wendet sich unser Herr jeder Seele in besonderer Weise zu, als hätte sie nicht ihresgleichen. MsA, 2v/3r

Die Gnade hat in mir weitgehend die Herrschaft über die Natur gewonnen. DE 298/2.8.4

Viele sagen: Ich habe nicht die Kraft, solch ein Opfer zu bringen. Würden sie sich doch genauso anstrengen, wie ich es tue. Gott verweigert nie diese erste Gnade, die den Mut zum Handeln gibt. Danach wird das Herz kräftiger, und man schreitet von Sieg zu Sieg. DE 312/8.8.3

Für eine treu aufgenommene Gnade gewährte er mir eine Menge anderer hinzu. MsA, 48v

Am meisten zieht die Dankbarkeit die Gnadengaben Gottes an; denn wenn wir ihm für eine Wohltat danken, so ist er davon betroffen und beeilt sich, uns zehn weitere zukommen zu lassen. Welch unberechenbare Vervielfältigung der Gnade, vorausgesetzt, wir hören nicht auf, ihm mit derselben Herzlichkeit zu danken! Diese Erfahrung habe ich gemacht. Versuchen Sie es Ihrerseits, und Sie werden es sehen. Meine Dankbarkeit für alles, was er mir gibt, ist grenzenlos, und ich beweise sie ihm auf tausend Arten. CS 72

Alles ist Gnade. DE 221/5.6.4

Zweites Kapitel

DIE ERFAHRUNG DER EIGENEN NICHTIGKEIT VOR GOTTES GRÖSSE UND LIEBE

Gotteserkenntnis und Selbsterkenntnis können nicht voneinander getrennt werden. Sie vollziehen sich in einem.

Menschen mit einer tiefen Gotteserkenntnis machen stets zwei an sich gegensätzliche Erfahrungen: Von Gottes unendlicher Größe ergriffen, werden sie zugleich vom Schrecken über ihre eigene Nichtigkeit erfaßt. „Todo y nada (Alles und Nichts), sagte der hl. Johannes vom Kreuz in einer berühmten Formel, die mit einer erstaunlichen Ausdruckskraft den unüberbietbaren Gegensatz erkennen läßt, der in der Tiefe all unserer Beziehungen zu Gott waltet."[12] Dieser Gegensatz erscheint nicht weniger intensiv in einem Wort, das Gott zur hl. Katharina von Siena sprach: „Keiner aber, das sollst du wissen, kann meinen Händen entrinnen, denn ‚Ich bin, der Ich bin', ihr aber seid nicht aus euch selbst, sondern nur, sofern ihr von mir erschaffen seid."[13]

Die Erfahrung der eigenen Nichtigkeit vor Gottes unendlicher Größe und Liebe prägte das Selbstverständnis von Theresia zutiefst. Das drückt sich bereits in vielen Bildern aus, mit denen sie sich selbst zu deuten sucht. Sie versteht sich beispielsweise als ein kleines Sandkorn irgendwo am Rand eines Weges, als einen Spielball, den man überall hinstoßen kann, als einen kleinen Pinsel, dem jeder andere vorgezogen werden kann, als einen kleinen, durchnäßten Vogel, der aus eigener Kraft nicht mehr hochkommt. Nichts aber kennzeichnet ihr Verhältnis zu Gott so tief wie das Bild vom Kind, das nichts von sich selbst, dafür aber alles von oben erwartet. Das Bild vom Kind bringt ihr ganzes religiöses Bekenntnis zur Sprache.

1. Für Kinder gibt es keine Hindernisse

In der Blaise Pascal (1623–1662) offensichtlich zu Unrecht zugeschriebenen „Abhandlung über die Leidenschaften der Liebe“ steht nahezu am Anfang folgendes Wort: „Das Leben des Menschen ist entsetzlich kurz. Man rechnet es im allgemeinen vom Tag der Geburt an. Was mich betrifft, so möchte ich es erst vom Erwachen der Vernunft an rechnen, erst von da an, wo man beginnt, sich durch die Vernunft leiten zu lassen, was selten vor dem zwanzigsten Lebensjahr geschieht. Vorher ist man ein Kind ...“

In diesem Wort wird der Erwachsene mit seiner berechnenden Vernunft völlig überschätzt und der Wert des Kindes mit seinem vertrauenden Herzen restlos verkannt. Was Blaise Pascal betrifft, so muß man sagen, daß er mehr und mehr das Vertrauen auf die eigene Erkenntnis verlor und nach einem Wort von Abbé Beurrier, der seine letzte Beichte entgegennahm, „einfach wie ein kleines Kind“ geworden war.

Von wem auch immer jenes Wort stammen mag, sicher wird man sich kaum ein Wort denken können, das der Überzeugung der Heiligen von Lisieux entgegengesetzter ist. Sie wollte nichts anderes, als immer mehr Kind werden. Sie wußte, daß die Stärke des Kindes in seiner Schwäche liegt. Und auch dies wußte sie: Kinder erreichen Unglaubliches; denn für sie gibt es keine Hindernisse.

Was mich betrifft, so habe ich nur Erleuchtungen, um mein kleines Nichts zu sehen. Das bekommt mir besser als Erleuchtungen über den Glauben. DE 319/13.8.-

Ich bin nur ein Kind, ohnmächtig und schwach. Doch gerade meine Schwäche gibt mir die Kühnheit, mich als Opfer deiner Liebe anzubieten. MsB, 3v

Man muß Gott sagen: Ich weiß genau, daß ich nie dessen würdig sein werde, was ich erhoffe. Aber ich strecke dir die Hand wie eine kleine Bettlerin entgegen, und ich bin sicher, daß du mich restlos erhören wirst, denn du bist so gut. PO 278

Auf die Frage, was sie darunter verstehe: „vor Gott ein kleines Kind bleiben", antwortete sie: Es bedeutet, sein Nichts anerkennen, alles von Gott erwarten, so wie ein kleines Kind alles von seinem Vater erwartet. Es bedeutet, sich über nichts Sorgen machen, sich keine besonderen Verdienste ansammeln wollen. Sogar bei den armen Leuten gibt man dem Kind alles Notwendige. Sobald es aber erwachsen ist, lehnt sein Vater es ab, länger für es aufzukommen und erklärt ihm: „Arbeite jetzt, du kannst nun für deinen Unterhalt selbst sorgen."

Nun, um das nie hören zu müssen, wollte ich nicht grösser werden, denn ich fühlte mich unfähig, mir mein Leben, mein ewiges Leben selbst zu verdienen. Daher bin ich immer klein geblieben und habe keine andere Beschäftigung, als Blumen zu pflücken, die Blumen der Liebe und des Opfers, und sie Gott zur Freude anzubieten.

Klein bleiben bedeutet darüber hinaus, sich nicht selbst die Tugenden zuschreiben, die man praktiziert, als halte man sich zu irgend etwas fähig, sondern anerkennen, daß Gott diesen Reichtum in die Hände seines kleinen Kindes legt, damit es sich dessen bedient, wenn es seiner bedarf. Aber immer bleibt es Gottes Reichtum.

Endlich bedeutet es, sich nicht wegen seiner Fehler entmutigen lassen, denn Kinder fallen oft, aber sie sind zu klein, um sich schwer zu verletzen. DE 308/6.8.8

Es gibt wenige, die danach streben, so klein zu bleiben. LT 141/25.4.93

Ich bin zu klein, als daß man mich verdammen könnte. Kleine Kinder verdammt man nicht. CS 43

Ihre leibliche Schwester Céline (Sr. Geneviève de Sainte-Thérèse) erzählt: Völlig entmutigt und innerlich noch aufgeregt wegen eines Kampfes, der mir nicht zu gelingen schien, suchte ich sie auf und sagte ihr: „Dieses Mal ist es unmöglich. Ich komme nicht darüber hinweg!" „Das wundert mich nicht", antwortete sie mir. „Wir sind zu klein um über Schwierigkeiten hinwegzukommen. Wir müssen unten drunter durchschlüpfen."

Dann erinnerte sie mich an einen Streich in unserer Kindheit. Hier ist er: Wir trafen uns bei Nachbarn. Es war in Alençon. Ein Pferd versperrte uns den Eingang zum Garten. Während die Großen einen anderen Zugang suchten, fand unsere kleine Freundin nichts leichter, als unter dem Tier hindurchzuschlüpfen. Sie ließ sich als erste darunter hinweggleiten und reichte mir die Hand. Ich folgte ihr, wobei ich Theresia mitzog, und ohne unsere kleine Figur viel zu krümmen, gelangten wir zum Ziel. „Das ist der Vorteil, wenn man klein ist", folgerte sie. „Für die Kleinen gibt es keine Hindernisse. Sie schleichen sich überall durch. Die Großen können über die Angelegenheiten hinweggehen, die Schwierigkeiten abwenden, durch Überlegung oder Tugendkraft dahin gelangen, sich über alles hinwegzusetzen. Wir aber, die ganz klein sind, müssen uns sehr hüten, so etwas zu versuchen. Schlüpfen wir unten drunter durch.

Unter den Dingen durschschlüpfen, das bedeutet, sie nicht allzu genau anschauen, sich nicht von ihnen verrückt machen lassen." CS 43 f

Wie kann eine so unvollkommene Seele wie die meine danach streben, die Fülle der Liebe zu besitzen? … Jesus, mein erster, mein einziger Freund, du, den ich einzig und alleine liebe, sag mir, was ist das für ein Geheimnis? … Warum behältst du dieses unermeßliche Streben nicht den Großen vor, den Adlern, die in den Höhen kreisen? … Ich hingegen betrachte mich als einen schwachen, kleinen Vogel, der nur mit einem leichten Flaum bedeckt ist. Ich bin kein Adler. Mit ihm teile ich nur die Augen und das Herz, denn trotz meiner äußersten Kleinheit wage ich es, die göttliche Sonne, die Sonne der Liebe, fest ins Auge zu fassen, und mein Herz fühlt in sich alle Sehnsüchte des Adlers … Der kleine Vogel möchte dieser strahlenden Sonne, die seine Augen beglückt, entgegenfliegen. Er möchte die Adler, seine Brüder, nachahmen, da er sieht, wie sie sich bis zum göttlichen Brennpunkt des Dreifaltigen Gottes erheben … Ach, alles, was er tun kann, ist, seine kleinen Flügel zu heben. Doch liegt es nicht in seiner geringen Macht, in die Höhe zu fliegen. Was soll aus ihm werden! Soll er angesichts solcher Ohnmacht vor Kummer sterben? … Sicher nicht! Der kleine Vogel wird nicht einmal betrübt sein. Mit kühner Hingabe will er ausharren und in seine göttliche Sonne schauen. Nichts kann ihn erschrecken, weder Wind noch Regen. Und wenn dunkle Wolken das Gestirn der Liebe verhüllen, so wechselt der kleine Vogel seinen Platz nicht. Er weiß, ständig scheint seine Sonne hinter den Wolken; auch nicht für einen Augenblick kann ihr Glanz verschwinden.

Manchmal freilich fühlt sich das Herz des kleinen Vogels vom Sturm bedrängt. Dann fällt es ihm schwer zu glauben, daß es außer den Wolken, die ihn umgeben, noch etwas anderes gibt. Das ist dann für das arme, kleine, schwache Wesen der Augenblick vollkommener Freude. Welches Glück für ihn, selbst dann auszuhalten und das unsichtbare Licht, das sich seinem Glauben entzieht, ins Auge zu fassen! ...

Jesus, soweit begreife ich deine Liebe zu dem kleinen Vogel, weil er sich ja nicht von dir entfernt ... Aber ich weiß, und du weißt es auch, oft läßt sich das unvollkommene kleine Geschöpf, das zwar an seinem Platz (das heißt unter den Strahlen der Sonne) ausharrt, von seiner einzigen Beschäftigung ein wenig ablenken. Es pickt ein kleines Korn zur Rechten und zur Linken auf und kurz darauf einen kleinen Wurm ... Trifft es dann auf eine kleine Wasserpfütze, so macht es seine kaum entwickelten Flügel naß. Es sieht eine Blume, die ihm gefällt; so beschäftigt sich sein kleiner Geist mit dieser Blume ... Kurz, da er nicht wie die Adler aufzusteigen vermag, beschäftigt sich der arme kleine Vogel noch mit Kleinigkeiten der Erde. Doch anstatt sich nach all seinen Missetaten in einem Winkel zu verstecken, um über sein Elend zu klagen und vor Reue zu sterben, wendet sich der kleine Vogel seiner geliebten Sonne zu und setzt seine kleinen durchnäßten Flügel ihren wohltuenden Strahlen aus, seufzt wie die Schwalbe, und vertrauensvoll erzählt er in seinem leisen Gesang ausführlich seine Treulosigkeiten. In seiner verwegenen Hingabe denkt er, auf diese Weise mehr Macht über den zu erlangen und reichlicher die Liebe dessen auf sich zu ziehen, der nicht gekommen ist, um die Gerechten zu berufen, sondern die Sünder.

Wenn das angebetete Gestirn taub bleibt für das klagende Gezwitscher seines kleinen Geschöpfes, wenn es verhüllt bleibt ..., nun gut, dann bleibt das kleine Geschöpf durchnäßt. Es willigt ein, vor Kälte starr zu sein, und freut sich noch über dieses Leiden, das es schließlich verdient hat ...

Jesus, wie glücklich ist dein kleiner Vogel, schwach und klein zu sein. Was würde aus ihm, wäre er groß? ... Niemals besäße er die Verwegenheit, in deiner Gegenwart zu erscheinen, vor dir zu schlummern ... Ja, auch das ist noch eine Schwäche des kleinen Vogels. Will er die göttliche Sonne ins Auge fassen und hindern ihn die Wolken daran, einen einzigen Strahl zu sehen, dann fallen ihm die kleinen Augen zu; sein kleiner Kopf versteckt sich unter dem kleinen Flügel, und das arme kleine Wesen schläft in dem Glauben ein, sein geliebtes Gestirn noch immer vor Augen zu haben. Bei seinem Aufwachen ist es nicht bekümmert. Sein kleines Herz bleibt in Frieden. Es beginnt seine Liebesschuldigkeit aufs Neue. Es ruft die Engel und die Heiligen an, die sich wie die Adler zum verzehrenden Brennpunkt erheben, welcher der Gegenstand seines Verlangens ist, und die Adler bemitleiden ihren kleinen Bruder, schützen und verteidigen ihn und schlagen die Geier, die ihn zerfleischen möchten, in die Flucht. Der kleine Vogel fürchtet die Geier, Sinnbilder der bösen Geister, nicht. Er ist nicht dazu bestimmt, ihre Beute zu werden, sondern die Beute des Adlers, den er im Zentrum der Sonne der Liebe betrachtet.

Göttliches Wort, du selbst bist der angebetete Adler, den ich liebe und der mich anzieht. Du bist es, der zum Ort der Verbannung eilte und leiden und sterben wollte, um die Menschen zur Mitte des ewigen Brennpunktes der glückseligen Dreifaltigkeit zu ziehen. Du bist es, der zurückkehrte zum unzulänglichen Licht, das fortan dein Wohnsitz ist. Du bist es, der zugleich zurückbleibt im Tal der Tränen, verborgen unter der Gestalt einer weißen Hostie ... Adler der Ewigkeit, du willst mich nähren mit deiner göttlichen Substanz, mich, das arme kleine Wesen, das in das Nichts zurückfallen würde, würde mir dein göttlicher Anblick nicht in jedem Augenblick das Leben geben ...

Jesus, laß mich dir im Ausbruch meiner Dankbarkeit sagen, daß deine Liebe bis zur Verrücktheit geht … Wie könntest du angesichts dieser Verrücktheit wünschen, daß ich dir nicht entgegeneile? Wie sollte mein Vertrauen Grenzen haben? … Ich weiß, für dich haben die Heiligen ebenfalls Verrücktheiten begangen. Sie vollbrachten große Dinge, da sie Adler waren …

Jesus, ich bin zu klein, um große Dinge zu tun … Meine Verrücktheit besteht darin, meine Brüder, die Adler, zu bitten, mir die Gunst zu erlangen, mit den eigenen Flügeln des göttlichen Adlers der Sonne der Liebe entgegenzufliegen. Solange es dir gefällt, mein Vielgeliebter, wird dein kleiner Vogel ohne Kraft und Flügel bleiben. Immer wird er ausharren, die Augen fest auf dich gerichtet. Er will fasziniert werden von deinem göttlichen Blick. Er will die Beute deiner Liebe werden. Eines Tages, das ist meine Hoffnung, wirst du, angebeteter Adler, deinen kleinen Vogel holen und mit ihm zum Brennpunkt der Liebe zurückkehren, wirst ihn für die Dauer der Ewigkeit in den brennenden Abgrund dieser Liebe versenken, der er sich als Opfer angeboten hat … MsB, 4v/5v

Ich habe immer danach verlangt, eine Heilige zu werden. Aber wenn ich mich mit den Heiligen verglich, stellte ich immer fest, daß zwischen ihnen und mir derselbe Unterschied besteht wie zwischen einem Berg, dessen Spitze sich in die Himmel verliert, und dem unauffälligen Sandkorn, das unter den Füßen der Vorübergehenden zertreten wird. Anstatt mutlos zu werden, sagte ich mir: Gott kann keine unerfüllbaren Wünsche eingeben; also kann ich trotz meiner Kleinheit nach Heiligkeit streben. Mich größer machen ist unmöglich. Ich muß mich ertragen, wie ich bin, mit all meinen Unzulänglichkeiten. Doch will ich das Mittel suchen, um auf einem kleinen, ganz neuen Weg zum Himmel zu kommen.

Wir leben in einem Jahrhundert der Erfindungen. Man macht sich heute nicht mehr die Mühe, eine Treppe stufenweise heraufzusteigen. Bei den Reichen ersetzt ein Aufzug sie aufs vorteilhafteste. Auch ich möchte einen Aufzug finden, der mich zu Jesus emporhebt, denn ich bin zu klein, um die mühsame Treppe der Vollkommenheit emporzusteigen. Daher forschte ich in den heiligen Büchern nach einem Hinweis auf den begehrten Aufzug. Und ich las die folgenden Worte, hervorgegangen aus dem Mund der ewigen Weisheit: „Wenn einer ganz klein ist, dann komme er zu mir“ (Spr 9,4). So kam ich, ahnend, daß ich gefunden hatte, was ich suchte. Und da ich wissen wollte, was du, mein Gott, mit dem ganz Kleinen, der auf deinen Anruf antwortet, anfangen würdest, setzte ich meine Nachforschungen fort, und hier ist, was ich herausgefunden habe: „Wie eine Mutter ihr Kind liebkost, so werde ich euch trösten. Auf meinen Armen werde ich euch tragen und auf meinen Knien wiegen“ (Jes 66,13.12) (...) Der Aufzug, der mich bis zum Himmel hinaufheben soll, Jesus, deine Arme sind es. Dazu brauche ich nicht größer zu werden. Im Gegenteil! Ich muß klein bleiben, ja es immer mehr werden. Mein Gott, du hast meine Erwartung übertroffen. Dein Erbarmen will ich besingen: „Von meiner Jugend an hast du mich unterwiesen. Und bis zum gegenwärtigen Augenblick habe ich deine Wunder verkündet. Ich will fortfahren, sie kundzutun bis ins hohe Alter“ (Ps 71,17f).

MsC, 2v/3r

Um die Gipfel des Berges der Liebe zu erreichen, muß ich nicht größer werden.

PA 150

Sie sind berufen, sich mit dem Aufzug der Liebe zu Gott zu erheben und nicht die mühsame Treppe der Furcht heraufzusteigen (...) Bald werden Sie wie der hl. Augustinus sagen: „Die Liebe ist das Gewicht, das mich nach oben reißt“ (Conf. 13,9).

LT 258/18.7.97

2. Demut ist Wahrheit

Alle Heiligen haben in gleicher Weise die Tugend der Demut als das Fundament des Gebäudes ihrer Heiligkeit betrachtet. In den Werken des hl. Augustinus findet sich eine Stelle, die diese übereinstimmende Überzeugung erläutert und begründet: „Willst du groß sein, dann fange mit dem Kleinsten an. Planst du, ein hohes Gebäude zu errichten, so sorge dich zunächst um das Fundament in der Tiefe. Und wer auch immer dies will und vorhat, die so schwere Last des Gebäudes darauf ruhen zu lassen, der legt das Fundament um so tiefer, je höher das Gebäude sein wird. Und das Gebäude – wenn es nun errichtet wird – erhebt sich in die Höhe; wer aber das Fundament ausgräbt, muß in die letzten Tiefen hinabsteigen. Also wird auch das Gebäude, bevor es in die Höhe wächst, in die Tiefe getrieben, und der Giebel nach der Grundlegung errichtet."[14] Von hier verstehen wir den inneren Zusammenhang von menschlicher Größe und Demut bei den Heiligen und nicht zuletzt im Leben und in der Lehre von Theresia. Indem sie immer kleiner wurde, wuchs sie über sich selbst hinaus.

Mir scheint, Demut ist Wahrheit. Ich weiß nicht, ob ich demütig bin. Aber ich fühle, daß ich in allem die Wahrheit sehe. CS 19

Auf seinen Mantel verzichten, das bedeutet – wie mir scheint – auf seine letzten Rechte verzichten. Es bedeutet, sich als Dienerin betrachten (...) Wenn man seinen Mantel gelassen hat, kann man leichter gehen und laufen. Daher fügt Jesus hinzu: „Und wenn einer dich nötigt, tausend Schritte mit ihm zu gehen, so gehe zweitausend mit" (Mt 5,41). Es genügt also nicht, jedem, der mich bittet, zu geben; man muß den Wünschen zuvorkommen, sich dankbar und geehrt zeigen, einen Dienst erfüllen zu dürfen. MsC, 16v/17r

Suchen wir niemals, was in den Augen der Geschöpfe groß erscheint (...) Das einzige, worauf keiner neidisch ist, ist der letzte Platz. Allein dieser letzte Platz ist frei von Eitelkeit und Betrübnis des Geistes ... Jedoch: „Der Weg des Menschen liegt nicht in seiner Macht" (Jer 10,23), und manchmal überraschen wir uns selbst dabei, daß wir ersehnen, was glänzt. Dann sollten wir uns demütig unter die Unvollkommenen einreihen. Halten wir uns für kleine Seelen, die Gott in jedem Augenblick stützen muß. Sobald er sieht, daß wir von unserem Nichts wirklich überzeugt sind, reicht er uns die Hand. Wollten wir noch versuchen, irgendwelche großen Dinge zu unternehmen, selbst unter dem Vorwand des Eifers, so läßt uns Jesus allein. „Sobald ich aber sage: ‚Schon wankt mein Fuß', stützt mich, Herr dein Erbarmen ..." (Ps 94, 18). Ja, es genügt, sich zu demütigen und seine Unvollkommenheiten mit Liebe zu ertragen. Darin besteht die wahre Heiligkeit! Nehmen wir uns bei der Hand (...) und eilen wir zum letzten Platz ... Niemand wird sich melden, um ihn uns streitig zu machen. LT 243/7.6.97

Ich stürze mich nicht auf den ersten, sondern auf den letzten Platz. Anstatt mich mit dem Pharisäer nach vorne zu schieben, wiederhole ich vertrauensvoll das demütige Gebet des Zöllners. MsC, 36v

Sie werden nicht dazu kommen, die Tugend zu praktizieren: Sie wollen einen Berg erklimmen. Gott aber will Sie in die Tiefe eines fruchtbaren Tales hinabsteigen lassen, wo Sie die Geringschätzung Ihrer eigenen Person lernen werden. CS 26

Wenn du stets treu bleibst, um ihm in den kleinen Dingen Freude zu machen, dann wird er sich genötigt sehen, dir in den großen beizustehen ... Die Apostel arbeiteten ohne den Herrn die ganze Nacht und fingen keinen Fisch. Aber Jesus fand Gefallen an ihrer Arbeit. Er wollte ihnen zeigen, daß er allein uns etwas geben kann. Er wollte, daß die Apostel sich demütigten (...) Vielleicht hätte Jesus kein Wunder gewirkt, wenn Petrus einige Fische gefangen hätte. Aber er hatte keinen einzigen. Daher füllt Jesus alsbald sein Netz derart, daß es fast zerreißt. Das ist eben Jesu Charakter: Er gibt als Gott, doch verlangt er die Demut des Herzens. LT 161/26.4.94

Wie wenig sind die Güte und die barmherzige Liebe Jesu bekannt! ... Es ist wahr, daß man sich demütigen und sein Nichts erkennen muß, um diese Reichtümer zu genießen. Das aber wollen viele nicht. LT 261/26.7.96

Wie Magdalena sich immer wieder über das leere Grab neigte und schließlich fand, was sie suchte, genauso erhob ich mich so hoch, daß ich mein Ziel erreichen konnte, indem ich mich bis in die Tiefen meines Nichts erniedrigte (Johannes vom Kreuz). MsB, 3r/v

Um auf dem „Kleinen Weg" zu gehen, muß man demütig, arm im Geist und einfach sein. CS 35

Eine Schwester erzählt: Eine alte Mitschwester konnte

nicht verstehen, daß Schwester Theresia sich in so jugendlichem Alter mit den Novizinnen beschäftigte. Schonungslos ließ sie Schwester Theresia ihre Gegnerschaft spüren, die sie ihr gegenüber empfand.

Eines Tages, zur Zeit der Erholung, sagte sie ihr verletzende Worte, unter anderem, „daß sie es nötiger hätte, sich selbst zu leiten, als sich um die Leitung anderer zu kümmern". Von weitem beobachtete ich aufmerksam den Vorfall. Ihre Miene hob sich deutlich von der leidenschaftlichen Miene ihrer Gesprächspartnerin ab, und ich hörte, wie sie ihr antwortete: „Ach, Schwester, Sie haben vollkommen recht. Ich bin noch viel unvollkommener, als Sie glauben."

PO 467

Die Demut besteht nicht im Gedanken oder im Bekenntnis, daß man voller Fehler ist, sondern darin, daß man glücklich ist, wenn die anderen es denken und sogar sagen.

CS 18

Ich empfinde nicht nur eine große Freude, wenn man mich unvollkommen findet, sondern ganz besonders, wenn ich selbst spüre, daß ich es wirklich bin. DE 298/2.8.6

Ich kann nicht sagen, daß Jesus mich äußerlich den Weg der Demütigungen gehen läßt. Er gibt sich zufrieden, mich in der Tiefe meiner Seele zu erniedrigen. In den Augen der Geschöpfe gelingt mir alles, befinde ich mich auf dem Weg der Ehren (...) Gott hat über alle meine inneren und äußeren Fehler einen Schleier geworfen. Manchmal bringt mir dieser Schleier einige Komplimente ein (...) Das konnte mir wirklich keine Eitelkeit einflößen, denn unaufhörlich vergegenwärtige ich mir, was ich bin. MsC, 26v

Ich ziehe es vor, ungerecht beschuldigt zu werden, weil ich mir nichts vorzuwerfen habe, und ich opfere es Gott mit Freude auf. Daraufhin demütige ich mich in dem Gedanken, daß ich fähig wäre, das zu tun, dessen man mich beschuldigt. CS 19

Durch die Demütigungen wurde ich gestärkt; ja, ich freute mich über jede Gelegenheit, da ich gedemütigt wurde. PA 194

Was im Augenblick unsere Demütigung bewirkt, bewirkt anschließend unsere Ehre, und das bereits in diesem Leben. DE 287/29.7.13

Gott kennt Ihre Absichten. In dem Maße, wie Sie demütig sind, werden Sie glücklich sein. DE 619,3/19; CS 25

Welches Glück, gedemütigt zu werden. Das ist der einzige Weg, der die Heiligen hervorbringt. LT 82/28.2.89

3. Die Wahrheit siegt immer

Zu den auffallendsten Charaktereigenschaften der hl. Theresia gehört die Liebe zur Wahrheit. Diese zeigt sich zunächst darin, daß sie sich durch nichts blenden läßt. Über alle Gesetze natürlicher Sympathie hinweg sagt sie unerschrocken, was sie sieht. Von Céline, der leiblichen Schwester, erfahren wir: „Sie scheute vor nichts zurück und hatte nicht die geringste Angst vor einem Kampf – dafür legte sie selbst Zeugnis ab –, wenn es darum ging, die Wahrheit zu sagen" (CS 9).

Darüber hinaus ist sie offen, die Wahrheit über sich selbst zu hören. Dadurch wächst sie in eine tiefere Einheit mit sich selbst hinein. Zur Fülle der Wahrheit gelangt sie, als sie zur „einfachen Wahrheit des Evangeliums" durchstößt. Damit kommt sie zu jener Seinswahrheit, aus der alles stammt, was sie formuliert hat. „Theresia hat gelebt, bevor sie geschrieben hat. Sie hat ihr ganzes Bedürfnis nach Wahrheit in der Verwirklichung des Wortes Gottes innerhalb ihrer Existenz zu finden und zu erfüllen gesucht."[15] Daher ist für sie nur die gelebte und durchlittene Wahrheit die ganze Wahrheit.

Ich sage die volle Wahrheit. Wenn man sie nicht erfahren will, soll man nicht zu mir kommen. DE 203/18.4.3

Kommt die Wahrheit nicht aus Kindermund? Sie müssen mir also verzeihen, wenn ich die Wahrheit sage. Ich bin ein Kind, und immer will ich eines bleiben. LT 178/20.7.95

Es ist gut und geschieht doch so selten, jemand anzuhören, der einem die Wahrheit sagt. PO 433

Nie machte ich es wie Pilatus, der sich weigerte, die Wahrheit zu hören. Immer wieder habe ich Gott gesagt: „Mein Gott, ich bin sehr darauf bedacht, dich zu hören. Ich bitte dich, antworte mir, wenn ich dich demütig frage: Was ist Wahrheit? Mach, daß ich die Dinge sehe, wie sie sind, und daß nichts mir Sand in die Augen streut."
DE 273 f/21.7.4

Ich ziehe Essig dem Zucker vor. Auch meine Seele ermüdet bei einer allzu gezuckerten Nahrung. MsC, 26v

Ich habe nie etwas anderes als die Wahrheit gesucht.
DE 382/30.9

Gott zeigt mir die Wahrheit. Sehr deutlich fühle ich, daß alles von ihm kommt. DE 301/4.8.3

Wir werden Jesus nicht wie Pilatus fragen: „Was ist Wahrheit?" Wir besitzen die Wahrheit. Wir bewahren Jesus in unseren Herzen! LT 165/7.7.94

Ist die reine Liebe wirklich in meinem Herzen? … Sind meine unermeßlichen Sehnsüchte nicht ein Traum, ein Wahnsinn? … Wenn dem so ist, Jesus, dann kläre mich auf; du weißt, ich suche die Wahrheit. MsB, 4v

Nur von der Wahrheit kann ich mich ernähren. Daher habe ich nie nach Visionen verlangt. Man kann auf Erden weder den Himmel noch die Engel so sehen, wie sie wirklich sind. Ich warte lieber bis nach meinem Tod.

DE 303/5.8.4

Erst im Himmel werden wir die volle Wahrheit in allen Dingen sehen. Auf Erden gibt es selbst in der Hl. Schrift eine dunkle und undurchsichtige Seite. Ich bin betrübt, die unterschiedlichen Übersetzungen zu sehen. Wäre ich Priester gewesen, ich hätte Hebräisch und Griechisch gelernt, um das Wort Gottes so lesen zu können, wie er es in der menschlichen Sprache hat ausdrücken wollen.

HA 1906, 268f

Die Wahrheit siegt immer. MsC, 24v

4. Reichtum schafft noch kein Glück

Daß sich das Glück nicht draußen, sondern in unserem eigenen Innersten befindet, ist eine Erfahrung, die von den großen Gestalten geistlichen Lebens immer wieder bezeugt wird. So lesen wir bei Sören Kierkegaard: „Wenn ein Araber in der Wüste plötzlich in seinem Zelt eine Quelle entdeckte, so daß er beständig Quellwasser im Überfluß hätte: wie glücklich würde er sich preisen – so auch ein Mensch, der als sinnliches Wesen beständig nach außen gekehrt ist, in der Meinung, daß seine Glückseligkeit außer ihm liege, wenn er plötzlich nach innen gekehrt wird und entdeckt, daß die Quelle in ihm selbst liegt, und noch um wieviel mehr, wenn er die Quelle entdeckt, die das Gottesverhältnis ist."[16] Und Augustinus schreibt in seinen „Bekenntnissen": „Spät habe ich dich geliebt, du Schönheit, so alt und doch so neu, spät habe ich dich geliebt. Siehe, du warst in meinem Inneren und ich war draußen und suchte dich dort."[17] Wer diesem Glück im eigenen Inneren begegnen will, muß arm werden vor Gott. Theresia verdeutlicht, zu welcher Armut gelangen kann, wer das Glück in sich gefunden hat.

Reichtum schafft noch kein Glück ... Sehr deutlich habe ich erfahren, daß sich die Freude nicht in den Dingen findet, die uns umgeben. Sie findet sich im Innersten der Seele. Man kann sie genauso gut in einem Gefängnis wie in einem Palast besitzen. Der Beweis dafür ist, daß ich im Karmel, selbst inmitten der inneren und äußeren Prüfungen, glücklicher bin als in der Welt, wo ich von den Annehmlichkeiten des Lebens und vor allem von den Freuden des väterlichen Hauses umgeben war! MsA, 65r

Als ich mich mit fünfzehn Jahren zur Gefangenen (des Karmel) machte, verzichtete ich für immer auf das Glück, durch die Felder zu laufen, die mit den Reichtümern des Frühlings angefüllt waren. Nun, nie habe ich mehr Blumen besessen als seit meinem Eintritt in den Karmel (...) Gott schenkt in den kleinsten wie in den großen Dingen bereits in diesem Leben denen das Hundertfache, die aus Liebe zu ihm alles verlassen haben. MsA, 81v

Ich habe bemerkt, daß man bei jeder Gelegenheit mehr als genug *gibt*, daß sich aber nur wenige *nehmen* lassen, was ihnen gehört. Das ist schwer. Und dennoch steht im Evangelium das Wort: „Von dem, der das Deine nimmt, fordere es nicht zurück" (Lk 6,30). CS 123

Man muß einwilligen, stets arm und kraftlos zu bleiben, und das ist schwer, denn: „Der Arme im Geist, wo ist er zu finden, man muß ihn weit suchen" (vgl. Spr 31,10), sagt der Psalmist ... Er sagt nicht, man müsse ihn unter den großen Seelen suchen, sondern „weit", das heißt, in der Niedrigkeit, im Nichts ... Bleiben wir also weit weg von allem, was glänzt; lieben wir unsere Kleinheit, lieben wir es, nichts zu fühlen, dann werden wir arm sein im Geiste, und Jesus kommt, uns zu holen, so weit wir auch entfernt sein mögen, und wandelt uns um zu Flammen der Liebe.
LT 197/17.9.96

Je ärmer du bist, desto mehr wird Jesus dich lieben. Er wird weit gehen, sehr weit sogar, um dich zu suchen, wenn du dich zuweilen ein wenig verirrst. LT 211/24.12.96

An ihre Kusine Marie Guérin: Du kommst mir vor wie ein kleines Dorfmädchen, das ein mächtiger König um die Ehe bittet und das unter dem Vorwand nicht einzuwilligen wagt, es sei nicht reich genug und nicht genügend geübt in den Gepflogenheiten des Hofes. Dabei bedenkt es nicht, daß sein königlicher Verlobter seine Armut und Schwäche viel besser kennt als es selbst ... Marie, wenn du nichts bist, darfst du nicht vergessen, daß Jesus alles ist. Auch mußt du dein kleines Nichts in sein unendliches Alles hineinverlieren und an nichts anderes mehr denken als an dieses einzig liebenswerte Alles. LT 109/27.-29.7.90

Keine Freude ist mit jener zu vergleichen, die der wahrhaft Arme im Geiste genießt. Bittet er mit Gelassenheit um etwas Notwendiges und wird ihm dieses nicht nur verweigert, sondern versucht man darüber hinaus ihm zu nehmen, was er hat, so folgt er dem Rat Jesu: „Will einer mit dir einen Prozeß führen, um deinen Rock zu bekommen, so laß ihm auch den Mantel“ (Mt 5, 40). MsC, 16v

Hören wir, was er uns sagt: „Kommt schnell herunter; ich muß heute bei euch wohnen“ (Lk 19,5). Wie, Jesus bittet uns, herunterzukommen ... Wohin sollen wir denn kommen? (...) Früher fragten die Juden unseren göttlichen Retter: „Meister, wo wohnst du?“ (Jo 1,39), und er antwortete ihnen: „Die Füchse haben ihren Bau; die Vögel des Himmels ihre Nester; ich aber habe nichts, worauf ich meinen Kopf legen könnte“ (Mt 8,20). Das ist es also, wohin wir hinabsteigen sollten, um Jesus als Wohnung dienen zu können. So arm sein, daß wir nichts haben, wohin wir den Kopf legen können (…) Jesus wünscht, daß wir ihn in unseren Herzen empfangen. Zweifellos sind sie bereits leer von den Geschöpfen; aber ich fühle, daß das meinige noch nicht ganz leer ist von mir selbst, und aus diesem Grund sagt mir Jesus, ich soll heruntersteigen … Er, der König der Könige, erniedrigt sich derart, daß sein Angesicht verborgen war und keiner es erkannte … Auch ich will mein Angesicht verbergen (…) Ich will, daß er wenigstens in meinem Herzen seinen Kopf zur Ruhe legen kann und spürt, daß er dort erkannt und verstanden wird! LT 137/19.10.92

Die Armut besteht darin, sich nicht nur der angenehmen Dinge beraubt zu sehen, sondern auch der unentbehrlichen. Auf diese Art wurde ich in der äußeren Finsternis innerlich erleuchtet. MsA, 74r

Nichts habe ich in meinen Händen. Alles, was ich habe, alles, was ich gewinne, ist für die Kirche und die Menschen. Würde ich achtzig Jahre alt, ich wäre immer noch genauso arm. DE 256/12.7.3

Es gibt nur ein Mittel, Gott zu zwingen, uns in nichts zu richten, nämlich mit leeren Händen vor ihn hinzutreten (…) Machen Sie keine Vorbehalte; geben Sie ihr Vermögen in dem Maße, wie Sie es gewinnen. Wenn ich achtzig Jahre alt werde, werde ich immer noch genauso arm sein. Ich verstehe nicht zu sparen … Alles, was ich habe, gebe ich sofort wieder aus, um Menschen für das Heil zu gewinnen. HA 1906, 270f

Alles wird für ihn sein, alles, selbst wenn ich nichts fühle, um es ihm anbieten zu können. Dann gebe ich ihm – wie heute abend – dieses Nichts. LT 76/7.1.89

Sie sorgen sich wegen der Zukunft, als hätten Sie sie zu bestimmen. Jetzt verstehe ich Ihre innere Unruhe. Die ganze Zeit sagen Sie sich: Mein Gott, was wird wohl aus meinen Händen hervorgehen? Auf diese Weise versucht jedermann die Zukunft zu erforschen. Das ist der allgemeine Weg. Allein die „Armen im Geiste" tun das nicht.

CS 30

Ich bin arm; aber Gott gibt mir alles in dem Maß, wie ich es nötig habe. CS 63

Selbst wenn ich alle Werke des hl. Paulus vollbracht hätte, würde ich mich immer noch für einen „unnützen Knecht" halten. Aber gerade das macht meine Freude aus, denn weil ich nichts habe, werde ich alles von Gott empfangen.

DE 231/23.7

Ich habe keine Werke! Er wird mir also nicht „gemäß meiner Werke" vergelten können ... Nun, er wird mir „gemäß seiner eigenen Werke" vergelten. DE 207/15.5.1

Ich kann mich auf nichts stützen, auf keines meiner Werke, um Vertrauen zu haben (...) Aber diese Armseligkeit war für mich ein wahres Licht, eine wirkliche Gnade (...) Man empfindet einen so tiefen Frieden, wenn man vollkommen arm ist und nur auf Gott bauen kann.

DE 306 f/6.8.4

Alles habe ich weggegeben! ... Leicht laufe ich.
Ich habe nichts anderes als meinen einzigen Reichtum:
Aus Liebe leben. PN 17,5

5. Einfache Menschen brauchen keine komplizierten Mittel

Als ein Geistlicher Papst Pius X. davon überzeugen wollte, daß es im Leben der hl. Theresia nichts Außergewöhnliches gab, entgegnete ihm der Papst: „Das Außergewöhnlichste in dieser Seele ist ihre äußerste Einfachheit. Forschen Sie in Ihrer Theologie nach".[18]

Zur äußersten Einfachheit kam sie, weil sie das Gekünstelte, Komplizierte und Vielerlei mied. All das war nicht ihre Art. Auch war sie sich bewußt, daß ihre Lehre nur dann von allen gelebt werden kann, wenn sie ganz einfach ist. Vor allem hatte sie die Überzeugung, daß man keine außergewöhnlichen Mittel braucht, um heilig zu werden. „Sie führt über die einfachsten Wege zu den höchsten Gipfeln der christlichen Vollkommenheit."[19]

Was aber machte ihre Einfachheit aus? Es ist ihr einziger Wunsch, Gott mit all ihrem Tun Freude zu machen. Gibt es etwas Einfacheres als diesen Wunsch, auf den sich alles in ihrem Leben zurückführen läßt?

Gibt es etwas Einfacheres und Reineres als einen Tautropfen? Nicht die Wolken bilden ihn, denn der Tau steigt auf die Blumen herab, wenn der azurblaue Himmel mit Sternen geschmückt ist. Auch ist er nicht mit dem Regen zu vergleichen. Ihn übertrifft er an Frische und Schönheit. Nur nachts ist er da. Sobald die Sonne ihre warmen

Strahlen aussendet, läßt sie die anmutigen Perlen, die am Ende der Grashalme auf der Wiese schimmern, abtröpfeln, und der Tau verwandelt sich in einen leichten Dunst (...) Bleibe nicht dabei stehen, den Lauf der rauschenden Flüsse zu betrachten, die die Geschöpfe zur Bewunderung bringen. Selbst den klaren Bach, der sich durch die Wiese schlängelt, beneide nicht ... LT 141/25.4.93

Nur die Einfachheit liebe ich. Das Gekünstelte stößt mich ab. DE 242/7.7.4

Einfache Menschen brauchen keine komplizierten Mittel. MsC, 33v

Ich sage Gott ganz einfach, was ich ihm sagen will, ohne schöne Phrasen zu machen, und er versteht mich immer. MsC, 25r

Gott wird nicht müde, mich anzuhören, wenn ich ihm ganz einfach meine Sorgen und Freuden erzähle, so als kenne er sie nicht. MsC, 32v

Martha und Maria sagen nur: „Er, den du liebst, ist krank“ (Jo 11,3). Sie bringen einfach ihre Wünsche zum Ausdruck, ohne eine Bitte zu formulieren. So lassen sie Jesus frei nach seinem Willen handeln. CS 49

Eine gute alte Mutter verstand eines Tages, was ich empfand. Lachend sagte sie mir in der Erholungszeit: „...Sie sind von äußerster Einfachheit. Wenn Sie aber vollkommen sind, werden Sie noch einfacher sein. Je mehr man sich Gott nähert, um so einfacher wird man.“ MsA, 70v

Was mich beim Gedanken an die Heilige Familie angenehm berührt, ist meine Vorstellung von einem ganz gewöhnlichen Leben … In ihrem Leben verlief alles genauso wie in dem unsrigen. DE 332/20.8.14

Jesus braucht weder unsere schönen Gedanken noch unsere aufsehenerregenden Werke. Wenn er bewunderungswürdige Gedanken will, hat er dazu nicht seine Engel, seine Legionen himmlischer Geister, deren Gelehrsamkeit jene der größten Genies unserer traurigen Erde unendlich übersteigt? … Jesus ist also nicht gekommen, um auf Erden Geist und Talente zu suchen. Er hat sich zur Blume der Felder gemacht, um uns zu zeigen, wie sehr er die Einfachheit liebt. LT 141/25.4.93

Drittes Kapitel

DAS MENSCHLICHE NICHTS ZIEHT GOTTES LIEBE AN

Theresia ist die Lehrerin der Gebildeten und Ungebildeten geworden. Man hat ihre Lehre mit den Lehren von Paulus, Thomas von Aquin und Martin Luther verglichen. Man konfrontierte sie mit ihrem Zeitgenossen Friedrich Nietzsche. Man hob ihren Einfluß auf das Werk des grossen französischen Dichters Georg Bernanos hervor. Diese Beziehungsfelder deuten an, daß sie zu den Großen dieser Welt gehört. Das ist um so erstaunlicher, als sie nicht länger als fünf Jahre die Schule besuchte. Bemerkenswert ist auch, daß man bei ihrem Ordenseintritt die Meinung vertrat, sie werde zeitlebens an einem Bildungsmangel leiden. Wie ist ihr völlig unerwarteter Entwicklungsgang zu erklären? Wir glauben, daß man die Antwort nur in den Worten Jesu finden kann: „Vater, ich preise dich, weil du all dies den Weisen und Klugen verborgen, den Unmündigen aber offenbart hast“ (Mt 11,25).

Theresia, die sich ihrer Unmündigkeit und Nichtigkeit vor Gott voll bewußt war, war sich sicher, daß Gott dem Menschen um so eher zu helfen bereit ist, je tiefer er seine Ohnmacht erkennt und sie sich eingesteht. Indem sie alles von oben erwartet, bekam ihr Leben eine für Gott unüberhörbare „Rufkraft“. Sie rief die unendliche Liebe zu sich herab. Wo immer solches geschieht, da zerrinnt die Liebe Gottes nicht im menschlichen Nichts. Vielmehr ergreift sie dieses und verwandelt es in das, was sie selbst ist: ins Feuer der Liebe. Durch dieses Handeln Gottes an ihr wurde sie zu „einem der tiefgründigsten und sichersten Lehrer der Erlösung“[20].

1. Jesus unterrichtet ohne Lärm

Je mehr Theresia ihren kleinen Weg entdeckt und geht, um so entschiedener wendet sie sich von allen Büchern und geistlichen Lehrern ab. Nach ihrem achtzehnten Lebensjahr ist nur noch Jesus ihr Lehrmeister. Ohne den Lärm von Worten sagt er ihr mehr als alle Theologen, die ihr Kopfweh bereiten. Indem sie die Wahrheit lebt, bringt sie ihr Leben mit der Lehre Jesu in Übereinstimmung und lernt auf diese Weise „die Wissenschaft der Liebe" immer tiefer zu verstehen. So erlangt sie ihrerseits die Befähigung, andere in diese Wissenschaft einzuführen. Allein von Jesus unterwiesen, kommt sie zu einer inneren Freiheit, aufgrund derer sie sich „erstaunlich selbständige Urteile über grosse Gestalten der Tradition" erlaubt; „keine Autorität erschreckt sie, und jede mißt sie unbefangen und vorurteilslos an der für sie einzigen Letztautorität des Wortes Gottes"[21].

Oft gefällt es dem Herrn, die Weisheit den Kleinen zu geben, und eines Tages pries er – überwältigt von Freude – seinen Vater, daß er seine Geheimnisse den Klugen verborgen, sie den Unmündigen hingegen offenbart hat (...) Sehr selten sind die Menschen, die die göttliche Macht nicht an ihren kurzen Gedanken messen. Fast überall auf der Erde

will man Ausnahmen gelten lassen. Nur Gott hat kein Recht, davon Gebrauch zu machen.
Seit sehr langer Zeit ist es – wie ich weiß – unter den Menschen Brauch, die Erfahrung an den Jahren zu messen; denn in seiner Jugendzeit sang der hl. König David dem Herrn: „Ich bin jung und verachtet." In demselben Psalm 118 fürchtet er sich jedoch nicht zu sagen: „Klüger als die Greise bin ich geworden, weil ich deinen Willen suchte … Dein Wort ist das Licht, das meine Schritte erleuchtet … Ich bin bereit, deine Anordnungen zu erfüllen, und nichts kann mich verwirren …" MsC, 4r

Ich wandte mich sehr schnell an den Meister aller Meister, und er war es, der mich in dieser Wissenschaft unterwies, die den Gelehrten und Weisen verborgen ist. Doch läßt er sich herab, sie den Kleinsten zu offenbaren. MsA, 71r

Er, der in den Tagen seines irdischen Lebens im Übermaß der Freude ausrief: „Vater, ich preise dich, weil du all das den Weisen und Klugen verborgen, den Kleinen aber geoffenbart hast" (Mt 11, 25), wollte in mir seine Barmherzigkeit aufleuchten lassen. Weil ich klein und schwach war, ließ er sich zu mir herab und unterwies mich im geheimen in den Dingen seiner Liebe. Ach, wenn die Gelehrten, die ihr Leben lang studiert haben, mit Fragen zu mir gekommen wären, sie wären zweifellos erstaunt gewesen zu sehen, daß ein vierzehnjähriges Kind die Geheimnisse der Vollkommenheit versteht, Geheimnisse, die ihre ganze Wissenschaft nicht zu Gesicht bringen kann, da man arm im Geiste sein muß, um sie zu besitzen!

MsA, 49r

Ich bin mir gewiß, daß unser Herr seinen Aposteln durch seine Unterweisungen und seine sichtbare Gegenwart nicht mehr gesagt hat, als er uns durch die guten Eingebungen seiner Gnade sagt. DE 311/7.8.4

Ich verstehe und weiß aus Erfahrung, „das Reich Gottes ist mitten unter uns“ (Lk 17, 21). Jesus braucht weder Bücher noch Lehrer, um die Menschen zu unterweisen. Er, der Lehrer aller Lehrer, unterrichtet ohne Lärm von Worten (NC III,43.3) ... Nie hörte ich ihn sprechen; aber ich fühle, daß er in mir ist. In jedem Augenblick führt er mich, und er gibt mir ein, was ich sagen oder tun soll. Gerade in dem Augenblick, da ich dessen bedarf, entdecke ich Lichtblicke, die ich nie zuvor gesehen habe. Meistens sind sie nicht während meiner Betrachtungen am reichlichsten, sondern eher während meiner Tagesbeschäftigungen.

MsA, 83v

Ohne sich zu zeigen, ohne seine Stimme hören zu lassen, unterweist mich Jesus insgeheim. MsB, 1r

Oft habe ich bemerkt, daß Jesus mir keine Vorräte geben will. In jedem Augenblick nährt er mich mit einer ganz neuen Nahrung. Ich finde sie in mir vor, ohne zu wissen, wie sie dorthin kam ... Ich glaube ganz einfach, daß Jesus – verborgen in der Tiefe meines armseligen kleinen Herzens – es selbst ist, der mir die Gnade schenkt, in mir zu wirken, und mich all das erfassen läßt, was ich nach seinem Willen im gegenwärtigen Augenblick tun soll.

MsA, 76r

Gewöhnlich gibt er sein Licht nach und nach. MsA, 74r

Wie sehr widerstreben die Lehren Jesu den gefühlsmäßigen Abläufen der Natur! Ohne die Hilfe seiner Gnade wäre es nicht nur unmöglich, sie in die Tat umzusetzen, sondern auch, sie nur zu verstehen. MsC, 18v

2. Irdische Worte können die Geheimnisse des Himmels nicht wiedergeben

Hans Urs von Balthasar, der hervorragende Kenner theresianischer Spiritualität, zählt Theresia – wie auch Paulus – zu den „Heiligen der ersten Reihe“. Beide fühlen sich dazu berufen, die Lehre, die nichts anderes als ihr Leben gewesen ist, selbst auszulegen. Doch besteht zwischen ihnen der unübersehbare Unterschied, „daß Paulus neben seiner eigenen Existenz die Fülle der objektiven christlichen Lehre über Trinität und Menschwerdung, über Alten und Neuen Bund, über Kirche und Welt zur Predigt besitzt, während Therese, die nicht Theologin ist, primär auf ihr eigenes Leben als den Stoff, woraus sie ihre Lehre zu ziehen hat, angewiesen bleibt“[22]. Damit ist auch gesagt, daß die eigentliche Quelle, aus der Theresia schöpft, ihre religiöse Erfahrung ist. Ihr Leben aus dem Glauben an Gottes Wort vermittelte ihr immer wieder neu in einem einzigen Augenblick mehr und tiefere Erfahrungen, als andere, die zuviel auf sich selbst vertrauen, in einer Reihe von Jahren machen können. Ihre Gotteserfahrungen in Worten zu formulieren schien ihr jedoch unmöglich. Sie selbst nennt den Grund: Irdische Worte können die Geheimnisse des Himmels nicht wiedergeben.

Es gibt Dinge, die ihren Duft verlieren, sobald sie der Luft ausgesetzt werden. Es gibt Gedanken der Seele, die nicht in

die irdische Sprache übersetzt werden können, ohne ihren tiefen und himmlischen Sinn zu verlieren. MsA, 35r

Der Dichter (Boileau), der zu sagen wagte: „Was man gut erfaßt, läßt sich klar ausdrücken, und leicht stellen sich die Worte ein, es mitzuteilen", dieser Dichter fühlte gewiß nicht, was ich in der Tiefe meiner Seele fühle!

LT 202/16.11.96

Es gibt Dinge, die das Herz fühlt, die aber das Wort und selbst der Gedanke auch nicht annähernd wiedergeben können. MsA, 14v

Ich fühle, daß es für das menschliche Wort unmöglich ist, Dinge wiederzugeben, die das menschliche Herz kaum erahnen kann. MsB, 1r

Wie soll man über Dinge sprechen, die selbst der Gedanke kaum wiedergeben kann, über Tiefen, die sich in den geheimsten Abgründen der Seele ausbreiten! LT 108/18.7.90

Ich dachte über viele Dinge nach, die Worte nicht wiedergeben können, die aber einen großen Frieden in mir zurückließen. MsA, 26r

Ich fühle meine Ohnmacht, mit irdischen Worten die Geheimnisse des Himmels wiederzugeben, und dann, wenn ich Seiten über Seiten aufgezeichnet hätte, würde ich feststellen, daß ich noch überhaupt nicht angefangen habe ... Es gibt so viele verschiedene Horizonte, so viele bis ins Unendliche gefächerte Schattierungen, daß mir einzig die Palette des himmlischen Malers nach der Nacht dieses Lebens die entsprechenden Farben liefern kann, um die Wunder zu malen, die er dem Auge meiner Seele enthüllt. LT 196/13(?).9.96

Das Leben ist sehr geheimnisvoll. Wir wissen nichts ... Wir sehen nichts ... Und dennoch hat uns Jesus bereits enthüllt, was das Auge des Menschen nicht gesehen hat! ... Ja, unser Herz erahnt bereits, was es nicht verstehen kann, da wir zuweilen nicht die entsprechenden Gedanken haben, um ein Ich-weiß-nicht-was auszudrücken, das wir in unserer Seele fühlen. LT 124/20.10.90

Im Land der Verbannung sind die Worte unfähig, alle Schwingungen der Seele wiederzugeben. LT 109/27–29.7.90

Man müßte eine andere Sprache als die der Erde haben ... LT 161/26.4.94

Mein Herz kann seine innersten Gefühle nicht mit der kalten Sprache der Erde zum Ausdruck bringen. LT 163/20.5.94

3. Von der Notwendigkeit des Schweigens

Theresia war ein verschwiegener Mensch. Dafür spricht schon die Tatsache, daß von ihrer schweren Krankheit, die zu ihrem frühen Tod führte, selbst Pauline (Sr. Agnès de Jésus), die vertraute leibliche Schwester, erst nach Monaten erfuhr. Die Gründe für ihr durchhaltendes Schweigen sind vielfältig. Es gab ihr die Möglichkeit, ihr Leben im Verborgenen zu bewahren. Auch lag ihr nichts ferner, als mit ihren Anschauungen in den Vordergrund treten zu wollen. Hinzu kommt, daß das Schweigen eine Grundhaltung ihres Lebens war. Sie schwieg, um jenen Gott, der ohne Lärm von Worten unterrichtet, vernehmen zu können. Zudem war ihr bewußt, daß es Dinge gibt, „die ihren Duft verlieren, sobald sie der Luft ausgesetzt werden". Nicht zuletzt spürte sie die Unmöglichkeit, Erfahrungen aus der Ewigkeit in irdischen Begriffen unterzubringen. Das tiefe Schweigen war für sie der Weg zum inneren Frieden.

Das Schweigen ist die Sprache der glücklichen Himmelsbewohner. LT 163/20.5.94

Das Schweigen ist die wohltuende Sprache der Engel, sowie aller Erwählten. PS 7,1

Das Schweigen ist die Sprache, die Ihnen allein sagen kann, was in mir vor sich geht. LT 106/10.5.90

Das Schweigen tut der Seele gut. LT 74/6.1.89

O glückliches Schweigen, das der Seele so viel Frieden schenkt. DE 201/6.4.1

Die Reinheit ist ein tiefes Schweigen aller irdischen Sorgen, nicht nur der unnützen, sondern aller Sorgen. LT 122/14.10.90

Eine Seele ohne Schweigen ist wie eine Stadt ohne Schutz, und wer das Schweigen pflegt, bewahrt seine Seele. PA 359

Oft ist allein das Schweigen in der Lage, mein Gebet zum Ausdruck zu bringen. LT 138/17.11.92

Viertes Kapitel

DIE BEFREIUNG AUS DEM LABYRINTH DES EIGENEN ICH

Vielleicht gibt es auf die Frage, wie man zu einem erfüllten Leben kommt, keine bessere Antwort als das Leben der Heiligen. Sie sagen uns: Ein erfülltes Leben erwächst aus der Erfüllung von Gottes Willen, der sich im jeweiligen Anspruch einer konkreten Situation zeigt. Immer verfolgt er dasselbe Ziel. Er möchte den Menschen in den Abgrund seiner unbegreiflichen, immer größeren Liebe ziehen. Die Größe der Heiligen liegt daher vor allem in ihrem rückhaltlosen Vertrauen, mit dem sie sich in diesen Abgrund der Liebe fallenließen. Weil sie wußten, daß wir Menschen immer nur den nächsten Schritt vor Augen haben, Gott hingegen immer das Ganze des Weges überschaut, setzten sie ihrer Hingabe keine Grenzen.

Was hier mit „Hingabe" gemeint ist, geht aus einem Gebet hervor, das Teresa von Ávila ihre Töchter zu beten lehrte: „Dein bin ich, geboren zu dir, was verfügst du zu tun mit mir? Gib mir Reichtum oder Armut, gib mir Trost oder Trübsal, gib mir Frohlocken oder Trauer, süsses Leben, Sonne ohne Schleier, da ich ganz mich hingab: was verfügst du zu tun mit mir?"[23] Dem Inhalt dieses Gebetes entsprechend hatte Theresia von Lisieux ihr ganzes vergangenes, gegenwärtiges und zukünftiges Sein in Gottes barmherzige Liebe hineingegeben. Es geschah vor allem in ihrem Weiheakt an die Barmherzige Liebe am Dreifaltigkeitssonntag 1895.

1. Hingabe ist die Preisgabe des Stehens in sich selbst

Theresia ist ein Wesen unermeßlichen Verlangens. Schaut man genau hin, dann erkennt man, daß es sich um ein doppeltes Verlangen handelt: einmal möchte sie sich selbst unendlich auf Gott hin überschreiten, um sich von Gottes Liebe gefangennehmen zu lassen; hinzu kommt ihre Sehnsucht, den unendlichen Gott in sich selbst aufzunehmen, um ihn in ihrer Liebe gefangenzuhalten. Dieses zweite Verlangen erwächst aus dem ersten, da sich die Offenheit für den unendlichen Gott aus der Hingabe an ihn ergibt. „Wer sich Gott völlig schenkt, dem schenkt Gott sich seinerseits völlig für alle Ewigkeit. Das ist ein großes und ein theresianisches Gesetz ... Es verlegt den Schwerpunkt des Menschenlebens grundlegend und verankert ihn im Herzen des fleischgewordenen Wortes.“[24] Man könnte auch sagen, das theresianische Gesetz besteht letztlich darin, sich von Gott lieben zu lassen, das heißt, „sich der Liebe fortwährend ausliefern, wie man sich dem Feuer ausliefert, um von ihm rasch verzehrt zu werden“. Solche Hingabe ist nicht nur das Ziel, sondern zugleich auch das wesentlichste Mittel des „Weges der geistigen Kindheit“[25].

N*ach dem ergebnislosen Besuch beim Bischof von Bayeux:* **Ich hatte den Eindruck, meine Zukunft sei für immer zerstört. Je mehr ich mich dem Ziel näherte, um so** deutlicher sah ich, wie sich meine Angelegenheiten verwikkelten. Meine Seele war in Bitterkeit getaucht, aber auch in Frieden, denn ich suchte nur den Willen Gottes.

MsA, 55v

Was mich einzig und allein zufriedenstellt, das ist die Erfüllung von Gottes Willen. DE 349/30.8.2

Die Vollkommenheit besteht darin, seinen Willen zu tun, zu sein, was er will, daß wir seien. MsA, 2v

Wäre meine Seele nicht immer schon durch die Hingabe an den Willen Gottes vollkommen erfüllt, ließe sie sich zwangsläufig durch die Gefühle der Freude oder der Traurigkeit, die auf Erden einander so schnell folgen, überwältigen, so wäre dies eine Welle von sehr bitterem Schmerz. Das würde ich nicht ertragen können. Aber diese Alternativen berühren mich nur an der Oberfläche. Dennoch sind sie große Prüfungen! DE 252/10.7.13

Lassen wir ihn alles nehmen und geben, was er will. Die Vollkommenheit besteht darin, seinen Willen zu tun. Wer sich ihm restlos überläßt, wird von Jesus selbst „seine Mutter, seine Schwester“ und seine ganze Familie genannt (Mt 12,50). LT 142/6.7.93

Ich liebe alles, was Gott mir gibt. DE 320/14.8

Was Gott mir gab, hat mir immer in einem solchen Ausmaß gefallen, daß ich genau dies gewählt hätte, hätte er mich wählen lassen, sogar die Dinge, die mir weniger gut und weniger schön als jene schienen, die die anderen hatten. DE 262/14.7.5

Ich möchte nicht lieber sterben als leben. Das heißt, hätte ich die Wahl, so würde ich lieber sterben. Da aber Gott für mich wählt, habe ich lieber, was er will. Was er tut, das liebe ich. DE 214/27.5.4

Immer bin ich mit dem zufrieden, was Gott von mir verlangt. Ich kümmere mich nicht um das, was er von anderen verlangt (...) Was ich gern wählen würde – hätte ich dazu die Möglichkeit – ist genau das, was Gott von mir will. Immer finde ich meinen Teil schön. CS 60

Daß der Wille Gottes geschehe!" Allein darin ist Ruhe zu finden. LT 201/1.11.96

Hingabe ist die vorzügliche Frucht der Liebe (Augustinus). PN 52,-

Heutzutage leitet mich einzig die Hingabe. Außer der vollkommenen Erfüllung von Gottes Willen an mir vermag ich nichts anderes mehr mit Eifer zu erbitten. CS 152

Jetzt leitet mich allein die Hingabe. Ich habe keinen anderen Kompaß! MsA, 83r

Jesus verlangt keine großen Taten, sondern nur Hingabe und Dankbarkeit. MsB, 1v

Was wäre aus mir geworden, wenn ich – wie man in der Welt glaubte – „das Spielzeug" der Gemeinschaft geworden wäre? MsA, 70v

Ich habe nur den einen Wunsch: seinen Willen zu tun. Vielleicht erinnerst du dich, daß ich mich früher gern „das kleine Spielzeug Jesu" nannte. Auch heute noch bin ich glücklich, es zu sein ... Nur dachte ich, daß das göttliche Kind viele andere mit erhabener Tugend bekleidete Seelen hat, die sich „seine Spielzeuge" nennen (...) während meine arme Seele nur ein kleines wertloses Spielzeug ist... Um mich zu trösten, sagte ich mir, daß die Kinder oft mehr Freude an kleineren Spielsachen haben, die sie nach Lust und Laune liegenlassen oder nehmen, zerstören oder liebkosen können, als an anderen von höherem Wert, die sie fast nicht anzurühren wagen. Da freute ich mich, arm zu sein; ich wünschte, es jeden Tag mehr zu werden, damit Jesus von Tag zu Tag mehr Freude daran hat, mit mir sein Spiel zu treiben. LT 176/28.4.95

Seit einiger Zeit hatte ich mich dem Kind Jesus angeboten, sein kleines Spielzeug zu sein. Ich sagte ihm, er solle sich meiner nicht wie eines wertvollen Spielzeugs bedienen, das die Kinder nur anschauen, das sie aber nicht anzurühren wagen, sondern wie eines kleinen Balles von keinerlei Wert, den er auf den Boden werfen, mit dem Fuß stoßen, durchbohren, in einer Ecke liegenlassen oder aber an sein Herz drücken könne, wenn es ihm Freude macht (...) Er hatte mein Gebet erhört ... In Rom durchbohrte Jesus sein kleines Spielzeug. Er wollte sehen, was darin ist. MsA, 64r

Ich bin sehr glücklich, glücklich zu leiden, was Jesus will, das ich leide. Wenn nicht er seinen kleinen Ball durchsticht, so führt doch er die Hand, die sticht! (...) Ich bin sehr glücklich, daß er sich mit mir keinen Zwang antut. Indem er mich so behandelt, zeigt er mir, daß ich (für ihn) keine Fremde bin. LT 74/6.1.89

Seit langem gehöre ich nicht mehr mir selbst. Ich bin Jesus völlig ausgeliefert. Er ist also frei, mit mir zu machen, was ihm gefällt. MsC, 10v

Mein Herz ist vom Willen Gottes durchdrungen, auch wenn etwas danebengeht. Das dringt nicht ins Innere. Es ist ein Nichts, das leicht abgleitet – wie Öl, das sich nicht mit dem Wasser vermischen läßt. Im Grunde bleibe ich immer in einem tiefen Frieden, den nichts stören kann.

DE 263/14.7.9

Seit langem hatten sich Jesus und die arme kleine Theresia angeblickt und verstanden ... An jenem Tag war es kein Blick mehr, sondern eine Verschmelzung. Sie waren nicht mehr zwei. Theresia war verschwunden wie der Wassertropfen, der sich in der Tiefe des Ozeans verliert. Jesus blieb allein zurück. Er war der Herr, der König. Hatte Theresia ihn nicht gebeten, ihr die Freiheit zu nehmen; denn ihre Freiheit machte ihr Angst. Sie fühlte sich so schwach, so zerbrechlich, daß sie sich für immer mit der göttlichen Kraft vereinigen wollte! MsA, 35r

Ich sehe nicht ein, daß ich nach dem Tod mehr besitzen werde, als ich in diesem Leben schon habe. Ich werde Gott schauen; das ist wahr! Aber was das Mit-ihm-Sein anbelangt, so bin ich es schon ganz und gar auf Erden.

DE 208 f/15.5.7

Ich sage wie Jeanne d'Arc: „...Und der Wille Gottes wird sich trotz der Eifersucht der Menschen erfüllen!"

DE 283/27.7.6

Trotz aller Widerstände hat sich verwirklicht, was Gott wollte. MsA, 64r

2. Vertrauen wirkt Wunder

Theresia ist die Heilige „eines grenzenlosen, immer wachsenden und durch nichts gehemmten Vertrauens". Es erwuchs aus der Erfahrung, daß Gott ihr Leben „unter seinen Flügeln" geborgen hielt. Dabei bedeutet für sie Vertrauen der „nie zur Vergangenheit werdende Sprung in den Abgrund der Barmherzigkeit". Da diese barmherzige Liebe nach allen Seiten hin unermeßlich ist, lädt sie zu einem Vertrauen ein, das sich in keiner Weise zurückhält. Der unendlichen Liebe entspricht nur ein unendliches Vertrauen[26].

Übersehen wir hier nicht einen kleinen Hinweis, der sich bei Ida Friederike Görres findet. Sie spricht von einem „kindlichen, aber aus Schmerzen weise gewordenen Vertrauen"[27]. Diese Charakterisierung theresianischen Vertrauens deutet an, daß das Vertrauen von Theresia an menschlichen Hindernissen gewachsen ist. Mit dem menschlichen Widerstand wuchs ihr Vertrauen auf Gottes Macht. So erfuhr sie beglückend und staunend, „wie eigenartig die Wege der Vorsehung Gottes doch sind und wie sehr sie unsere Logik aus der Fassung bringen"[28].

Der Pater warf mich mit vollen Segeln auf die Fluten des Vertrauens und der Liebe, die mich so stark anzogen, auf die ich mich aber nicht hinauswagte ... MsA, 80v

Mein Weg ist ganz Vertrauen und Liebe. Ich verstehe die Menschen nicht, die vor einem so liebevollen Freund Angst haben. LT 226/9.5.97

Wenn ein kaum geäußerter Wunsch eine solche Übererfüllung findet, dann ist es doch unmöglich, daß alle meine großen Wünsche, über die ich so oft mit Gott spreche, nicht vollkommen erhört werden. DE 269/16.7.2

Was Jesus verletzt, was ihn zutiefst verwundet, ist der Mangel an Vertrauen. LT 92/30.5.89

Kann Jesus nicht einmal etwas tun, was er noch nie getan hat? Und wollte er es nicht tun, hätte er dann in das Herz (...) einen Wunsch gelegt, den er nicht verwirklichen kann? LT 129/8.7.91

Jeder Morgen brachte eine neue Enttäuschung mit sich, die meinen Glauben jedoch nicht erschütterte ... Ich bat Jesus, meine Fessel zu zerbrechen. Er zerbrach sie, aber auf eine ganze andere Art, als ich es erwartet hatte. MsA, 67v

Bewahren Sie sich ja Ihr Vertrauen. Es ist unmöglich, daß Gott darauf nicht antwortet; denn immer bemißt er seine Gaben an unserem Vertrauen. HA 1953, 225

Vertrauen wirkt Wunder. LT 129/8.7.91

Mit Johannes vom Kreuz sagte sie: „Man bekommt von Gott so viel, wie man erhofft." PO 453

Das Evangelium von den Arbeitern der letzten Stunde, die genauso bezahlt wurden wie jene, die die Last des Tages getragen hatten (Mt 20,1–16), faszinierte Theresia:

„Sehen Sie", sagte sie, „wenn wir unser Vertrauen auf Gott setzen, alle unsere kleinen Pflichten erfüllen und alles von seiner Barmherzigkeit erhoffen, dann werden wir genauso viel wie die großen Heiligen erhalten" CS 167

Wie könnte mein Vertrauen Grenzen haben? MsB, 5v

Für seine besten Freunde (...) wirkt er keine Wunder, bevor er ihren Glauben geprüft hat. MsA, 67v

Wegen der Zukunft beunruhige ich mich nicht. Ich bin sicher, Gott wird seinen Willen tun. Das ist die einzige Gnade, die ich verlange. Man muß nicht königlicher als der König sein. LT 221/19.3.97

Ich finde, wir, die den Weg der Liebe gehen, sollten nicht an das denken, was an Schmerzlichem in Zukunft auf uns zukommen kann. Das wäre mangelndes Vertrauen und würde gleichsam bedeuten, sich in Gottes Fügungen einmischen. DE 275/23.7.3

„Herr, auf die vertraue ich!" Wie glücklich war ich, diesen Vers im Augenblick unserer großen Sorgen zu sprechen. DE 276/23.7.7

Würde Gott nicht für alles Sorge tragen, ich wüßte nicht, wie ich mich verhalten sollte. Ich habe jedoch ein so grosses Vertrauen zu ihm, daß er mich nicht im Stich lassen kann. Alles lege ich in seine Hände. LT 32/14.11.87

Ich kann nicht glauben, daß du mich im Stich läßt. LT 89/26.4.89

Selbst wenn Gott mich töten würde, würde ich noch auf ihn hoffen“ (Ijob 13,15). Dieses Wort hat mich von Kindheit an fasziniert. Aber ich brauchte viel Zeit, bevor ich zu diesem Grad der Hingabe gekommen war. Jetzt bin ich dort angelangt! Gott hat mich in seine Arme genommen und mich dorthin gebracht. DEA 107/7.7.2

Ich fürchte mich nicht. Bald wird wieder Ruhe sein. (Eine große Heiterkeit wird dem Sturm folgen). LT 167/18.7.94

Ich habe überhaupt keine Angst vor den letzten Kämpfen, noch vor den Schmerzen der Krankheit, so groß sie auch sein mögen. Gott hat mir immer geholfen. Er stand mir bei und führte mich seit meiner frühesten Kindheit ... Auf ihn verlasse ich mich. Ich bin davon überzeugt, er wird mir seine Hilfe bis ans Ende schenken. DE 214/27.5.2

Ich fühle mich so elend. Trotzdem ist mein Vertrauen nicht geringer geworden. Im Gegenteil! DE 318/12.8.3

Ich bin noch nicht am Ende meiner Leiden. Doch er wird mich nicht im Stich lassen. DE 336/23.8.1

Der Kelch ist bis zum Rand gefüllt! ... Aber Gott wird mich ganz sicher nicht verlassen ... Er hat mich nie im Stich gelassen. DE 382/30.9

Wir dürfen nicht weinen wie jene, die keine Hoffnung haben. PO 56

3. Vertrauen trotz Schwachheit und Schuld

Vom hl. Pfarrer von Ars stammt das Wort: „Die Demut, die den Mut verliert, ist schlecht". Warum? Weil ihr der Glaube an die barmherzige Liebe fehlt, aus dem wie von selbst das Vertrauen entspringt. Demut und Vertrauen gehören also von ihrem Wesen her zusammen; denn Demut ohne Vertrauen würde bald zur Mutlosigkeit absinken, während Vertrauen ohne Demut sich zur Überheblichkeit versteigen würde. Ob man P. Liagre widersprechen kann, wenn er schreibt: „Demut und Vertrauen: manchmal bin ich versucht, auf diese beiden Worte die ganze Spiritualität der hl. Theresia vom Kinde Jesus zurückzuführen"?[29] Aufgrund ihrer Demut kommt Theresia zur Erkenntnis und fröhlichen Annahme ihrer Ohnmacht, Schwäche und Schuld. So bleibt sie sich bewußt, ein Nichts zu sein. In ihrem Vertrauen aber wirft sie dieses Nichts hinein in das Alles der Liebe Gottes. Auch die schwerste Schuld hätte sie davon nicht abhalten können.

Das Vertrauen und nichts als das Vertrauen soll uns zur Liebe führen. LT 197/17.9.96

Wie leicht ist es, Jesus zu gefallen (...) Man braucht ihn nur zu lieben, ohne auf sich selbst zu schauen, ohne seine Fehler übermäßig zu beleuchten. LT 142/6.7.93

Ein Blick der Liebe auf Jesus und die Erkenntnis seines eigenen Elends machen alles wieder gut. CS 106

Vor allem ahme ich das Verhalten Magdalenas nach. Ihre erstaunliche oder vielmehr ihre liebende Kühnheit, die Jesus beglückt, fasziniert mich. Ja, ich fühle, selbst wenn ich alle Sünden, die begangen werden können, auf dem Gewissen hätte, ich ginge hin, das Herz von Reue gebrochen, um mich in die Arme Jesu zu werfen; denn ich weiß, wie sehr er den verlorenen Sohn liebt, der zu ihm zurückkommt. Nicht weil Gott mich in seiner zuvorkommenden Barmherzigkeit vor der Todsünde bewahrt hat, erhebe ich mich zu ihm durch Vertrauen und Liebe. MsC, 36v/37r

Man könnte meinen, daß ich ein so großes Vertrauen zu Gott nur habe, weil ich nicht in schwere Schuld gefallen bin. Meine Mutter, sagen Sie (den Menschen) deutlich, daß ich stets dasselbe Vertrauen besäße, auch wenn ich alle möglichen Verbrechen begangen hätte. Ich hätte die Gewißheit, diese Unmenge von Beleidigungen wäre wie ein Wassertropfen, der in einen Glutofen geworfen würde. DE 254/12.7.6

Aus Liebe leben, das bedeutet: alle Angst verbannen,
alle Erinnerungen an die Schuld in der Vergangenheit.
Von meinen Sünden hab' ich keinen Eindruck mehr.
Im Feuer Gottes sind sie ausgelöscht. PN 17,6

Machen wir einen Fehler, so sollten wir nie glauben, dieser gehe auf eine natürliche Ursache zurück, wie beispielsweise Krankheit, Wetter oder Kummer. Wir sollten dieses Versagen vielmehr unserer Unvollkommenheit zuschreiben, ohne jemals den Mut zu verlieren.

HA 1906, 264

Wie klein ist die Zahl derer, die einwilligen zu fallen, schwach zu sein, die zufrieden sind, am Boden zu liegen und von den anderen dabei überrascht zu werden. CS 22

Ich bin die Schwäche selbst ... Ich rühme mich ihrer, und jeden Tag mache ich mich darauf gefaßt, neue Unvollkommenheiten in mir zu entdecken. MsC, 15r

Ich habe mich bemüht, meine Minderwertigkeit zu lieben ... Dadurch wurde sie mir angenehm wie alles übrige. CS 165

Immer meinen Sie, Ihr Ziel erreicht zu haben. Dann sind Sie verwundert, daß sie fallen. Man muß stets darauf gefaßt sein zu fallen. CS 30

Willigen Sie doch ein, bei jedem Schritt zu stolpern, sogar zu fallen, Ihr Kreuz schwächlich zu tragen. Lieben Sie Ihr Unvermögen, und Sie ziehen daraus mehr Nutzen, als vollbrächten Sie – von der Gnade getragen – schwungvoll heroische Taten, die Sie mit persönlicher Genugtuung und Überheblichkeit erfüllen würden. HA 1953, 208

Falle ich auch zu jeder Stunde, die vergeht:
du kommst mir zu Hilfe, um mich wieder aufzuheben,
in jedem Augenblick schenkst du mir deine Gnade. PN 17,7

Auch mir unterlaufen Fehler. Aber ich freue mich darüber. Auch ich stehe nicht immer über den Nichtigkeiten der Welt. Ich könnte mich zum Beispiel über eine Dummheit ärgern, die ich gesagt oder getan habe. Doch halte ich Einkehr bei mir selbst und sage mir: Immer noch stehe ich an derselben Stelle wie früher! Aber das sage ich mir in aller Ruhe und ohne Traurigkeit. Es tut so gut, sich schwach und klein zu fühlen. DE 237/5.7.1

Habe ich einen Fehler begangen, der mich traurig macht, so bin ich mir bewußt, daß diese Traurigkeit die Folge meiner Untreue ist. Aber glauben Sie, ich bliebe dabei stehen?! Nein, so töricht bin ich nicht. DE 253/3.7.2

Hätte ich aus Schwachheit zuweilen das Gegenteil von dem getan, was ich tun wollte, ich wäre nicht entmutigt gewesen. Ich hätte versucht, meine Versäumnisse wieder gutzumachen, indem ich mich noch mehr zusammennähme, ohne daß es in Erscheinung träte. DE 272/20.7.1

Warum darüber erschrecken, daß du dieses Kreuz nicht tragen kannst, ohne schwach zu werden? Jesus ist auf dem Weg zum Kalvarienberg dreimal gefallen. Und du, armes, kleines Kind, du wärest deinem Verlobten nicht ähnlich, wolltest du nicht hundertmal fallen, wenn es sein muß, um ihm deine Liebe zu beweisen, indem du kraftvoller aufstehst als vor dem Fall! LT 81/23–25(?).1.89

Ich werde das Recht haben, bis zu meinem Tod kleine Dummheiten zu begehen, ohne Gott zu beleidigen, wenn ich demütig bin, wenn ich ganz klein bleibe. Schauen Sie auf die kleinen Kinder: sie hören nicht auf, Dinge zu zerbrechen, zu zerfetzen, fallenzulassen, und doch lieben sie ihre Eltern sehr. Wenn ich in dieser Weise falle, so läßt mir dies mein Nichts noch mehr zu Bewußtsein kommen, und ich sage mir: Was könnte ich fertigbringen, was würde aus mir, stützte ich mich auf meine eigenen Kräfte?!

Sehr gut verstehe ich, daß der hl. Petrus gefallen ist. Dieser bewundernswerte hl. Petrus, er stützte sich auf sich selbst, anstatt sich einzig und allein an Gottes Kraft zu halten. Daraus schließe ich, daß meine Versuchungen heftiger würden und ich ihnen gewiß unterläge, wollte ich meinen: „O Gott, ich liebe dich zu sehr, du weißt es genau, als daß ich mich bei einem einzigen Gedanken gegen den Glauben aufhielte."

Ich bin mir völlig sicher, hätte Petrus demütig zu Jesus gesagt: „Ich bitte dich, gibt mir die Kraft, dir bis in den Tod zu folgen", er hätte sie bald bekommen.

Auch bin ich mir gewiß, daß unser Herr seinen Aposteln durch seine Unterweisungen und seine sichtbare Gegenwart nicht mehr gesagt hat, als er uns durch die guten Eingebungen seiner Gnade sagt. Er hätte dem hl. Petrus durchaus sagen können: „Erbitte von mir die Kraft, um zu vollbringen, was du möchtest." Aber nein, weil Jesus ihm seine Schwachheit zu Bewußtsein bringen wollte, und das deshalb, weil er die ganze Kirche, die voller Sünder ist, regieren sollte, mußte er an sich selbst erfahren, was der Mensch ohne die Hilfe Gottes vermag.

Vor seinem Fall sagte ihm der Herr: „Wenn du bekehrt sein wirst, stärke deine Brüder" (Lk 22,32). Das bedeutet: Überzeuge sie durch deine eigene Erfahrung von der Schwäche menschlicher Kraft. DE 310f/7.8.4

Mein Jesus, was macht es, wenn ich jeden Augenblick falle? Daran erkenne ich meine Schwäche. Das ist für mich ein großer Gewinn. LT 89/26.4.89

Wenn man sich so elend sieht, dann möchte man sich selbst nicht mehr anschauen, und man blickt nur noch auf den, den man allein liebt. LT 109/27–29.7.90

Wir wagten nicht einmal mehr, uns anzunehmen, so sehr glaubten wir, ohne Glanz und Schmuck zu sein, und Jesus ruft uns. LT 165/7.7.94

Die Erinnerung an meine Fehler demütigt mich und bringt mich dazu, mich niemals auf meine Kraft zu stützen, die nichts als Schwäche ist. Aber noch mehr spricht diese Erinnerung zu mir von der Barmherzigkeit und Liebe.

Wenn man seine Fehler in unbedingtem kindlichem Vertrauen in die verzehrende Glut der Liebe wirft, wie wären sie nicht unwiderruflich verzehrt? LT 247/21.6.97

Es kommt vor, daß Gott gewissen Menschen trotz all ihrer Anstrengungen Schwachheiten läßt, weil es für sie sehr schädlich wäre, sich tugendhaft zu fühlen, das heißt, zu glauben, Tugenden zu besitzen, und die anderen sie darin anerkennen. CS 150

Gewöhnlich läßt Gott es zu, daß wir an denselben Schwächen leiden, die uns an anderen mißfallen haben: Vergeßlichkeit, ungewollte Nachlässigkeit, Müdigkeit ... Dann ist es ganz natürlich, daß wir die Fehler entschuldigen, in die wir selbst gefallen sind. CS 107

Fünftes Kapitel

WIE MAN MIT GOTT INS GESPRÄCH KOMMT

Victoria Sackville-West, eine interessante Gestalt der modernen englischen Literatur, trifft mit ihrem Urteil über die Frömmigkeit der hl. Theresia den Nagel auf den Kopf: „Wenn der Ausdruck gestattet ist, so mag man sagen, daß ihre Frömmigkeit mit beiden Füßen auf der Erde stand.“[30] Auch hinsichtlich des Gebetes wußte sie mit komplizierten Methoden nichts anzufangen. So sehr aber ihre Frömmigkeit „mit beiden Füßen auf der Erde stand“, so weit schauten ihre vom Glauben beseelten Augen über diese Welt hinaus. Da in ihrem Leben alle Dinge von Gott sprachen, wurde sie auch von allen Dingen zu Gott hingeführt. Was Karl Rahner in seiner Theologischen Meditation über „Alltägliche Dinge“ schreibt, fand in ihrem Leben volle Verwirklichung: „Wer als Mensch die kleine Zeit an das Herz der Ewigkeit nimmt, die er selbst in sich trägt, der merkt plötzlich, daß auch die kleinen Dinge unsagbare Tiefen haben, Boten der Ewigkeit sind, immer auch mehr sind als sie selbst, wie Wassertropfen sind, in denen sich der ganze Himmel spiegelt, wie Zeichen, die über sich hinausweisen, wie vorauslaufende Boten, die, wie bestürzt von der Botschaft, die sie bringen, die kommende Unendlichkeit vorausverkünden, wie Schatten der wahren Wirklichkeit, die schon auf uns fallen, weil das Eigentliche eben doch schon nahe ist.“[31] Die Vorausahnung des Ewigen weckte in Theresia eine grenzenlose Himmelssehnsucht, so daß sie die Welt als einen Ort der Verbannung empfand. Das hat mit Weltflucht nichts zu tun. Theresia liebte die Welt. Aber sie spürte zu deutlich ihre Vorläufigkeit, als daß sie ihr zur eigentlichen Heimat hätte werden können.

1. Meditation führt über die Sinne zum Sinn

Theresia verstand zu meditieren. Dabei kam ihr „eine so treffliche Beobachtungsgabe und eine so ursprüngliche echte Freude am Entdecken und Begreifen“[32] zu Hilfe, daß sie kraft ihrer Phantasie aus allem ein Gleichnis zu machen verstand. Ausgangspunkt ist meist eine alltägliche Situation, die genau wahrgenommen und auf ihren verborgenen Hintergrund hin angeschaut wird. Indem sie diesen spontan mit einem Glaubensgeheimnis in Zusammenhang bringt, verwandelt sie die Ausgangssituation in ein Gleichnis, das in ihr „tiefe Gedanken“ weckt. An Beispielen fehlt es nicht. Der Campo Santo zu Mailand mit seinen vielen lebendigen Standbildern wird ihr zum Gleichnis der Unsterblichkeit; die vom Lavastrom völlig verschüttete Stadt Pompeji zum Gleichnis für die Kurzlebigkeit und Vergänglichkeit menschlicher Errungenschaften; das Meer mit seinen Weiten und Tiefen zum Gleichnis der Macht und Größe Gottes; die sich in den Himmel verlierenden Berge zum Gleichnis der großen Heiligen; der unbeirrbar zu einem unbekannten Land aufgebrochene Christoph Kolumbus zum Gleichnis des Glaubenden, der allen Widerständen und Hindernissen zum Trotz seinen Glauben an die ewige Heimat nicht aufgibt. Ist Jesus zu seinen Gleichnissen auf anderen Wegen gekommen?

Immer hatte ich das Große und Schöne geliebt. MsA, 46v

Ich liebte sehr das Land, die Blumen und die Vögel! Zuweilen versuchte ich, mit meiner kleinen Angel zu fischen; aber ich zog es vor, mich für mich allein in das blumige Gras zu setzen. Dann waren meine Gedanken recht tiefsinnig, und ohne zu wissen, was meditieren eigentlich bedeutet, verlor ich mich in ein wahrhaft innerliches Gebet ... Ich hörte aufmerksam auf die Geräusche in der Ferne ... Das Murmeln des Windes und selbst die verschwommene Militärmusik, die bis zu mir herüberdrang, erfüllten mich auf sanfte Weise mit Schwermut ... Die Erde erschien mir als Ort der Verbannung, und ich erträumte den Himmel. MsA, 14v

Noch fühle ich die tiefen und poetischen Empfindungen, die in mir beim Anblick der von Korn- und Feldblumen durchsetzten Getreidefelder lebendig wurden. Ich liebte bereits die Fernen ... Die Grünflächen und die riesenhaften Tannen, deren Zweige die Erde berührten, hinterließen in mir einen Eindruck, der dem ähnlich ist, den ich heute noch beim Anblick der Natur empfinde. MsA, 11v

Ich war sechs oder sieben Jahre alt, als uns Papa nach Trouville begleitete. Nie werde ich den Eindruck vergessen, den das Meer auf mich machte. Ich konnte nicht anders, als es unaufhörlich zu betrachten. Seine Größe, das Brausen seiner Wogen, alles sprach zu mir von der Größe und der Macht Gottes. MsA, 21v

Am Abend, zur Zeit, da sich in der Unermeßlichkeit der Wogen die Sonne zu baden scheint und einen Lichtstrahl vor sich her gleiten läßt, brach ich auf, um mich allein mit Pauline auf einen Felsen zu setzen (...) Lange betrachtete ich diese Lichtbahn, Abbild der Gnade, die den Weg erhellt, den das kleine Boot mit dem anmutigen weißen Segel durchlaufen soll. MsA, 22r

Im Alter von vierzehn Jahren beschrieb Theresia in einer Stilübung das Haus ihrer Träume: Wenn sich meine Träume eines Tages erfüllen, werde ich auf dem Land wohnen. Denke ich an meinen Plan, dann fühle ich mich im Geist in ein bezauberndes Häuschen versetzt oder ein Chalet, das ganz in der Sonne liegt. Alle meine Zimmer schauen zum Meer; denn mein kleines Haus läge in einem Dorf am Strand des Meeres (...) Mein Garten wäre ziemlich groß (...); hinter meinem Garten eine Wiese mit einem Stall. Mein Gewächshaus wäre immer voll der schönsten Blumen. Ich hätte ein kleines Boot, um von Zeit zu Zeit eine Spazierfahrt auf das Meer hinaus machen zu können. LT, Bd.I,183

Ich lege meinen Träumen kein Gewicht bei. Übrigens habe ich selten symbolische, und ich fragte mich sogar, wie es möglich ist, daß ich den ganzen Tag an Gott denke und mich mit ihm nicht mehr im Schlaf beschäftige ... Gewöhnlich träume ich von Wäldern, Blumen, Bächen und vom Meer und fast immer sehe ich nette kleine Kinder. Ich fange Schmetterlinge und Vögel, wie ich sie nie gesehen habe (...) Wenn meine Träume auch eine poetische Ausdrucksweise haben, so sind sie doch weit davon entfernt, mystisch zu sein. MsA, 79r

Zunächst war da die Schweiz mit ihren hohen Bergen, deren Spitzen sich in den Wolken verlieren; ihren anmutigen Wasserfällen, die auf tausendfältige Weise hervorsprudeln; ihren tiefen Tälern, voll von riesigem Farn und rosigem Heidekraut (...) Wie gut taten mir diese Naturschönheiten, ausgestreut in solch einem Überfluß! Wie sehr hoben sie mich zu dem empor, dem es gefallen hat, solche Meisterwerke auf einen Verbannungsort auszuschütten, der nur einen Tag dauern soll ... Ich hatte nicht genug Augen zum Schauen (...) Während ich all diese Schönheiten betrachtete, kamen mir tiefe Gedanken. Mir schien, schon jetzt würde ich die Größe Gottes und die Wunder des Himmels verstehen (...) Später, in der Stunde der Prüfung, wenn ich als Gefangene im Karmel nur einen kleinen Ausschnitt des bestirnten Himmels betrachten kann, werde ich an das denken, was ich heute sehe. Dieser Gedanke wird mir Mut geben. Leicht werde ich meine armseligen kleinen Interessen vergessen, wenn ich die Grösse und Macht Gottes, den ich allein lieben will, ins Auge fasse. MsA, 57v/58r

In den Schweizer Bergen, die wir durchfuhren, kann man gut beten. Man spürt, daß Gott da ist! LT 31A/10.11.87

Céline, Du mußt sehr glücklich sein, die schöne Natur, die Berge, die silberhellen Flüsse zu betrachten. All das ist so großartig, so dazu geschaffen, uns zu erheben (...) Glücklich, die ein reines Herz haben, denn sie werden Gott schauen (Mt 5,8)! ... Ja, sie werden ihn sogar auf Erden schauen. LT 105/10.5.90

Der Campo Santo begeisterte uns noch mehr als die Kathedrale. All seine Statuen aus weißem Marmor, die ein genialer Meißel belebt zu haben scheint, sind mit einer gewissen Nachlässigkeit über das weite Totenfeld verteilt, was für mich ihren Reiz verstärkte. Man könnte versucht sein, diesen Idealgestalten, die einen umgeben, Trost zuzusprechen. Ihr Ausdruck ist so wahr, ihr Schmerz so still und ergeben, daß man nicht anders kann, als die Gedanken der Unsterblichkeit zu kennen, die das Herz der

Künstler erfüllen mußten, als sie diese Meisterwerke ausführten. Hier sieht man beispielsweise ein Kind, das Blumen auf das Grab seiner Eltern wirft. Der Marmor scheint seine Schwere verloren zu haben ... MsA, 58v

Gerne wäre ich allein inmitten der Ruinen (von Pompeji) spazierengegangen, um über die Zerbrechlichkeit menschlicher Werke nachzusinnen. Doch die vielen Reisenden nehmen der zerstörten Stadt viel von ihrem melancholischen Reiz. MsA, 64v

Ich habe Ihnen noch nicht von meiner Liebe für Bilder und das Lesen erzählt (...) Ich vergaß die Zeit, wenn ich sie vor mir hatte ... Wenn ich auch nicht zu spielen verstand, liebte ich doch sehr das Lesen und hätte damit mein Leben verbringen können. Glücklicherweise hatte ich irdische Engel, die mich führten und für mich Bücher auswählten, die mir Spaß machten und so meinem Herzen und meinem Geist Nahrung gaben. Außerdem durfte ich nur eine bestimmte Zeit mit Lesen verbringen, was für mich der Grund für große Opfer war, da ich meine Lektüre oft genau an der spannendsten Stelle unterbrechen mußte (...) Sollte ich die Zahl der Bücher nennen, die mir durch die Hände gegangen sind, es wäre mir nicht möglich. Aber Gott hat es nie zugelassen, daß ich ein einziges las, das mir hätte schaden können. MsA, 31v

Früher habe ich einmal gelesen, daß die Israeliten die Mauer Jerusalems bauten, indem sie mit einer Hand arbeiteten und in der anderen ein Schwert hielten. Wir sollten dasselbe tun: Auch wir sollten uns nicht völlig an die Arbeit ausliefern. DE 261f/14.7.1

Eines Tages fragte mich eine meiner Lehrerinnen der Abteischule, was ich an den schulfreien Tagen machen würde, wenn ich allein sei. Ich antwortete ihr, daß ich hinter mein Bett ginge, in einen leeren Zwischenraum, der sich dort befand und den ich leicht mit dem Vorhang abschließen konnte. Dort würde ich „denken". „Aber an was denkst du?" fragte sie mich. „Ich denke an Gott, an das Leben... an die Ewigkeit, kurz und gut: ich denke!..." Die gute Ordensfrau lachte sehr über mich. Später erinnerte sie mich gern an die Zeit, wo ich dachte, indem sie mich fragte, ob ich immer noch denke... Heute verstehe ich, daß ich damals das innere Gebet übte, ohne es zu wissen, und daß mich Gott darin bereits im geheimen unterrichtete.

MsA, 33v

Nachdem ich das Internat verlassen hatte, quartierte ich mich in dem alten Malzimmer von Pauline ein und machte es meinem Geschmack entsprechend zurecht. Es war der reinste Bazar, eine Ansammlung von frommen Dingen, Kuriositäten, ein Garten und ein großer Vogelbauer (...) Ich hatte noch einen Blumenkasten im Innern meines „Museums", und dort hielt ich meine Lieblingspflanze (...) Diese armselige Mansarde war wirklich eine Welt für mich, und wie Herr de Maistre könnte ich ein Buch mit dem Titel schreiben: „Spaziergang um mein Zimmer herum". In diesem Zimmer blieb ich gern stundenlang allein, um zu studieren und angesichts des schönen Ausblicks, der sich vor meinen Augen ausbreitete, zu meditieren.

MsA, 43r

Wie wohltuend waren die Gespräche, die wir jeden Abend im Belvedere führten! Den Blick in die Ferne gerichtet, betrachteten wir (...) Alles erhob uns zum Himmel (...), von dem wir vorerst nur ”die helle Rückseite" betrachten konnten.

MsA, 48r

Wenn ich Gott nicht sehe, glänzende Natur,
dann bist du für mich nichts anderes
als ein riesiges Grab. PN 23,3

2. Die Bibel offenbart uns Gottes Charakter

Zur Entdeckung der Bibel kam die Heilige durch ihre Beschäftigung mit Johannes vom Kreuz, in dessen Schriften die Bibel eine wichtige Rolle spielt. Von diesem Zeitpunkt an trug sie stets ein kleines Exemplar der Evangelien bei sich. Céline (Sr. Geneviève de Sainte-Thérèse) schreibt: „Sie wollte Gott kennenlernen, sozusagen ‚seinen Charakter' entdecken. Und wie hätte sie es besser machen können, als die unter Eingebung des Heiligen Geistes entstandenen Bücher zu studieren, vor allem das heilige Evangelium?" (CS 80).

Theresia besaß keine exegetische Vorbildung. Sie durchforschte die Bibel mit ihrem gesunden Menschenverstand. Dabei bediente sie sich des sogenannten „Bibelstechens", das heißt: sie schlug die Bibel einfach auf und ließ den Vers, auf den ihr Auge fiel, zu sich sprechen. Auch las sie die Bibel systematisch, bis sie plötzlich und unerwartet auf eine Stelle stieß, die ihr entscheidend weiterhalf und sie in ihrer inneren Erfahrung bestärkte. Oder sie brachte ein Erlebnis mit einem ihr bekannten Bibelwort in Verbindung. Auf welche Weise sie die Bibel las, immer war sie der Überzeugung, daß mit Gott unmittelbaren Kontakt bekommt, wer sich an dieses Buch und sein Wort wagt.

Seit langem nährte ich mich mit dem „feinsten Mehl", das die „Nachfolge Christi" enthält. Es war das einzige Buch, das mir wohltat; denn ich hatte die im Evangelium verborgenen Schätze noch nicht entdeckt. Ich wußte fast alle Kapitel (...) auswendig. Dies Büchlein verließ mich nie ... MsA, 47r

Wieviele Erleuchtungen habe ich aus den Werken unseres Vaters, des hl. Johannes vom Kreuz, geschöpft. Im Alter von siebzehn und achtzehn Jahren hatte ich keine andere geistige Nahrung. Später jedoch ließen mich alle Bücher in der Dürre. In diesem Zustand bin ich noch heute (...) In dieser Ohnmacht kommen mir die Heilige Schrift und die Nachfolge Christi zu Hilfe. In ihnen finde ich eine kräftige und ganz reine Nahrung. MsA, 83r/v

Wenn ich zuweilen gewisse geistliche Abhandlungen lese, in denen die Vollkommenheit über tausend Hindernisse hinweg und von einer Menge Illusionen umgeben dargestellt wird, ermüdet mein armer kleiner Geist sehr schnell. Ich schließe das gelehrte Buch, das mir Kopfschmerzen bereitet und das Herz austrocknet, und greife zur Heiligen Schrift. Dann erscheint mir alles voller Licht. Ein einziges Wort erschließt mir unendliche Horizonte, die Vollkommenheit erscheint mir leicht erreichbar; ich sehe, daß es genügt, sein Nichts anzuerkennen und sich wie ein Kind in die Arme Gottes zu werfen. LT 226/9.5.97

Was mich angeht, so finde ich nichts mehr in den Büchern, das Evangelium ausgenommen. Dieses Buch genügt mir. Mit großer Freude höre ich jenes Wort Jesu, das mir alles sagt, was ich zu tun habe: „Lernt von mir, denn ich bin gütig und von Herzen demütig." Dann habe ich den

Frieden, gemäß seinem wohltuenden Versprechen: „Und ihr werdet Ruhe finden für eure Seelen“ (Mt 11,29).

DE 207/15.5.3

Vor allem das Evangelium gibt meinen Gebeten Nahrung. In ihm finde ich alles, was meiner armen kleinen Seele nottut. In ihm entdecke ich immer neue Lichtblicke, verborgene und geheimnisvolle Sinndeutungen. MsA, 83v

Da Jesus wieder in den Himmel aufgestiegen ist, kann ich ihm nur auf den Spuren folgen, die er hinterlassen hat. Doch wie leuchtend sind diese Spuren, welch angenehmes Fluidum haben sie! Ich brauche nur ins hl. Evangelium zu schauen (...), und ich weiß, in welche Richtung ich zu laufen habe. MsC, 36v

Zeige mir die verborgenen Geheimnisse im Evangelium.
Wie sehr ist dieses goldene Buch
mein wertvollster Schatz. PN 24,12

Hierauf nahm ich mein kleines Evangelium und bat Gott, mich zu trösten und mir selbst die Antwort zu geben. Und siehe, da stieß ich auf diese Stelle, die ich bisher nie beachtet hatte: „Der, den Gott gesandt hat, redet die Worte Gottes, denn unbegrenzt gibt er den Geist“(Jo 3,34). DEA 44/21–26.5.11

3. Das Gebet ist die Zeit Gottes

Gebet ist für Theresia die Zeit Gottes, weil vor allem in dieser Zeit Gott an uns wirksam werden will. In diesem Sinn deutet auch Teresa von Ávila das Geheimnis des Gebetes: „Das große Geheimnis des Gebetes besteht darin, Gott wirksam werden zu lassen." Gebet bedeutet für Theresia darüber hinaus die Erhebung des Herzens über die vergängliche Welt. Dabei macht sie dieselbe Erfahrung, von der die Beter im Buch der Psalmen immer wieder sprechen. Der betende Mensch, der sich über die vergängliche Welt erhebt, spürt, wie sich das Herz weitet und empfänglich wird für die Gaben aus der Unendlichkeit.

Die Heilige pflegte zunächst das „einfache Gebet". Dieses geht von irgendeiner Anregung aus, überdenkt sie und versucht, darüber mit Gott ins Gespräch zu kommen. Auch liebte sie das Gebet als das stille Verweilen vor Gott: „Ich sage ihm nichts; ich liebe ihn." Teresa von Ávila sagte: „Das Gebet besteht nicht darin, daß man viel denkt, sondern darin, daß man viel liebt." Von hier ist es dann nicht mehr weit zum Gebet als dem stillen Schauen des Schauenden. „Videntem videre", lesen wir bei Augustinus.[33] Bei Theresia geht es um das stille Schauen der schauenden Augen des Gekreuzigten. Schließlich liebte Theresia das Gebet als das Sich-in-Gott-Hineinverlieren. In dieser Gebetsform verliert sich die menschliche Endlichkeit in Gottes Unendlichkeit. Alles wird in Gottes Liebe hineingezogen.

Das Gebet ist die Zeit Gottes; man darf sie ihm nicht wegnehmen. CS 77

Welche Berufung! Wie groß ist unsere Seele. Erheben wir uns über das, was vergeht. Halten wir Distanz gegenüber der Erde. Weiter oben ist die Luft rein. LT 57/23.7.88

Ich fühlte, daß es besser war, mit Gott zu sprechen als von Gott; denn viel Eigenliebe mischt sich in die geistlichen Gespräche! MsA, 41r

Das Gebet und das Opfer machen meine ganze Kraft aus. Sie sind meine unschlagbaren Waffen, die Jesus mir gegeben hat. Vielmehr als Worte vermögen sie die Seelen in Bewegung zu bringen. Diese Erfahrung habe ich oft gemacht. MsC, 24v

Ich bin so unvollkommen, daß meine armseligen Gebete zweifellos nicht viel Wert haben. Doch es gibt Bettler, die sich so aufdrängen, daß sie bekommen, was sie wünschen. Ich werde es wie sie machen, und Gott wird mich nicht mit leeren Händen wegschicken können. LT 99/18.11.89

Ich habe Gott gebeten, auf jene Gebete nicht zu hören, die ein Hindernis für die Erfüllung seiner Absichten an mir sein könnten, und alle Schwierigkeiten, die dem im Wege stehen, zu entfernen. DE 643/10.8

Worum wir ihn bitten, ist: für seine Ehre zu arbeiten, ihn zu lieben und ihn lieben zu lehren. LT 220/24.2.97

Wenn sich mein Geist zuweilen in so großer Trockenheit befindet, daß es mir unmöglich ist, daraus einen Gedanken zu ziehen, um mich mit Gott zu vereinigen, dann bete ich sehr langsam ein „Vaterunser" und dann den „Englischen Gruß". Diese Gebete beflügeln mich; sie geben meiner Seele weit mehr Nahrung, als wenn ich sie überstürzt hundertmal heruntergesagt hätte ... MsC, 25v

Gott wird nicht müde, mir zuzuhören, wenn ich ihm ganz einfach meine Sorgen und meine Freuden erzähle, so als würde er sie nicht kennen. MsC, 32v

Martha und Maria sagen nur: „Er, den du liebst, ist krank" (Jo 11,3). Sie bringen einfach ihre Wünsche zum Ausdruck, ohne eine Bitte zu formulieren. So lassen sie Jesus frei nach seinem Willen handeln. CS 49

„Vater unser im Himmel." Wie trostreich ist dieses Wort; welch unendlichen Horizont eröffnet es unseren Augen. LT 127/26.4.91

Den Rosenkranz ganz allein zu beten, ich schäme mich, es zu gestehen, kostet mich mehr als den Gebrauch eines Bußwerkzeuges ... Ich spüre, daß ich ihn recht schlecht bete. Ich kann mir große Mühe geben, die Geheimnisse des Rosenkranzes zu betrachten; es gelingt mir einfach nicht, meinen Geist zu sammeln ... Lange war ich über diesen Mangel an Andacht betrübt, der mich verwunderte; denn ich liebe die hl. Jungfrau so sehr, daß es mir leicht fallen sollte, ihr zu Ehren Gebete zu sprechen, die ihr gefallen. Jetzt bedrückt es mich weniger. Ich denke, die Himmelskönigin wird als meine Mutter meinen guten Willen sehen und damit zufrieden sein. MsC, 25v

Céline (Sr. Geneviève de Sainte-Thérèse) erzählt: Gegen ihren Widerstand stand ich oft in der Nacht auf, um nach ihr zu sehen. Einmal fand ich meine geliebte (...) Schwester mit gefalteten Händen und zum Himmel gerichteten

Augen. „Was machen Sie denn da?“ fragte ich sie. „Sie sollten versuchen zu schlafen!“ „Ich kann nicht; ich leide zu sehr; daher bete ich …“ „Und was sagen Sie Jesus?“ „Ich sage ihm nichts, ich liebe ihn!“ DE 610/-.9.2

Wie groß ist die Macht des Gebetes. Man könnte es eine Königin nennen, die zu jeder Zeit freien Zutritt zum König hat und alles, worum sie bittet, erhalten kann. Um erhört zu werden, ist es nicht nötig, eine schöne, treffsichere Formulierung aus einem Buch zu lesen. Wenn es so wäre …, wie wäre ich zu bedauern! … Neben dem göttlichen Offizium, das zu beten ich mich sehr unwürdig fühle, habe ich nicht den Mut, mühsam in Büchern nach schönen Gebeten zu suchen. Das bereitet mir Kopfschmerzen, denn es gibt davon so viele! … Und dann sind die einen schöner als die anderen … Ich könnte sie nicht alle beten, und da ich nicht weiß, welches ich auswählen soll, mache ich es wie die Kinder, die nicht lesen können: ich sage Gott ganz einfach, was ich ihm sagen will, ohne schöne Phrasen zu machen, und er versteht mich immer … Für mich ist das Gebet ein Aufschwung des Herzens, ein einfacher Blick zum Himmel, ein Ruf der Dankbarkeit und der Liebe, sei es nun mitten in der Prüfung oder der Freude. Kurz, es ist etwas Großes, etwas Übernatürliches, das mir die Seele weit macht und mich mit Jesus vereint. MsC, 25r/v

Ein von der Liebe ergriffener Mensch kann nicht untätig bleiben. Zweifellos sitzt er wie die hl. Magdalena zu Füssen Jesu. Er lauscht seinem wohltuenden und begeisternden Wort. Er scheint nichts zu geben; und doch gibt er vielmehr als Martha, die sich um viele Dinge sorgt und darum bestrebt ist, daß ihre Schwester sie nachahme. Es sind keineswegs Marthas Arbeiten, die Jesus tadelt; diesen Arbeiten hat sich seine göttliche Mutter ihr ganzes Leben lang demütig unterzogen, da sie die Mahlzeiten der hl. Familie zubereiten mußte. Einzig die Unruhe seiner eifrigen Gastgeberin wollte er zurechtweisen. Das haben alle Heiligen verstanden und noch eingehender vielleicht jene, die das Universum mit der Erleuchtung der evangelischen Lehre erfüllten. Haben nicht die Heiligen wie Paulus, Augustinus, Johannes vom Kreuz, Thomas von Aquin, Franziskus, Dominikus und so viele andere hervorragende Freunde Gottes jene göttliche Erkenntnis, die die größten Geister in Begeisterung versetzt, aus dem Gebet geschöpft? Ein Gelehrter hat gesagt: „Gebt mir einen Hebel, einen Stützpunkt, und ich werde die Welt aus den Angeln heben.“ Was Archimedes nicht erreichen konnte, weil sich seine Bitte nicht an Gott richtete und nur unter materiellem Gesichtspunkt gestellt war, das haben die Heiligen in reichstem Maße erlangt. Der Allmächtige gab ihnen als Stützpunkt sich selbst, sich allein; und als Hebel das Gebet, das vom Feuer der Liebe glüht. Und auf diese Weise haben sie die Welt aus den Angeln gehoben. So tun es die heute noch kämpfenden Heiligen und werden es auch die künftigen Heiligen bis an das Ende der Welt tun.

MsC, 36r/v

Schwester Maria von der Eucharistie wollte die Kerzen für eine Prozession anzünden. Sie hatte aber kein Streichholz dabei. Da sah sie das kleine Licht, das vor den Reliquien brannte und ging darauf zu. Doch sie fand es halb erloschen. Nur noch ein schwacher Schein über einem abgebrannten Docht war übrig geblieben. Dennoch gelang es ihr, ihre Kerze daran zu entzünden, und so konnte durch diese Kerze jene der Kommunität entzündet werden. Dieses kleine, halb erloschene Licht ist es also gewesen, das diese schönen Flammen hervorgebracht hat, die ihrerseits eine Unmenge anderer hervorbringen könnten; ja, sie könnten selbst das Weltall in Brand setzen. Dennoch müßte man die erste Ursache dieses Lichteffektes stets auf dieses kleine Licht zurückführen. Wie könnten sich also die schönen Flammen rühmen, eingedenk der Tatsache, daß sie einen solchen Brand nur bewirken konnten, weil sie doch selbst in Verbindung mit dem kleinen Funken entzündet wurden? ...

Genauso ist es im Hinblick auf die Gemeinschaft der Heiligen. Ohne es zu wissen, haben wir oft die Gnaden und Erleuchtungen, die wir empfangen, einer verborgenen Seele zu verdanken, weil Gott will, daß die Heiligen sich die Gnade gegenseitig durch das Gebet vermitteln, damit sie sich im Himmel mit großer Liebe begegnen – mit einer Liebe, die noch viel stärker ist als jene in der Familie, selbst in der idealsten Familie auf Erden. Wie oft habe ich schon darüber nachgedacht, daß ich alle Gnaden, die ich empfangen habe, den Gebeten einer Seele verdanken könnte, die mich Gott empfohlen hat und die ich erst im Himmel kennenlernen werde.

Ja, ein ganz kleiner Funke kann große Lichter in der gesamten Kirche entstehen lassen wie Gelehrte und Martyrer, die im Himmel zweifellos viel höher als er sein werden. Aber wie könnte man sich vorstellen, daß ihre Ehre nicht die seinige sein wird? DE 265f/15.7.5

Ein schwacher Funke, o Geheimnis des Lebens,
genügt, um einen ungeheuren Brand zu entzünden.

PN 24.17

Wir wollen nicht aufhören zu beten. Das Vertrauen wirkt Wunder, und Jesu hat zur seligen M. Maria gesagt: „Eine gerechte Seele hat so viel Macht über mein Herz, daß sie von ihm die Vergebung für tausend Verbrecher erlangen kann“. LT 129/8.7.91

Er will nichts ohne uns tun. Der Schöpfer des Weltalls

wartet auf das Gebet einer armseligen kleinen Seele, um die andern zu retten (...) Ist das Apostolat des Gebetes nicht gewissermaßen erhabener als das der Verkündigung ...? LT 135/15.8.92

Apostel der Apostel werden durch das Gebet und das Opfer. MsA, 50r

Betet für die armen Kranken, die sterben. Wenn Ihr wüßtet, was da geschieht! Wie wenig braucht es, um die Geduld zu verlieren! Man muß liebevoll sein, gleichgültig wer es ist. Ich hätte das früher nicht geglaubt. DE 299/3.8.4

4. Nicht um im goldenen Kelch zu bleiben, steigt Gott vom Himmel herab

Theresias Liebe zur Eucharistie hat viele Ursachen. Vor ihrem Ordenseintritt besuchte sie auf den Spaziergängen mit ihrem Vater regelmäßig das Allerheiligste, einmal in dieser Kirche von Lisieux, einmal in jener. Bei solcher Gelegenheit kam sie auch zum ersten Mal zum Karmel. Im Anschluß an die Eucharistiefeier in der Weihnachtsnacht 1886 erlebte sie die Nacht ihrer „Bekehrung". Ebenso erfolgte ihre Berufung, ihren „Standort am Fuß des Kreuzes" zu nehmen, am Ende einer Eucharistiefeier. Nur von hier aus ist ihre Leidensfähigkeit zu verstehen.

„Therese war sehr früh zur Überzeugung gelangt, daß das göttliche Brot als Nahrung der schwachen und ringenden Seele, nicht als Belohnung erworbener Tugend gemeint ist."[34] Als man Papst Piux X. den Brief 92 der Heiligen mit der Bemerkung zu lesen gab: „Damit hat diese kleine Heilige im voraus einen Kommentar zu dem Dekret Eurer Heiligkeit über die öftere Kommunion gegeben", meinte der Papst: „Das kommt höchst gelegen! – Eine große Freude für mich!"[35]

Jeden Nachmittag machte ich mit Papa einen kleinen Spaziergang. Jeden Tag besuchten wir eine andere Kirche und machten gemeinsam beim Allerheiligsten unseren Besuch. MsA, 14r

Denke doch daran, daß Jesus im Tabernakel eigens für dich da ist, für dich allein. LT 92/30.5.89

Wenn ich mich in der Nähe des Tabernakels befinde, weiß ich unserem Herrn nur eines zu sagen: „Mein Gott, du weißt, daß ich dich liebe" (1 Jo 21,15), und ich spüre, daß mein Gebet Jesus nicht ermüdet. Da er die Ohnmacht seiner armen kleinen Geliebten kennt, gibt er sich mit ihrem guten Willen zufrieden. LT 152/17.11.93

Du bist es, der wieder zum unzugänglichen Licht aufsteigt, wo du von nun an wohnst; du bist es, der aber auch in diesem Tal der Tränen zurückbleibt, verborgen unter der Gestalt einer weißen Hostie … MsC, 5v

Adler der Ewigkeit, du möchtest mich mit deiner göttlichen Substanz nähren, mich armes kleines Wesen, das ins Nichts zurückfallen würde, würde mir dein göttlicher Blick nicht in jedem Augenblick das Leben schenken. MsB, 5v

Nicht um im goldenen Kelch zu bleiben, steigt er jeden Tag vom Himmel, sondern um einen anderen Himmel zu finden, der ihm unendlich lieber ist als der erste: der Himmel unserer Seele, nach seinem Bild geschaffen, der lebendige Tempel des Dreifaltigen Gottes! MsA, 48v

Kommuniziere oft, sehr oft. Das ist das einzige Heilmittel, wenn du gesund werden willst. LT 92/30.5.89

Ich bin eine lebendige Monstranz. PN 25,5

Bleibe in mir wie im Tabernakel. MA 317

Wenn ich am Ende der Danksagung sehe, wie schlecht ich sie gemacht habe, fasse ich den Entschluß, den Rest des Tages in Danksagung zu verbringen ... MsA, 79v/80r

Ich kann nicht sagen, daß ich während meiner Danksagungen oft Tröstungen empfangen habe. Es ist vielmehr der Augenblick, da ich ihrer am wenigsten habe ... Ich finde das ganz natürlich, da ich mich Jesus nicht anbot wie jemand, der seinen Besuch zu seiner eigenen Erbauung empfangen möchte, sondern im Gegenteil zur Freude dessen, der sich mir schenkt. MsA, 79v

5. Beten mit Theresia

Für Theresia bedeutete Beten nicht nur das Einswerden mit dem lebendigen Gott, sondern auch das stellvertretende Bitten für den schuldiggewordenen Menschen. Durch die Erhörung ihres Gebetes für die Bekehrung des zum Tode verurteilten Mörders Pranzini hatte sie die Macht des Gebetes erfahren. Sie glaubte an das Apostolat des Gebetes und lehrt es uns. Wie andere viel unseren Gebeten verdanken, so haben wir unsererseits viel den Gebeten der anderen zu verdanken, die für uns unbekannt und verborgen bleiben.

In ihren persönlichen Gebeten kommt immer wieder ein urpersönliches Verhältnis zu Gott, der ihr in Jesus Christus begegnet, zum Vorschein. Sie spricht von ihm oft in der Form: „O mein Gott!" So geschieht es ja auch in der Bibel, wenn die Menschen dort aufgrund besonderer Erfahrungen in eine persönliche Beziehung zu Gott treten. Ihre persönliche Beziehung zu Gott macht es ihnen unmöglich, in leeren Formeln zu sprechen.

Ich bin sicher, daß du meine Wünsche erhören wirst. Ich weiß es, o mein Gott! Je mehr du geben willst, desto mehr steigerst du das Verlangen. Ich fühle in mir unermeßliche Wünsche, und vertrauensvoll bitte ich dich zu kommen, um mich in Besitz zu nehmen. MA 317

Ich möchte deinen Willen vollkommen erfüllen und zur Stufe der Herrlichkeit gelangen, die du mir in deinem Reich bereitet hast. Mit einem Wort: Ich möchte heilig werden. Doch fühle ich meine Ohnmacht, und ich bitte dich, o mein Gott, sei du selbst meine Heiligkeit. MA 316

O mein Gott, du weißt es: nie wollte ich etwas anderes, als dich lieben. Nach keiner anderen Ehre strebe ich. Deine Liebe kam mir von Kindheit an zu Hilfe. Sie wuchs mit mir heran. Und jetzt ist sie zu einem Abgrund geworden, dessen Tiefe ich nicht auszuloten vermag. Liebe zieht Liebe an. Daher, mein Jesus, wirft sich die meine dir entgegen. Sie möchte den Abgrund, der sie anzieht, ausfüllen. Doch sie gleicht nicht einmal einem Tautropfen, verloren im Ozean! ... Um dich zu lieben, wie du mich liebst, muß ich mir deine eigene Liebe leihen. Dann erst finde ich Ruhe. MsC, 35r

Gib mir die Kraft, meine Gelübde vollkommen zu erfüllen (...) Dein Wille vollziehe sich in mir restlos, damit ich zu dem Platze gelange, den du mir im voraus bereitet hast. MA 315

Niemals mögen mich die Dinge dieser Welt in Verwirrung bringen, und nichts störe meinen Frieden. Jesus, ich bitte dich nur um den Frieden und um die Liebe, die unendliche Liebe, die keine andere Grenze hat als dich ... die Liebe, die nicht mehr ich bin, sondern du, mein Jesus. MA 315

Ich bitte dich: Nimm mir die Freiheit, dir zu mißfallen. Wenn ich zuweilen aus Schwäche falle, dann reinige mich bald dein göttlicher Blick, indem er alle meine Unvollkommenheiten wie das Feuer verzehrt, das alles in sich umgestaltet. MA 317

Mein Jesus, was macht es, wenn ich jeden Augenblick falle? Daran erkenne ich meine Schwäche. Das ist für mich ein grosser Gewinn ... Du siehst, was ich kann, und bist jetzt um so eher bereit, mich zu tragen ... Tust du es nicht, dann paßt es dir eben, mich am Boden zu sehen. So werde ich mich nicht beunruhigen, sondern immer werde ich dir die Arme entgegenstrecken, bittend und liebevoll. Ich kann einfach nicht glauben, daß du mich liegen läßt.

LT 89/26.4.89

Herr, ich weiß, du verlangst nichts Unmögliches. Du kennst meine Schwachheit, meine Unvollkommenheit besser als ich. Du weißt genau, daß ich meine Schwestern nie so lieben könnte, wie du sie liebst, wenn nicht du selbst, mein Jesus, sie auch noch in mir lieben würdest. MsC, 12v

O Gott, im Gefängnis des Tabernakels verborgen, mit Freude komme ich jeden Abend zu dir, um dir für die Gnaden zu danken, die du mir geschenkt hast, und um Vergebung für die Fehler zu bitten, die ich im Verlauf des Tages, der nun zu Ende geht, begangen habe (...) Wäre ich mit dir mehr eins gewesen, liebevoller zu meinen Schwestern, demütiger, enthaltsamer, dann hätte ich weniger Mühe, mit dir im Gebet zu sprechen. Doch weit davon entfernt, mich durch den Anblick meines Elends zu entmutigen, komme ich vertrauensvoll zu dir, mein Gott. Ich erinnere mich daran, daß es nicht die Gesunden sind, die den Arzt brauchen, sondern die Kranken (...) Morgen werde ich mit deiner Hilfe ein neues Leben beginnen.

PO 429

Am Abend dieses Lebens werde ich vor dir mit leeren Händen erscheinen; denn ich bitte dich nicht, Herr, meine Werke zu zählen. Alle unsere Gerechtigkeiten haben in deinen Augen Flecken. Daher will ich mich mit deiner eigenen Gerechtigkeit bekleiden und von deiner Liebe den ewigen Besitz deiner selbst empfangen. Ich will keinen anderen Thron und keine andere Krone als dich …

MA 317f

In deinen Augen ist die Zeit nichts. Ein einziger Tag ist wie tausend Jahre. Daher kannst du mich in einem Augenblick vorbereiten, vor dir zu erscheinen … MA 318

O mein Gott, ich danke dir für alle Gnaden, die du mir geschenkt hast, vor allem aber dafür, daß du mich durch die Feuerprobe des Leidens gehen ließest. Mit Freude werde ich dich am Jüngsten Tag anschauen, wenn du das Zepter des Kreuzes trägst. Da du dich gewürdigt hast, mir dieses kostbare Kreuz als Anteil zu geben, hoffe ich, dir im Himmel ähnlich zu sein und an meinem verherrlichten Leib die geheiligten Wundmale deines Leidens aufleuchten zu sehen. MA 317

Selbst jetzt, da du den Prüfungen meiner Seele das äußere Leiden hinzufügst, kann ich nicht sagen: „Die Todesangst hält mich gefangen“ (Ps 18,5), sondern in meiner Dankbarkeit rufe ich: „Ich bin in das Tal des Schattens und des Todes hinabgestiegen; doch ich fürchte kein Unheil, denn du, Herr, bist bei mir!“ (Ps 23,4). LT 262/3.8.97

Deine Arme sind der Aufzug, der mich bis zum Himmel hinaufheben soll, Jesus. Dazu brauche ich nicht zu wachsen. Im Gegenteil! Ich muß vielmehr klein bleiben, es immer mehr werden. Mein Gott, du hast meine Erwartung übertroffen, und ich, ich will deine Barmherzigkeit preisen. MsC, 3r

Sechstes Kapitel

DAS EINFACHE PROGRAMM DER LIEBE

Im Verlauf des letzten Jahres schickte ich die Handschrift der Heiligen einem bekannten Graphologen. Natürlich habe ich ihm den Namen der Schreiberin nicht gesagt. In dem Begleitbrief schrieb ich vielmehr, es gehe mir darum, ob man dieser vierundzwanzigjährigen Frau raten kann, in einen Orden einzutreten. In der „Beratenden Analyse" war dann unter anderem folgendes zu lesen:

„Noch nicht erwähnt haben wir, daß die Schreiberin über eine sehr hohe und sehr selbständige Intelligenz verfügt. Sie hat einen sehr klar denkenden Verstand, sie verfügt über ein sehr ausgeprägtes begriffliches Unterscheidungsvermögen, und sie setzt sich ebenso kritisch wie selbständig mit geistigen Gehalten auseinander, die den meisten Menschen unserer Zeit bereits verloren gegangen sind. Wir könnten uns vorstellen, daß ein Orden, dem sie beitreten könnte, ihr die Aufgabe stellt, sich wissenschaftlich mit religiösen und philosophischen Themen zu befassen, die unserer Zeit wieder bewußt gemacht werden müssen."

Berücksichtigen wir hier, was die Heilige über ihren Wissensdurst schreibt, der sie als Vierzehnjährige erfaßte: „Ich begnügte mich nicht mehr mit dem Unterricht (...), sondern trieb für mich allein besondere Studien in Geschichte und Naturkunde. Die übrigen Fächer ließen mich gleichgültig" (MsA, 46v). Angesichts dieses Befundes muß man André Combes recht geben, wenn er meint: „Sie hätte zu einer hochbegabten Intellektuellen werden können."[36] Doch Gott verwandelte ihre „Liebe zur Wissenschaft" beizeiten in die „Wissenschaft der Liebe". Nur diese interessierte sie weiterhin.

1. Mein Beruf ist die Liebe

Bis zur Weihnachtsnacht 1886 war die Heilige sehr schweren seelischen Leiden ausgesetzt. Aus der Psychotherapie erfahren wir, „daß es eigentlich nur ein großes Grundproblem gibt, das allen Neurosen und allen seelischen Leiden insgesamt zugrunde liegt, nämlich die Infantilität“[37]. Dabei wird unter Infantilität die Verweigerung des Entwicklungsschrittes verstanden, der eigentlich getan werden muß. In jener Weihnachtsnacht, die für ihre Berufung entscheidend war, wurde sie „von den Fehlern der Kindheit“ (MsA, 45r) befreit; sie fühlte die Liebe in ihr Herz einziehen, das Bedürfnis, sich selbst zu vergessen, um anderen Freude zu machen, und von da an war sie glücklich (MsA, 45v). Von diesem Zeitpunkt an gab es für sie nur noch zwei Wurzeln, aus denen sie lebte: einmal ihre Liebe zum Gekreuzigten, durch den sie sich von aller Ohnmacht befreit wußte. Darüber hinaus hatte sie nur noch dies im Sinn: wie Jesus wollte auch sie die Menschen zu Gott führen[38]. Sie wollte zur „Zeitgenossin des Gekreuzigten“[39] werden.

Als ich das hl. Evangelium aufschlug, fielen meine Augen auf diese Worte: „Als Jesus auf einen Berg gestiegen war, rief er zu sich, die er w o l l t e, und sie kamen zu ihm“ (Mk 3,13). Hier ist das Geheimnis meiner Berufung, meines

ganzen Lebens und vor allem das Geheimnis der Vorrechte Jesu auf meine Seele ... Er ruft nicht diejenigen, die dessen würdig sind, sondern die er will ... MsA, 2r

Eine Seele ist nicht heilig, weil Gott sie als Instrument benutzt. Es ist wie bei einem Künstler, der diesen oder jenen Pinsel gebraucht. Warum greift er ausgerechnet zu diesem, während er den anderen beiseite läßt? Jener ist nicht weniger ein Pinsel. Vielleicht ist er sogar besser als dieser. Die Tatsache jedenfalls, daß der erste für das Werk des Meisters gebraucht wird, verleiht ihm keinerlei Auszeichnung.

– Was wollen Sie damit sagen?

– Daß man diese Wahrheit erkennt: Nichts darf man sich selbst zuschreiben, weder dies noch jenes höher einschätzen, sondern alles muß auf Gott zurückgeführt werden. CS 160f

Warum gehören wir dazu? ... Das ist eine Frage, die voller Geheimnisse ist ... Welchen Grund kann Jesus uns nennen? Sein Grund ist, daß er keinen hat! LT 89/26.4.89

In dieser lichtvollen Nacht begann der dritte Abschnitt meines Lebens, der schönste von allen, der am meisten mit Gnaden des Himmels erfüllt war ... In einem einzigen Augenblick vollbrachte Jesus das Werk, das ich in zehn Jahren nicht zustande bringen konnte. Dabei gab er sich mit meinem guten Willen, an dem es mir nie fehlte, zufrieden. Wie seine Apostel konnte ich ihm sagen: „Herr, ich habe die ganze Nacht gefischt, ohne etwas zu fangen" (Lk 5,5). Mir gegenüber noch barmherziger als gegenüber seinen Jüngern, nahm Jesus selbst das Netz, warf es aus und zog es mit Fischen gefüllt wieder ein ... Er machte aus mir einen Menschenfischer. Ich fühlte ein großes Verlangen, an der Bekehrung der Sünder zu arbeiten, ein Verlangen, das mir zuvor so lebhaft noch nicht zu Bewußtsein gekommen war ... Mit einem Wort: ich fühlte, wie die Liebe in mein Herz einzog, das Bedürfnis, mich selbst zu vergessen, um Freude zu machen, und von diesem Augenblick an war ich glücklich ... MsA, 45v

Der göttliche Anruf war so eindringlich, daß, hätte er mich genötigt, Flammen zu durchschreiten, ich es getan hätte, um Jesus treu zu sein. MsA, 49r

Eines Tages kam Léonie auf den Gedanken, sie sei zu groß, um mit Puppen zu spielen. Sie suchte uns beide auf mit einem Korb voller Puppenkleider und schöner Stoffreste, gedacht, um daraus andere zu machen. Oben drauf lag ihre Puppe. „Nehmt, meine kleinen Schwestern", sagte sie uns, „wählt, all das schenke ich euch." Céline streckte die Hand aus und nahm ein kleines Bündel von Schleifen, das ihr gefiel. Nach einem Augenblick des Nachdenkens streckte ich die Hand aus und erklärte: „Ich wähle alles!", und ohne viel Umstände nahm ich den Korb an mich (...)

Dieser kleine Zug meiner Kindheit ist der Inbegriff meines ganzen Lebens. Später, als sich mir das Wesen der Vollkommenheit erschloß, wurde mir klar, daß man, um eine Heilige zu werden, viel leiden, sich stets um das Vollkommenere bemühen – und sich selbst vergessen muß. Ich verstand, daß es viele Stufen der Vollkommenheit gibt und daß jeder frei ist, die Angebote unseres Herrn zu beantworten, wenig oder viel für ihn zu tun, mit einem Wort: unter den Opfern, die er verlangt, zu wählen. Da rief ich wie in den Tagen meiner frühen Kindheit aus: „Mein Gott, ‚ich wähle alles'. Ich will keine halbe Heilige sein. Ich habe keine Angst, für dich zu leiden; nur eines fürchte ich, nämlich meinen Willen zu behalten. Nimm ihn, denn ‚ich wähle alles', was du willst! ..." MsA, 10r/v

Ich fühle die Berufung zum Krieger, zum Priester, zum Apostel, zum Kirchenlehrer, zum Martyrer. Kurz, ich spüre das Bedürfnis, den Wunsch, für dich, Jesus, die heroischsten Werke insgesamt zu vollbringen ... MsB, 2v

Ich fühle in mir die Berufung zum Priester (...) Doch während ich wünsche, Priester zu sein, bewundere und beneide ich die Demut des hl. Franziskus von Assisi und fühle mich berufen, ihn nachzuahmen und auf die erhabene Würde des Priestertums zu verzichten. MsB, 2v

Endlich hatte ich Ruhe gefunden ... Als ich aufmerksam den mystischen Leib der Kirche betrachtete, hatte ich mich in keinem der vom hl. Paulus beschriebenen Glieder wiedererkannt oder besser, ich wollte mich in allen wiedererkennen ... Die Liebe gab mir den Schlüssel meiner Berufung. Ich begriff: wenn die Kirche einen Leib hat, der aus verschiedenen Gliedern besteht, dann fehlt ihr nicht das notwendigste, das edelste von allen; ich begriff, daß die Kirche ein Herz hat und daß dieses Herz vor Liebe brennt. Ich begriff, daß allein die Liebe die Glieder der Kirche zum Handeln befähigt, daß die Apostel das Evangelium nicht mehr verkünden und die Martyrer sich weigern würden, ihr Blut zu vergießen, wenn die Liebe erlischt ... Ich begriff, daß die Liebe alle Berufungen umfaßt, daß die Liebe alles ist, daß sie alle Zeiten und alle Orte umgreift ... mit einem Wort, daß sie ewig ist! ... Hierauf rief ich im Übermaß meiner übergroßen Freude: Jesus, meine Liebe ... endlich habe ich meine Berufung gefunden: Meine Berufung ist die Liebe! ...

Ja, ich habe meinen Platz in der Kirche gefunden, und diesen Platz, mein Gott, hast du mir gegeben ... im Herzen der Kirche, meiner Mutter, werde ich die Liebe sein ... Auf diese Weise werde ich alles sein ... So wird sich mein Traum verwirklichen! ...

Warum von einer übermäßigen Freude sprechen? Nein, dieser Ausdruck stimmt nicht. Es ist vielmehr der ruhige und heitere Friede des Seefahrers, da er den Leuchtturm erblickt, der ihn zum Hafen führen soll ... Strahlender Leuchtturm der Liebe, ich weiß, wie man zu dir gelangt. Ich habe das Geheimnis gefunden, mir deine Flamme anzueignen.

Ich bin nur ein Kind, ohnmächtig und schwach. Doch meine Ohnmacht ist es, die mir die Kühnheit gibt, mich deiner Liebe, Jesus, als Opfer anzubieten! (...) Die Liebe hat mich schwaches und unvollkommenes Geschöpf als Brandopfer erwählt ... Ist diese Wahl nicht der Liebe würdig? ... Ja, damit die Liebe vollkommen zufriedengestellt werde, muß sie sich bis zum Nichts erniedrigen und dieses Nichts in Feuer umwandeln ...

Jesus, ich weiß es: die Liebe wird nur durch die Liebe bezahlt. Darüber hinaus suchte und fand ich das Mittel, um mein Herz zu erleichtern, indem ich dir Liebe mit Liebe erwidere. MsB, 3v/4r

Der gute Pater sprach zu uns vor allem (...) über die Schönheit unserer Berufung ... Er gab uns einen Vergleich (...) „Sehen Sie", sagte er uns, „wie schief die Eichen bei uns auf dem Land sind. Sie treiben Äste nach rechts und links. Nichts gebietet ihnen Einhalt. Deshalb erreichen sie nie eine bemerkenswerte Höhe. Betrachten Sie im Gegensatz dazu die Eichen der Wälder, die von allen Seiten eingeengt sind. Das Licht kommt nur von oben. Daher ist ihr Stamm ohne all diese unförmigen Äste, die ihm den Saft entziehen, der notwendig ist, um in die Höhe zu wachsen. Er sieht nur den Himmel. In diese Richtung geht seine ganze Kraft, und bald erreicht er eine erstaunliche Höhe. In einem Ordensleben findet sich die Seele wie jede junge Eiche von allen Seiten durch die Regel eingeengt. Alle ihre Bewegungen werden von den Bäumen des Waldes gehemmt und behindert. Aber sie hat Licht, wenn sie zum Himmel schaut. Dort allein kann sie ihren Blick ausruhen lassen. Nie muß sie fürchten, sie könnte in diese Richtung zu hoch hinaufsteigen." (...) Für uns besteht das Glück darin, von den Dingen der Seele zu reden, unsere Herzen in das Unendliche einzutauchen! LT 151/5.11.93

Ich begriff, wie leicht es geschehen kann, sich abzukapseln, das hohe Ziel seiner Berufung zu vergessen. MsA, 58r

Wenn man glaubt, sich von einer gemeinschaftlichen Arbeit dispensieren oder eine Ausnahme von der Regel ersuchen zu können, dann soll man sich – so riet sie – innerlich fragen: Wenn jede das gleiche täte? – „Die Antwort wäre", fügte sie hinzu, „daß sich daraus eine große Unordnung ergeben würde, denn jede fände gute Gründe und immer genügend Beschäftigungen in ihrer eigenen Wahl oder in ihrem Amt, um sich den gemeinsamen Verpflichtungen zu entziehen." Sich so wenig wie möglich den Zeiten des Gemeinschaftslebens – Göttliches Offizium, Betrachtung, Erholung – entziehen, so lautete ihre Lehre. „Einige", sagte sie, „kürzen unter dem Vorwand des Arbeitseifers diese Stunden, deren Verwendung in der Regel im einzelnen angegeben ist. Das bedeutet: Gott die Zeit stehlen!" CS 115f

Mehrere Male begab sie sich mit solch starken Magenschmerzen zur Rezitation des göttlichen Offiziums in den Chor, daß sie meinte, ihre Mahlzeit nicht behalten zu können, ohne ohnmächtig zu werden. Doch sie raffte ihre ganze Kraft zusammen und sagte sich: „Wenn ich falle, dann wird man es schon merken!" CS 116

2. Liebe dient der Kirche mehr als Werke

Theresia von Lisieux, die sich nie mit einer Halbheit zufrieden gab, suchte eine Möglichkeit, die Liebe in unbedingter Weise zu leben. Mit diesem Bemühen geriet sie plötzlich in das Zentrum der Kirche. Sie entdeckte, daß die Kirche als der mystische Leib des Herrn auch ein Herz haben muß und daß dieses der Sitz einer uneingeschränkten Liebe ist. Hört dieses Herz auf zu schlagen, dann können auch die anderen Glieder nichts mehr geben. Das heißt: das Zentrum der Kirche muß die Liebe sein. Hat die Kirche für ihre Glieder kein „Herz" mehr, dann sterben diese ab, und die Kirche ist tot. Die Kirche hört auf, Kirche zu sein. „Wenn die Kirche nur ein bevormundendes Werkzeug der Mission ist, dann ist sie nicht Kirche. Die Kirche ist zuerst das Herz einer Braut, die in Liebe zu dem brennt, die ihr das Leben und sein Leben gegeben hat. Die Kirche übt keine Barmherzigkeit, sie muß mit ihrem Herzen ‚Barmherzigkeit', Liebe sein."[40] Theresias Sehnsucht zu lieben, führte sie nicht irgendwohin, sondern mitten in das Herzstück der Kirche, das sie selbst sein will. Von hier aus begriff sie dann auch das Wesen von dem, was wir „Nächstenliebe" nennen.

Jesus, ich kann meine Bitte nicht ergründen. Ich müßte fürchten, unter der Last meiner kühnen Wünsche zu

Boden gedrückt zu werden ... Meine Entschuldigung ist, daß ich ein Kind bin. Kinder überdenken nicht die Reichweite ihrer Worte. Sind aber ihre Eltern zu königlicher Würde gelangt und besitzen sie ungeheure Wertgegenstände, so zögern sie nicht, die Wünsche der kleinen Wesen, die sie mehr als sich selbst lieben, zufriedenzustellen. Um ihnen Freude zu machen, begehen sie Torheiten, ja, sie gehen bis zur Schwachheit ... Nun, ich bin das Kind der Kirche, und die Kirche ist Königin, da sie ja deine Braut ist (...) Weder Reichtum noch Herrlichkeit (selbst nicht die himmlische Herrlichkeit) verlangt das Herz des kleinen Kindes (...) Was es verlangt , das ist Liebe ... Es weiß nur noch dies: dich, Jesus, zu lieben ... Auffallende Werke sind ihm versagt; es kann nicht das Evangelium predigen oder sein Blut vergießen ... Aber was macht das aus? Seine Brüder arbeiten an seiner Stelle, und es selbst, das kleine Kind (...), es liebt für seine Brüder, die kämpfen ... Doch wie wird es seine Liebe zum Ausdruck bringen, damit sich die Liebe durch Werke ausweist? (...) Ich habe kein anderes Mittel, um dir meine Liebe zu beweisen, als Blumen zu streuen, das heißt, kein kleines Opfer, keinen Blick, kein Wort will ich mir entgehenlassen, um aus den kleinsten Dingen Nutzen zu ziehen und sie aus Liebe zu tun ... Ich will aus Liebe leiden und selbst aus Liebe mich freuen.

MsB, 4r/v

Allein durch Gebet und Opfer können wir der Kirche von Nutzen sein.

DE 247/8.7.16

Ich habe gelesen, daß ein Fürst, der eine Kirche bauen lassen wollte, eine Verfügung veröffentlichte, durch die er seinen Untergebenen verbot, das kleinste Almosen in dieser Angelegenheit zu geben, da er sich allein die Ehre vorbehalten wollte. So wurde die Kirche gebaut.

Eines Tages schaute jedoch eine arme, alte Frau zu, wie die Pferde die Steine den Hang mühsam hinaufzogen. Da sagte sie sich: „Es ist verboten, Geld für den Bau dieses Gotteshauses zu geben. Dabei wäre ich glücklich, könnte ich etwas dazu beitragen. Wenn ich aber den Tieren helfe, die unbewußt an diesem großen Werk arbeiten, wäre Gott damit vielleicht zufrieden?" Mit einigen Groschen - es waren ihre letzten – kaufte sie ein Bündel Heu und gab es den Pferden.

Als nun die Kirche vollendet war, wollte der Fürst sie feierlich einweihen und ließ zu diesem Zweck seinen Namen und den seiner Familie in einen Stein meißeln als unsterbliches Zeugnis seiner Freigebigkeit. Doch es geschah, daß am folgenden Tag dieser Name ausgelöscht war und man statt dessen den einer armen, unbekannten Frau las.

Wütend ließ der Fürst die Inschrift zu wiederholten Malen erneuern. Stets wiederholte sich dasselbe Wunder. Schließlich ließ er nachforschen, und als man die demütige Frau gefunden hatte, fragte er sie, ob sie wirklich nichts für den Bau der Kirche gegeben hätte. Am ganzen Leib zitternd, verneinte sie es. Als man sie dann mit Fragen bedrängte, erinnerte sie sich an das Bündel Heu und sagte, sie habe, um das Verbot zu befolgen, kein Geld gegeben, sondern nur den Pferden geholfen, indem sie ihnen ein bißchen Heu zum Fressen gab. Da verstand man, weshalb ihr Name eingeschrieben war, und niemand wagte es mehr, ihn auszulöschen.

Daran sehen Sie gut, daß das kleinste Werk, das verborgenste, das aus Liebe getan wird, oft einen größeren Wert hat, als die großen. Nicht der Wert, nicht einmal die augenfällige Heiligkeit der Handlungen zählt, sondern allein die Liebe, die man in sie hineinlegt. Und keiner kann sagen, daß er diese Kleinigkeiten Gott nicht geben kann. Jeder ist dazu in der Lage. CS 64f

Jesus, ich liebe dich, ich liebe die Kirche, meine Mutter. Ich erinnere mich: „Die kleinste Regung aus echter Liebe ist ihr dienlicher als alle anderen Werke zusammen" (Johannes vom Kreuz). Aber ist die reine Liebe wirklich in meinem Herzen? ... Sind meine unermeßlichen Sehnsüchte nicht ein Traum, ein Wahnsinn? ... Ach, wenn das der Fall ist, Jesus, dann laß es mich wissen. Du weißt, ich suche die Wahrheit. MsB, 4v

Tauler sagt: „Wenn ich das Gute in meinem Nächsten mehr liebe als er selbst, dann gehört dieses Gute mehr mir als ihm. Wenn ich im hl. Paulus alle Vorzüge liebe, die Gott ihm schenkte, dann gehören diese genauso mir wie ihm. - Durch diese Gemeinschaft bin ich an all dem Guten reich, das sich im Himmel und auf Erden findet, in den Engeln, den Heiligen und in all denen, die Gott lieben."

CS 63

Nichts habe ich in meinen Händen. Alles, was ich habe, alles, was ich gewinne, ist für die Kirche und die Menschen. Würde ich achtzig Jahre alt, ich wäre immer noch genauso arm. DE 256/12.7.3

Verherrliche deine unsterbliche Kirche.
Meinen dringenden Bitten gegenüber,
Jesus, sei nicht taub.
Ich, ihr Kind, ich opfere mich für sie.
Ich lebe aus der Liebe! PN 17,10

3. Gott will nichts ohne uns tun

Die Tatsache, daß es überhaupt eine Kirche gibt, hat ihren Grund in der Absicht Gottes, nichts ohne uns zu tun. Jedes Glied der Kirche soll dort, wo sein Wirkbereich ist, Zeuge seiner Liebe sein, damit alle Menschen sich der Führung dessen überlassen, der allein den Weg zur Fülle des Lebens kennt.

Da Gott von jedem Christen eine Idee hat, kommt ihm innerhalb der Kirche ein bestimmter Platz zu. Theresia hatte ihren Platz gefunden. Daher war es ihr möglich, ihre missionarische Sendung auszuüben. Sie sollte mit dem Tod nicht zu Ende sein. Wir haben ihr Versprechen, vom Himmel her ihre kirchliche Sendung in noch stärkerem Ausmaß fortzusetzen. Anläßlich des fünfzigsten Jahrestages ihrer Heiligsprechung sagte Kardinal Paul Philippe: „Ich kenne in der Kirchengeschichte keine Heiligen, die mit solcher Deutlichkeit die Sendung vorausgesagt hätten, die Gott ihnen nach dem Tod geben würde.“[41]

Bedenken wir, wie sehr sich die Eltern der Heiligen einen Sohn wünschten, der einmal Missionar würde, und erinnern wir uns daran, daß Papst Pius XI. Theresia 1927 zur Schutzpatronin der Weltmission ernannte, dann kann uns bewußt werden, daß Gott seine eigene Art hat, die Gebete der Menschen zu erhören.

Gott braucht niemand (...), um auf Erden Gutes zu tun.
MsC, 3v

Der starke Gott liebt es, seine Macht zu zeigen, indem er sich des Nichts bedient. LT 220/24.2.97

Jesus braucht niemand, um sein Werk auszuführen.
LT 221/19.3.97

Er bedient sich der schwächsten Werkzeuge, um Wunder zu wirken. LT 201/1.11.96

Eines Tages, als ich darüber nachdachte, was ich zur Rettung der Menschen tun könnte, zeigte mir ein Wort des Evangeliums ein lebendiges Licht. Einst sagte Jesus seinen Jüngern, indem er ihnen die reifen Kornfelder zeigte: „Schaut hin und seht, wie die Felder schon weiß sind, um geerntet zu werden“ (Jo 4,35), und wenig später: „Wahrhaftig, die Ernte ist groß, aber die Zahl der Arbeiter ist gering. Bittet doch den Herrn der Ernte, daß er Arbeiter schickt“ (Mt 9,37f). Welch ein Geheimnis! Ist denn Jesus nicht allmächtig? Gehören die Geschöpfe nicht dem, der sie erschaffen hat? Warum also sagt Jesus: „Bittet den Herrn der Ernte, daß er Arbeiter schickt“? Warum ... Jesus hat eine so unbegreifliche Liebe zu uns, daß er will, wir sollen mit ihm teilhaben am Heil der Menschen. Er will nichts ohne uns tun. Der Schöpfer des Alls wartet auf das Gebet einer armen, kleinen Seele, um die anderen zu retten, die wie jene mit dem Preis seines Blutes erkauft worden sind. LT 135/19.8.92

Seht, in meinem Himmel gibt es leere Plätze. Es liegt bei euch, sie zu füllen. Ihr seid mein Moses, der auf dem Berg betet. Bittet mich um Arbeiter, und ich werde sie euch senden. Ich warte nur auf ein Gebet ... LT 135/15.8.92

Als ich eines Sonntags ein Bild unseres Herrn am Kreuz betrachtete, da war ich vom Blut betroffen, das von einer seiner Hände herunterlief (...) Ich faßte den Entschluß, mich im Geiste am Fuß des Kreuzes aufzuhalten (...) Der Schrei Jesu am Kreuz hallte fortwährend in meinem Herzen wider: „Ich habe Durst!" Diese Worte weckten in mir eine unbekannte und sehr lebhafte Sehnsucht (...) Ich fühlte mich selbst vom Durst nach Seelen verzehrt (...)

Um meinen Eifer zu entfachen, zeigte mir Gott, daß mein Wunsch ihm zusage. – Ich hörte von einem großen Verbrecher, der wegen grauenvoller Vergehen zum Tod verurteilt worden war. Alles deutete darauf hin, daß er unbußfertig sterben würde. Um jeden Preis wollte ich ihn daran hindern, in die Hölle zu fallen. Um das zu erreichen, wandte ich alle nur denkbaren Mittel an (...)

Ich hatte das erbetene „Zeichen" erhalten und dieses Zeichen war die getreue Wiedergabe der Gnaden, die Jesus mir zukommen ließ, um mich anzuspornen, für die Sünder zu beten (...) Seit dieser einzigartigen Gnade wuchs mit jedem Tag mein Verlangen, Menschen für das ewige Heil zu retten. Mir schien, ich hörte Jesus zu mir sprechen, wie er zur Samariterin gesprochen hatte: „Gib mir zu trinken!" (Jo 4,7). MsA, 45v

Was ich im Karmel zu tun beabsichtigte, sagte ich zu Füßen des eucharistischen Jesus im Examen, das meiner Profeß vorausging: „Ich bin gekommen, um die Menschen zu retten und vor allem für die Priester zu beten." MsA, 69v

Ich möchte Menschen retten und mich für sie vergessen.
LT 221/19.3.97

Da ich keine Missionarin der Tat sein konnte, wollte ich es durch Liebe und Buße sein. LT 189/23.6.96

Ich beabsichtige, im Himmel nicht untätig zu bleiben. Mein Wunsch ist, für die Kirche und die Menschen weiter zu arbeiten. Das erbitte ich von Gott, und ich bin sicher, daß er mich erhört. LT 254/14.7.97

4. Auch Priester sind gebrechliche Menschen

Vor dem Priester und den ihm von Jesus Christus durch die Kirche gegebenen Vollmachten stand die Heilige mit großer Bewunderung. Im Priester sah sie das Abbild Jesu. Sie hatte sich einen Bruder gewünscht, der Priester sei. Im Auftrag ihrer Priorin Marie de Gonzague übernahm sie Briefpartnerschaften mit zwei Priestern, den Missionaren P. Bellière und P. Rolland.

Ihre Faszination für die Würde des Priestertums machte sie keineswegs blind für die moralische Gebrechlichkeit des Priesters. Anläßlich ihrer Pilgerreise nach Rom vom 4.11. bis 2.12.1887 hatte sie genügend Gelegenheit, von ihrer guten Beobachtungsgabe Gebrauch zu machen. Monsignore Laveille, der selbst an dieser Pilgerreise teilnahm und die erste Biographie über die Heilige schrieb, meint: „Nirgends offenbaren sich die kleinen Fehler und Eigenheiten selbst tugendhafter Personen besser als beim fortgesetzten Beisammensein auf einer Reise." Das stellvertretende Gebet und Opfer für die Priester traten an die erste Stelle ihres Lebens im Karmel.

Seit sehr langer Zeit hatte ich einen Wunsch, der mir völlig unerfüllbar schien, nämlich einen Bruder zu haben, der Priester ist. MsC, 31v

Wie wenig wird Gott auf Erden geliebt! ... Selbst von den Priestern und Ordensangehörigen. DE 309/7.8.2

Jeder Tag zeigt, wie selten die Freunde Jesu sind ... Ich habe den Eindruck, was ihn am meisten treffen muß, ist die Undankbarkeit, vor allem aber zu sehen, daß die ihm Geweihten ihr Herz, das ihm in absoluter Weise gehört, anderen Dingen schenken. LT 122/14.10.90

Für die Sünder zu beten, begeisterte mich, doch für die Priester zu beten, die ich für reiner als Kristall hielt, schien mir verwunderlich! In Italien habe ich meine Berufung begriffen. Das war nicht zu weit, um eine so nützliche Einsicht zu gewinnen ...
Während eines Monats lebte ich mit vielen heiligmäßigen Priestern zusammen, und ich sah, wenn ihre erhabene Würde sie auch über die Engel erhebt, daß sie doch schwache und gebrechliche Menschen sind ... Wenn nun schon heiligmäßige Priester, die Jesus im Evangelium „das Salz der Erde" nennt, in ihrem Verhalten zeigen, daß sie äußerst auf das Gebet angewiesen sind, was soll man dann erst von denen sagen, die lau sind? Hat Jesus nicht auch gesagt: „Wenn das Salz schal wird, womit wird man es wieder würzen?" (Mt 5,13) Wie schön ist die Berufung, die zum Ziel hat, das Salz zu bewahren, das für die Menschen bestimmt ist! Diese Berufung ist die des Karmel, da ja das einzige Ziel unserer Gebete und Opfer darin liegt, Apostel der Apostel zu sein; für sie zu beten, während sie durch ihr Wort und vor allem durch ihr Beispiel den Menschen das Evangelium verkünden. MsA, 56r

Ich verglich Seelsorger mit guten Spiegeln, die Jesus in den Herzen widerspiegeln. MsA, 48v

5. Die Liebe gibt; sie zählt und rechnet nicht

Theresia gibt der Nächstenliebe nicht nur ihr ekklesiologisches, sondern auch ihr christologisches Gewicht. Sie macht darauf aufmerksam, daß es seit Jesus nicht mehr genügt, seinen Nächsten „wie sich selbst" zu lieben. Der zu Gebote stehende Maßstab christlicher Liebe ist Jesus selbst. Wir sollen den anderen lieben, wie Jesus ihn liebte, wie er ihn liebt und ewig lieben wird. Von einem Gebot ist hier die Rede, weil solche Liebe die bloß gefühlsmäßige Sympathie weit übersteigt, weil sie auch die einbezieht, die einem zuwider sind. Hier „ist das gleiche ‚Dennoch' gegenüber dem Menschen wie gegenüber Gott, der dem Glaubenden zur Frage wird"[42]. Damit wird das unterscheidende Merkmal der Liebe im Neuen Testament, nämlich ihre Allgemeinheit, zur Sprache gebracht: Keiner wird ausgeschlossen. Diese Liebe hat Theresia gelebt. Die Unsympathischsten und Schwierigsten waren die von ihr Bevorzugten. In ihnen liebte sie das verborgene Antlitz Christi. „Das Antlitz Christi im Antlitz des Nächsten suchen, ist das einzige Kriterium, das uns die Sicherheit gibt, alle Menschen ernsthaft zu lieben und alle Antipathien, Ideologien und jede bloße Menschenfreundlichkeit zu überwinden."[43]

Bei Gelegenheit erzählte sie mir von einem ziemlich bekannten Spielzeug, mit dem wir uns in unserer Kindheit

amüsierten. Es handelte sich um ein Kaleidoskop, eine Art Fernrohr, an dessen Ende man nette Zeichnungen von unterschiedlichen Farben erkennt. Dreht man das Instrument, dann verändern sich diese Zeichnungen unendliche Male.

Dieses Ding, sagte sie mir, erregte meine Bewunderung. Ich fragte mich, was eine so reizende Erscheinung hervorrufen konnte. Eines Tages sah ich nach sorgfältiger Prüfung, daß es nur einige kleine Fetzen Papier und Wolle waren, die hin- und hergeworfen wurden und planlos zugeschnitten waren. Ich setzte meine Untersuchungen fort und entdeckte drei Spiegel im Innern der Röhre. Damit hatte ich den Schlüssel des Rätsels.

Ich sah darin das Abbild eines großen Geheimnisses. Solange unsere Taten, selbst die unscheinbarsten, nicht den Brennpunkt der Liebe verlassen, gibt ihnen der Dreifaltige Gott – versinnbildlicht durch die drei konvergierenden Spiegel – Glanz und bewundernswerte Schönheit.

Ja, solange die Liebe in unseren Herzen ist, solange wir uns nicht von ihrem Zentrum entfernen, ist alles gut (Jes 3,10). Und wie der hl. Johannes vom Kreuz sagt: „Die Liebe weiß aus allem Nutzen zu ziehen, aus dem Guten und aus dem Schlechten, das sie in mir findet, und alles in sich hineinzuverwandeln."

Gott, der uns durch die kleine Linse betrachtet, das heißt, wie durch sich selbst, findet unsere kümmerlichen Strohhalme und unsere geringfügigsten Taten immer schön. Aber dazu darf man sich nicht vom kleinen Mittelpunkt entfernen! Sonst wären unbedeutende Reste von Wollfäden und kleine Stückchen Papier das einzige, was er sähe. CS 70f

Weil ich der Liebe restlos ausgeliefert bin, sind alle meine Taten, selbst die unwichtigsten, von diesem göttlichen Siegel gezeichnet. DEA 267/8.8.3

Wie schön ist unsere Religion. Anstatt die Herzen einzuengen – wie die Welt glaubt –, erhebt sie diese und befähigt sie, zu lieben, zu lieben mit einer nahezu unendlichen Liebe, denn sie soll ja fortdauern nach diesem sterblichen Leben, das uns nur gegeben wurde, um die himmlische Heimat zu erwerben, wo wir die geliebten Menschen, die wir auf Erden geliebt haben, wiederfinden werden.
LT 166/16.7.94

Nur die Liebe kann mein Herz erweitern. MsC, 16r

Die Liebe wird Ihnen Flügel geben. RP 5

Ich bin von Natur aus so, daß die Angst mich zurückwirft. Mit der Liebe hingegen komme ich nicht nur voran, sondern ich fliege! MsA, 80v

Liebe zieht Liebe an. MsC, 35r

Allein die Liebe zieht mich an … MsA, 83r

Man denkt von Natur aus an den, den man liebt. PA 279

Wenn man liebt, hat man das Bedürfnis, tausend Verrücktheiten zu sagen. MsA, 52r

Wenn man wirklich liebt, freut man sich am Glück der geliebten Person. PO 459

Was bedeutet schon der Ort, an dem wir uns befinden? … Würde der Ozean uns trennen, wir blieben doch vereint; denn unsere Wünsche sind die gleichen, und gemeinsam schlagen unsere Herzen … LT 47/8.5.88

Ich liebe meine ‚kleine' Familie sehr. Ich verstehe jene Heiligen nicht, die ihre Familie nicht lieben …
DE 211/21–22.5.1

Man kann nichts Gutes tun, wenn man sich selbst sucht.
MsC, 32v

Lieben, das bedeutet: alles geben und sich selber geben.
PN 54, 22

Sich abkapseln sterilisiert die Seele! Da muß man sich sofort den Werken der Nächstenliebe zuwenden. Manchmal ist es einem bei sich selbst, das heißt, in seinem Innern so unwohl, daß man es unmittelbar verlassen muß. Gott verlangt nicht von uns, daß wir uns selbst Gesellschaft leisten. Im Gegenteil! Er läßt es oft zu, daß sie uns unangenehm ist, damit wir sie verlassen. Ich sehe in diesem Fall kein anderes Mittel, als aus sich selbst herauszugehen (...), indem man sich den Werken der Nächstenliebe zuwendet.
CS 99

Ohne zu zählen, gebe ich, da ich mir sicher bin,
daß man nicht rechnet, wenn man liebt ... PN 17,5

Céline (Sr. Geneviève de Sainte-Thérèse) erzählt: Sie machte mich darauf aufmerksam, daß das Eigentümliche der Liebe darin besteht, alles zu opfern, zu geben, ohne zu überlegen, zu vergeuden, selbst die Hoffnung auf Erfolg zu zerstören, töricht zu handeln, im Übermaß verschwenderisch zu sein, niemals zu rechnen.

„O glückliche Sorglosigkeit, glückliche Trunkenheit der Liebe", sagte sie. „Die Liebe gibt alles und vertraut sich an. Wir aber geben oft erst nach langen Überlegungen. Wir zögern, unsere irdischen und geistigen Interessen zu opfern. Das hat mit Liebe nichts zu tun. Die Liebe ist blind; sie ist ein Sturzbach, der nichts auf seinem Weg zurückläßt!"
CS 62

Geben wir, ohne zu zählen. Eines Tages wird er sagen: „Nun ist es an mir!" LT 107/19–20.5.90

Liebe wird nur durch Liebe bezahlt, und die Wunden der Liebe werden nur durch die Liebe geheilt. LT 85/12.3.89

Allein die Liebe zählt! DEA 409/29.9.6

Die Liebe kann ein langes Leben ersetzen. Jesus schaut nicht auf die Zeit; denn im Himmel gibt es keine mehr. Er schaut nur auf die Liebe. LT 114/3.9.90

Es ist wirklich wahr: „Nie täuscht die Liebe Unmöglichkeit vor, denn sie glaubt, daß ihr alles möglich und erlaubt ist" (NC III, 5.4.) ... Die menschliche Klugheit hingegen zittert bei jedem Schritt und wagt es gleichsam nicht, den Fuß aufzusetzen. MsA, 75v

Die Liebe kann alles. Die unmöglichsten Dinge erscheinen ihr nicht schwierig. Jesus schaut nicht sosehr auf die Größe der Taten, selbst nicht auf ihren Schwierigkeitsgrad, als auf die Liebe, die diese Taten vollbringt. LT 65/20.10.88

Ich habe begriffen, daß ohne die Liebe alle Werke nur ein Nichts sind, selbst die aufsehenerregenden wie beispielsweise die Auferweckung von den Toten oder die Bekehrung ganzer Völker. MsA, 81v

Die Liebe darf nicht in Gefühlen bestehen, sondern muß sich in Werken zeigen. MsC, 13v

Die Liebe ernährt sich von Opfern. Je mehr sich die Seele die natürlichen Annehmlichkeiten versagt, um so kraftvoller und uneigennütziger wird ihr Zartgefühl. MsC, 21v

Die Liebe lebt nur vom Opfer, und wenn man sich der Liebe restlos ausgeliefert hat, muß man sich darauf gefaßt machen, ohne jeden Vorbehalt geopfert zu werden. PO 456

Wenn es schon schwer war, seinen Nächsten wie sich selbst zu lieben, dann ist es gleichsam unmöglich, ihn zu lieben, wie Gott ihn liebt; es sei denn, unsere Einheit mit Gott wird so groß, daß er es ist, der in uns alle liebt, die er uns zu lieben anhält. Je mehr ich mit Gott geeint bin, um so mehr liebe ich auch alle meine Mitschwestern. PA 173

Als der Herr seinem Volk den Auftrag gab, seinen Nächsten wie sich selbst zu lieben, war er noch nicht auf die Erde gekommen. Und da er wohl wußte, bis zu welchem Ausmaß man seine eigene Person liebt, konnte er von seinen Geschöpfen keine größere Liebe zum Nächsten verlangen. Als aber Jesus seinen Aposteln ein neues Gebot gab, sein eigenes Gebot, wie er es später nennt, da spricht er nicht mehr davon, seinen Nächsten wie sich selbst zu lieben, sondern ihn zu lieben, wie er, Jesus, ihn geliebt hat und wie er ihn lieben wird bis an das Ende der Zeiten ...

MsC, 12r

Wenn Sie damit aufhören, wenig liebevolle Worte zu sprechen; wenn Sie durch Ihre Liebenswürdigkeit und Umgänglichkeit die Ketten der gefangenen Seelen zerbrechen; wenn Sie den Armen und Verlassenen mit Hingabe beistehen, das heißt: mit Herz, Liebe und Uneigennützigkeit, wenn Sie die Leidenden trösten, dann werden Sie ihre innere Gesundheit wiedererlangen, und Ihre Seele wird nicht länger kraftlos bleiben. Ihre Gerechtigkeit wird vor Ihnen hergehen. CS 95

Zu Jes 58, 5–7: Überall gibt es arme, schwache, kranke, unterdrückte Menschen ... Nun gut! Nehmen Sie deren Joch. Setzen Sie sie in Freiheit, das heißt: Wenn man in Ihrer Gegenwart über die Fehler Ihrer Mitschwestern spricht, dann sollten Sie niemals mitmachen. Werfen Sie geschickt deren Tugenden in die Waagschale – denn manchmal ist es nicht angebracht zu widersprechen –, dann entlassen Sie die Bedrückten in die Freiheit und zerbrechen jedes Joch. Teilen Sie Ihr Brot, das bedeutet: Geben Sie sich selbst; nehmen Sie in Ihr Haus auf: Seien sie freigebig, geben Sie denen von Ihren Gütern, Ihrer Ruhe, Ihrer Erholung, die nicht wissen, wohin sie sich zurückziehen sollen, denen, die arm sind. CS 93f

Jesus macht sich arm, damit wir ihm Liebe schenken können. Wie ein Bettler streckt er uns die Hand entgegen, damit er uns am strahlenden Tag des Gerichtes, wenn er in seiner Herrlichkeit erscheinen wird, diese wohltuenden Worte hören lassen kann: „Kommt, ihr Gesegneten meines Vaters, denn ich hatte Hunger, und ihr habt mir zu essen gegeben; ich hatte Durst, und ihr habt mir zu trinken gegeben; ich wußte nicht, wo ich unterkommen sollte, und ihr habt mir eine Bleibe gegeben; ich war im Gefängnis, ich war krank, und ihr seid mir zur Hilfe gekommen" (Mt 25, 34–36). Jesus selbst hat diese Worte gesagt. Er liefert sich uns sozusagen auf Gedeih und Verderb aus; er will nichts nehmen, ohne daß wir es ihm geben; und die geringfügigste Sache ist kostbar in seinen göttlichen Augen ... LT 145/2.8.93

Wer sein Leben in der Gottesliebe verwirklichen will, darf die Nächstenliebe nicht außer acht lassen. PA 236

Sie sind berufen, sich mit dem Aufzug der Liebe zu Gott zu erheben und nicht, die mühsame Treppe der Furcht heraufzusteigen (...) Bald werden Sie wie der hl. Augustinus sagen: „Die Liebe ist das Gewicht, das mich nach oben reißt" (Conf. 13,9). LT 258/18.7.97

Ein Wort, ein liebenswürdiges Lächeln genügen oft, um eine traurige Seele aufzuheitern. MsC, 28r

Auf den Spaziergängen, die ich mit Papa machte, ließ er mich gern den Armen, denen wir begegneten, ein Almosen bringen. Eines Tages trafen wir einen, der sich mühsam auf Krücken fortschleppte. Ich ging auf ihn zu, um ihm einen Sou zu geben. Da er sich aber nicht für arm genug hielt, um das Almosen zu empfangen, schaute er mich traurig lächelnd an und weigerte sich, entgegenzunehmen, was ich ihm hinhielt. Ich kann nicht sagen, was sich in meinem Herzen abspielte. Gern hätte ich ihn getröstet, ihm geholfen. Statt dessen kam mir der Gedanke, ich hätte ihn verletzt. Zweifellos erriet der arme Kranke meine Gedanken; denn ich sah, wie er sich umdrehte und mir zulächelte. MsA, 15r

Wäre ich reich gewesen, dann wäre es mir nicht möglich gewesen, einen hungrigen Armen zu sehen, ohne ihm bald etwas von meinen Gütern mitzugeben. DE 262/14.7.2

Sollte ich noch länger leben, dann würde mir das Amt einer Krankenschwester am meisten gefallen. CS 102

Die Beschäftigung der Krankenschwester würde mir am besten liegen. Ich würde mich nicht darum bewerben; ich hätte Angst, es wäre überheblich. Würde man sie mir aber übertragen, dann fühlte ich mich sehr bevorzugt. PA 285

Der hl. Alfons von Liguori sagt: „Die Nächstenliebe besteht darin, die Unerträglichen zu ertragen." CS 186

Die vollkommene Nächstenliebe besteht darin, die Fehler der anderen zu ertragen, sich nicht über ihre Schwächen zu wundern, sich an den kleinsten Tugendakten zu erbauen, die man sie vollbringen sieht. MsC, 12r

Ich werde immer sehr gut für die Mühe belohnt, die ich mir im Dienst am Nächsten gebe. DE 206/9.5.2

Der hl. König David hatte recht, als er sang: „Wie gut ist es, wie wohltuend, wenn Brüder in vollkommener Einheit beisammen wohnen“ (Ps 133,1). Das ist wahr. Oft habe ich es erfahren. Doch muß sich diese Einheit durch Opfer hindurch verwirklichen. MsC, 8v

Was mich betrifft, so will ich nur im Himmel geliebt werden. Meine Freude erwächst aus der Vorstellung, daß mich dort alle lieben werden, selbst diejenigen, die mich in dieser Welt am wenigsten mögen ... CS 164

Ich bereue es nicht, mich der Liebe ausgeliefert zu haben! DE 382/30.9.

Wenn Sie ihr Leben von neuem beginnen sollten, was würden Sie dann tun?
– Mir scheint, ich würde es genauso machen, wie ich es getan habe. DEA 141/12.7.3

Die Liebe gab mir den Schlüssel meiner Berufung. MsB, 3v

Die Wissenschaft der Liebe (...), nur diese Wissenschaft ersehne ich. Nachdem ich für sie alle meine Reichtümer gegeben habe, habe ich den Eindruck, ich hätte nichts gegeben. LT 196/13(?).9.96

Nur die Liebe kann uns Gott wohlgefällig machen. MsB, 1r

Siebtes Kapitel

DER „KLEINE WEG“ IST EIN LEBENSWEG

H. Petitot macht auf die berühmte Theorie von Blaise Pascal über das zweifache Unendliche aufmerksam, um die Bedeutung des „kleinen Weges“ hervorzuheben.[44] Weil es das unendlich Große und das unendlich Kleine gibt und beide Unendlichkeiten sich in Gott zusammenfinden, gibt es auch zwei verschiedene Wege, die dennoch zum selben Ziel führen. Auf den einen Weg kommt man, wenn man sich dem Großen und Außergewöhnlichen zuwendet, auf den anderen, wenn man sich anfreundet mit dem Kleinen und Unscheinbaren. Mögen beide Wege zunächst in verschiedene Richtungen laufen, so kommen sie doch, wenn man sie redlich geht, mehr und mehr aufeinander zu, um sich schließlich im selben Ziel wieder zu vereinen.

Würden wir nun meinen, der Weg der kleinen Dinge erfordere weniger Anstrengung, so hätten wir seine Eigenart verkannt. Wir hätten nicht berücksichtigt, daß der kleine Weg uns nicht weniger abverlangt als der Weg über das Große. Das genügt, um zu verstehen, wie man auf einen Weg, der über Kleines und Alltägliches führt, zum Höchsten und Größten gelangen kann. Daher sagt Walter Nigg vom „kleinen Weg“ der hl. Theresia: „Dieser Weg, den sie lehrte, ist nur scheinbar klein, und man macht sich keiner geistlichen Taschenspielerei schuldig, wenn man ihn als sehr groß bezeichnet.“[45] Wenn auch dieser Weg nicht zum ersten Mal von Theresia beschritten wurde, so ist es doch ihr Verdienst, daß sie deutlicher als je zuvor durch ihr Leben und ihre Lehre auf diesen Weg der Heiligkeit der Kleinheit im Unterschied zum Weg der Heiligkeit der Größe hingewiesen hat.

1. Der „kleine Weg“ ist für alle da

Die Beantwortung der Frage, warum der theresianische Weg „klein“ genannt wird, enthält zugleich die Antwort auf die Frage, inwiefern er für alle da ist. „Klein“ nennt man diesen Weg, weil er nichts Außergewöhnliches fordert. Theresia „hatte in der Tat das Columbus-Ei des praktischen Christentums gefunden: ‚nicht das Außergewöhnliche, sondern das Gewöhnliche außergewöhnlich gut zu vollbringen‘“.[46] Nicht was sie getan hat, sondern „wie sie es getan hat, ist ihr einziger Ruhm“.[47] Indem sie die geringfügigen Gelegenheiten wahrnahm und das Kleinste in großer Weise tat, setzte sie dem Äußerlichen das Innerliche entgegen. „Klein“ nennt man diesen Weg auch, weil wir im Bewußtsein, allein vor Gott unsere wahre Größe zu erlangen, ja sagen dürfen zu unserer menschlichen Armseligkeit und Kleinheit. Aber der kleine Weg ist „eben ein Weg, kein Stillstand, und weiter ein christlicher Weg, also ein Weg der Nachfolge Christi, und somit selbstverständlich ein Weg, der keine Unentschiedenheit, kein Zögern, keine Mittelmäßigkeit verträgt, sondern ein Weg der Vollkommenheit. Ein Weg, der natürlich – sonst wäre er ja kein christlicher Weg – den ganzen Menschen in Dienst nimmt“.[48]

Es ist belanglos, ob ich es bin oder eine andere, die den Menschen diesen Weg zeigt; vorausgesetzt, er wird gezeigt, was bedeutet dann noch das Instrument!

DE 274/21.7.5

Es ist der Weg der geistigen Kindheit, der Weg des Vertrauens und der vollkommenen Hingabe. DEA 169/17.7.2

Man muß alles tun, was in seinen Kräften liegt: geben, ohne zu zählen, sich ständig loslassen, mit einem Wort, seine Liebe durch all die kleinen Werke, deren man fähig ist, beweisen. Da all das jedoch eine geringfügige Sache ist, ist es notwendig, daß wir – nachdem wir alles gegeben haben, was wir glaubten, geben zu müssen – eingestehen, „unnütze Knechte" (Lk 17,10) zu sein, und dennoch hoffen, daß Gott alles, was wir ersehnen, aus Gnade geben wird. Das ist die Hoffnung der kleinen Seelen, die auf dem Weg der Kindheit „laufen". Ich sage „laufen" und nicht „sich darauf ausruhen". CS 50

Unser kleiner Weg – wird er schlecht erklärt oder schlecht verstanden – könnte für „Quietismus" (Geruhsamkeit) oder „Illuminismus" (Schwärmerei) gehalten werden.

PO 456

Ich habe die Erfahrung gemacht: Wenn ich gar nichts empfinde, wenn ich nicht in der Lage bin, ein Gebet zu sprechen, die Tugend zu üben, dann ist das der gegebene Augenblick, kleine Gelegenheiten zu suchen, Nichtigkeiten, die Jesus Freude machen, größere Freude als die Herrschaft über die Welt oder gar das großmütig durchlittene Martyrium; zum Beispiel: ein Lächeln, ein liebenswürdiges Wort, wenn ich Lust hätte, nichts zu sagen oder ein gelangweiltes Gesicht zu machen, und so weiter …

(…) Wenn sich mir keine Gelegenheiten bieten, dann will ich ihm wenigstens oft sagen, daß ich ihn liebe. Dies ist nicht schwer und unterhält das Feuer. Und selbst wenn ich den Eindruck hätte, dieses Feuer der Liebe sei erloschen, würde ich noch etwas hineinwerfen, und Jesus wüßte schon, wie es von neuem zu entfachen ist.

LT 143/18.7.93

Auf diese Weise wird sich mein Leben verzehren … Ich habe kein anderes Mittel, um dir meine Liebe zu beweisen, als (…) mir kein kleines Opfer entgehen zu lassen, keinen Blick, kein Wort, aus den kleinsten Dingen Nutzen zu ziehen und sie aus Liebe zu tun. MsB, 4r/v

Heute nachmittag schrieb ich über die Liebe. Dabei störte man mich sehr oft. Ich bemühte mich, die Geduld nicht zu verlieren, sondern als erste in die Tat umzusetzen, was ich geschrieben hatte. DEA 83/15.6.3

Ich bin eine sehr kleine Seele, die Gott nur sehr kleine Dinge anbieten kann. MsC,31 r

Ich bemühte mich vor allem, die kleinen Tugenden zu praktizieren, da ich für die großen keine Gelegenheit hatte. MsA,74v

Das Geringste ist wertvoll in seinen göttlichen Augen.

LT 145/2.8.93

Er zeigt uns, daß es die kleinsten aus Liebe vollbrachten Handlungen sind, die ihn gefangennehmen! …
Käme es darauf an, große Dinge zu tun, wie wären wir zu bedauern? … Doch wie glücklich sind wir, weil Jesus sich durch die kleinsten Dinge fesseln läßt … LT 191/12.7.96

Es sind die kleinen Kreuze, die unsere ganze Freude ausmachen. Sie sind alltäglicher als die schweren und bereiten das Herz, diese anzunehmen, wenn es der Wille unseres guten Meisters ist. LT 148/13.8.93

Wenn du immer treu bleibst, indem du ihn in den kleinen Dingen erfreust, dann wird er sich verpflichtet fühlen, dir in den großen beizustehen. LT 161/26.4.94

2. Warten Sie nicht bis morgen, um heilig zu werden

Überblickt man den kurzen Lebensweg von Theresia, so ist man betroffen von seiner Geradlinigkeit. Die Heilige wußte, was sie wollte. Sie hatte ein Ziel, das sie mit Entschiedenheit verfolgte. „Die wahre Liebe zu Gott fordert eine klare Entscheidung, die man einmal trifft und, wenn notwendig, wieder erneuert. Enéa de Metastasio, der einmal von sich sagte: ‚Hin- und hergerissen, im Zwielicht der Unentschlossenheit – ich bleibe nicht, ich gehe nicht', er hatte sicher nicht das Zeug zu einer wahren Gottesliebe."[49] Und damit auch nicht zu großer Heiligkeit; denn „heilig ist der Mensch, der dem heiligen Gott mit allen Kräften und mit jedem Preis sein Ja als Antwort gibt im freien und liebendem Gehorsam: ‚denn das ist der Wille Gottes, eure Heiligung' (1 Thess 4,3)".[50] Theresia war überzeugt, daß es für die Heiligung keine Hindernisse gibt, da alles im täglichen Leben Stoff zur Heiligkeit werden kann, wenn er nur durch die Liebe vergöttlicht wird. Aus diesem Grund kann theresianische Heiligkeit überall praktiziert werden: in der Straßenbahn wie im Büro, im Krankenhaus wie am Postschalter, in der Familie wie im Kloster oder auf den Straßen einer City.

Neulich las ich Worte, die mir sehr gefielen. Ich erinnere mich nicht mehr an den Heiligen, der sie gesagt hat. Sie

lauteten: „Ich bin nicht vollkommen, aber ich will es werden" (Augustinus). LT 45/27.3.88

Sie können nicht ein halber Heiliger sein. Sie müssen ein ganzer sein oder gar keiner. LT 247/21.6.97

Mit Energie kann man leicht den Gipfel der Vollkommenheit erreichen. LT 178/20-21.7.95

Gott (...) wollte, daß ich mit einer Heiligen zusammenlebe, die keineswegs unnachahmbar ist, vielmehr eine Heilige, die durch verborgene und gewöhnliche Tugenden geheiligt ist (...) Sie schaute mich mit einem erleuchteten Gesichtsausdruck an und sagte mir: „(...) Dienen Sie Gott mit Frieden und Freude; erinnern Sie sich daran, daß unser Gott ein Gott des Friedens ist" (vgl. 1 Kor 14, 33). (...) Meine Bewunderung wurde noch viel größer, als ich sah, in welch ungewöhnlichem Ausmaß Jesus in ihr lebte und sie handeln und sprechen ließ. Diese Art von Heiligkeit scheint mir die wahrste, die heiligste. Nach ihr verlange ich, denn in ihr begegnet man keiner Illusion. MsA,78r

Die Heiligkeit besteht nicht in dieser oder jener Übung; sie besteht in der Einstellung des Herzens, die uns in den Armen Gottes demütig und klein macht, in der wir uns unserer Schwachheit bewußt sind und bis zur Verwegenheit auf die Güte des Vaters vertrauen. DEA 235/3.8.5b

Sobald Gott sieht, daß wir von unserem Nichts überzeugt sind, reicht er uns die Hand. Wollten wir noch den Versuch unternehmen, etwas Großes zu tun, selbst wenn es unter dem Vorwand des Eifers geschähe, läßt uns Jesus allein. „Sobald ich aber sage: ‚Mein Fuß gleitet aus!' stützt mich, Herr, deine Huld" (Ps 94,18). Ja, es genügt, sich zu demütigen, mit Geduld seine Unvollkommenheiten zu ertragen. Das ist die wahre Heiligkeit! LT 243/7.6.97

Sie erinnern mich an das Kleinkind, das noch nicht laufen kann. Da es seine Mutter auf der Höhe einer Treppe erreichen will, hebt es seinen kleinen Fuß, um die erste Stufe zu besteigen. Vergeblich! Immer wieder fällt es zurück, ohne voranzukommen. Nun, willigen Sie ein, dieses kleine Kind zu sein. Durch die Übung aller Tugenden heben Sie immer Ihren kleinen Fuß, um die Stufen der Heiligkeit heraufzusteigen. Doch Sie werden es nicht einmal schaffen, die erste Stufe zu erreichen. Aber Gott verlangt von Ihnen nur den guten Willen. Bald wird er, von Ihren vergeblichen Anstrengungen besiegt, selbst hinuntersteigen, Sie in seine Arme nehmen und Sie für immer in sein Reich führen. PA 488

„Wenn ich an all das denke", sagte ich ihr, „was ich noch erwerben muß." „Sagen Sie lieber: Was ich noch verlieren muß! ... Jesus wird Ihre Seele in dem Maß mit Licht erfüllen, wie Sie diese von ihren Unvollkommenheiten befreien." CS 25f

Mein Gott, ich wähle alles. Ich will keine halbe Heilige sein. Ich habe keine Angst, für dich zu leiden. Ich fürchte nur das eine, nämlich meinen Willen zu behalten. Nimm ihn mir, denn „ich wähle alles", was du willst! ... MsA,10v

Ich habe nur einen einzigen Wunsch, nämlich den, eine große Heilige zu werden, weil es nur dieses an Wahrem auf der Erde gibt. Ich bin fest entschlossen, mich mit Mut ans Werk zu begeben. Ich will Jesus keines der zahlreichen Opfer verweigern, die er mir abverlangt, ihm meine Seele ausliefern, damit er sie ganz besitzt und mit ihr macht, was er will. Diese Arbeit wird sich nicht ohne Leid machen lassen. Ich weiß es genau. Doch welche Freude, für den zu leiden, den man liebt. PO 426

Ich habe den Wunsch, heilig zu werden. Aber ich spüre meine Ohnmacht, und ich bitte dich, mein Gott, sei du selbst meine Heiligkeit. MA 316

Würden alle diese Regel vernachlässigen, so wäre das für uns kein Rechtfertigungsgrund. Jede sollte so handeln, als hinge die Vollkommenheit des Ordens von ihrem persönlichen Verhalten ab. PA 467

Ich wollte nicht geliebt werden. Ich beschäftigte mich nicht damit, was man über mich sagen oder denken könnte. Ich wollte nur meine Pflicht erfüllen und Gott zufriedenstellen. PA 290

Man sollte sich über das, was die Schwestern sagen oder tun, erheben. Wir sollten in unserem Kloster so leben, als hätten wir dort nur zwei Tage zu leben. Dann würde man sich sehr hüten, böse Dinge zu sagen, da man wüßte, daß man das Kloster bald wieder verläßt. PA 234

Warten Sie nie bis morgen, um damit zu beginnen, heilig zu werden. DE 779/11.9

Wenn Sie die Tugend nicht üben wollen, kehren Sie besser in die Welt zurück. PO 478

In der Erholungsstunde findet man vielleicht mehr als überall sonst Gelegenheit, sich zu heiligen, indem man die Liebe praktiziert. Wenn Sie daraus Nutzen ziehen möchten, gehen Sie nicht mit dem Gedanken dorthin, sich zu erholen, sondern mit jenem, die anderen zu erbauen. PO 458/CS 131

Ich habe festgestellt – und das ist ganz natürlich –, daß die heiligmäßigsten Schwestern die beliebtesten sind. Man sucht das Gespräch mit ihnen; man erweist ihnen Dienste, ohne daß sie darum bitten. Kurz: diese Seelen, die imstande sind, Rücksichtslosigkeiten und Taktlosigkeiten zu verkraften, sehen sich von der Liebe aller umgeben. Auf sie kann man das Wort unseres Vaters, des hl. Johannes vom Kreuz, anwenden: „Alle Wohltaten wurden mir zuteil, sobald ich sie nicht mehr aus Eigenliebe verfolgte." MsC, 27v/28r

Wie gut hat Gott doch daran getan zu sagen: „Es gibt mehrere Wohnungen im Haus meines Vaters" (Jo 15,2). DE 296/1.8.6

Ich bin sehr glücklich, daß es im Reich Gottes mehrere Wohnungen gibt; denn gäbe es nur jene, deren Beschreibung und Weg mir unbegreiflich erscheinen, dann könnte ich dort nicht eintreten. LT 226/9.5.97

Der Weg, den wir gehen, ist recht verschieden; doch das Ziel ist das gleiche. Wir beide dürfen nur ein Ziel haben, nämlich uns zu heiligen auf dem Weg, den Gott uns vorgezeichnet hat. LT 166/16.7.94

Im Alter von etwa dreizehn bis vierzehn Jahren fragte ich mich, was ich später noch dazu erwerben könnte, denn ich glaubte, es sei mir nicht möglich, die Vollkommenheit noch besser zu erfassen. Sehr schnell erkannte ich aber, daß man sich um so weiter vom Ziel entfernt glaubt, je mehr man auf diesem Weg voranschreitet. MsA, 74r

Achtes Kapitel

VORBILDER SIND UNERLÄSSLICH

Für das religiöse Denken Theresias bekommt nur Bedeutung, was ihr in ihrem natürlichen Erfahrungsbereich als bedeutsam aufgeleuchtet ist. Unter diesem Gesichtspunkt hat die erfahrene Liebe von Vater und Mutter am intensivsten auf sie gewirkt. An der Gestalt ihres gütigen Vaters erfuhr sie die verborgene Gegenwart der unvergleichlichen Vatergüte Gottes. Und wenn Theresia öfters erwähnt, Gott sei liebevoller als eine Mutter, dann steht nicht zuletzt das Erlebnis der eigenen Mutter im Hintergrund solcher Aussagen. „Die Familie und ihr scheinbar so schlichtes Leben wird in jedem Augenblick gleichnishaft durchsichtig auf die letzten Geheimnisse des Evangeliums."[51]

Damit deutet sich an, daß wir dem französischen Theologen und Psychoanalytiker Jean-François Six nicht zustimmen können, wenn er feststellt, „daß Theresia, die kleine Letzte, in diesem krankhaften Milieu der Familie Martin einen außerordentlichen Willen zum Überleben zeigt ... Sie ist gespalten zwischen dem Wunsch, ihre Mutter zu behalten, und dem Wunsch, sie zu verlieren, um leben zu können".[52] In diesen und anderen Erklärungen mag das eine oder andere richtig gesehen sein. Doch wird nicht selten über- oder untertrieben. Zudem fällt auf, daß nicht das ganze Quellenmaterial berücksichtigt wird. Ausgewählte Aufzeichnungen, die in der Regel negativ gedeutet werden, stehen für das Ganze. Bei Six wird eine Tendenz spürbar, die sich vielleicht am besten in einer seiner eigenen Aussagen zum Ausdruck bringt: „Heilig gesprochen wurde Theresia; sprechen wir also weder ihre Familie noch ihr Milieu heilig."[53] Six fällt offensichtlich in das andere Extrem.

1. Was Menschenführung vermag

Theresia erwähnt öfters, wieviel sie ihrer guten Erziehung verdankt. Ohne diese, so meint sie, hätte alles aus ihr werden können. „‚Die Verderbnis des Besten ist die Schlimmste', sagten die Alten. Die Heilige ... hätte ... zugrunde gehen und für andere eine Veranlassung zum Untergang werden können."[54]

Die erfahrene gute Führung befähigte sie ihrerseits, als Novizenmeisterin junge Menschen zu leiten. Dabei war ihr bewußt, daß jeder Christ einen ihm von Gott vorgegebenen, unvertauschbaren Weg hat. Man findet ihn nicht dadurch, daß man den egoistischen Ansprüchen der Natur nachgibt oder seinen persönlichen Anschauungen folgt, sondern indem man das Vorhaben Gottes zu erkennen sucht und ihm gehorcht. Daher sind für den Erzieher Selbstlosigkeit und Güte, Weisheit und Nüchternheit, Feinempfinden und Energie, Geduld und Hingabe von unverzichtbarem Wert. Hinzu kommt innere Festigkeit ohne Aufbrausen, aber auch ohne Schwäche.

„Die Ausübung des Amtes führt den Menschen daher in eine sehr eigentümliche Indifferenz, die einerseits die äußerste Anstrengung der Hingabe aller Kräfte verlangt, andererseits in einer schlichten Unbekümmertheit sich ausdrückt, da ja Gott die Verantwortung für das Durchgegebene trägt."[55] Bei allem, was Theresia sagte, war sie um eine möglichst anschauliche Darstellung bemüht.

Wäre ich bei einer Veranlagung wie der meinen von tugendlosen Eltern erzogen worden (…), so wäre ich sehr böse geworden und wäre vielleicht verloren gegangen …

MsA,8v

Wäre mein Herz nicht seit seinem ersten Erwachen zu Gott erhoben worden, hätte mir die Welt von meinem Eintritt ins Leben an zugelächelt, was wäre aus mir geworden?

MsA,40r

Zu ihrer leiblichen Schwester Pauline (Mère Agnès de Jésus): Zuweilen frage ich mich, wie Sie es fertigbrachten, mich mit so viel Liebe und Feinempfinden zu erziehen, ohne mich zu verwöhnen; denn es stimmt, daß Sie mir keinen einzigen Fehler durchgehen ließen. Nie ermahnten Sie mich ohne Grund; aber nie kamen Sie auf etwas zurück, das Sie entschieden hatten. Das wußte ich so gut, daß ich keinen Schritt hätte tun können noch wollen, wenn Sie ihn mir verboten hatten. MsA,18v

Ich betrachte es als eine wirkliche Gnade, daß Sie, geliebte Mutter, mich daran gewöhnt haben, meine Ängste zu überwinden. Manchmal schickten Sie mich abends allein, um in einem entfernten Zimmer etwas zu holen. Hätte man mich nicht so gut angeleitet, ich wäre sehr ängstlich geworden, im Gegensatz zu jetzt, da ich tatsächlich schwer zu erschrecken bin. MsA,18v

Damit ein Verweis Frucht bringt, muß es einem etwas kosten, ihn zu erteilen, und man darf dabei keine Spur von Leidenschaft im Herzen haben. CS 8

Es gibt eine so liebenswürdige Art, Dinge, die man nicht

geben kann, abzuschlagen, daß das Verweigern genauso viel Freude macht wie das Geben. MsC, 18r

Warum haben wir keinen Mut? Weil wir nicht bedauert werden! Würde man einer Schwester sagen: „Sie sind müde! Ruhen Sie sich aus!“, sie würde ihre Müdigkeit bald weniger spüren ... Es hieße, wie jedermann handeln, wünschte man sich, daß allgemein bekannt würde, wenn uns Leid widerfahren ist. Die selige Margareta-Maria, die zwei Nagelgeschwüre hatte, meinte, sie hätte nur unter dem ersten gelitten, weil das zweite, das nicht verborgen bleiben konnte, zum Gegenstand des Mitleids ihrer Schwestern wurde. Bemitleidet man Sie, so ist das ein Trost; bemitleidet man Sie nicht, dann sollten Sie sich darüber freuen! An ihrer Stelle würde ich diesen Gegensatz lieben und daran Gefallen finden. Alles oder nichts: Entweder soviel Mitleid, wie Ihr Schmerz es verdient, oder ein großes Vergessenwerden, und tragen Sie dazu bei, daß es noch grösser werde ... Heben Sie den Kummer der anderen hervor, den Anspruch, den Sie auf Mitleid und Trost haben – mehr als Sie ... CS 155

Die Güte darf nicht in Schwäche ausarten. Hat man zurecht geschimpft, dann soll man dabei bleiben, ohne sich durch die Sorge erweichen zu lassen, Schmerz bereitet zu haben (...) Wollte man der Betroffenen nachlaufen, um sie zu trösten, so würde man ihr mehr schaden als nützen. Überläßt man sie sich selbst, so zwingt man sie dazu, sich an Gott zu wenden, um ihr Unrecht einzusehen und sich zu demütigen. DE 203/18.4.4

Wieviele Menschen kämen zur Heiligkeit, würden sie gut geführt! MsA,53r

Für einfache Menschen braucht man keine komplizierten Mittel. MsC, 33v

Wie die kleinen Vögel das Singen dadurch lernen, daß sie ihren Eltern zuhören, genauso lernen die Kinder die Tugenden, das Hohelied der Liebe Gottes, an der Seite von Menschen, die beauftragt sind, sie für das Leben heranzubilden.

Ich erinnere mich, daß ich unter meinen Vögeln einen Zeisig hatte, der zauberhaft sang. Außerdem hatte ich einen kleinen Hänfling, den ich „mütterlich“ pflegte, da ich ihn adoptierte, noch bevor er das Glück seiner Freiheit genießen konnte. Dieser arme kleine Gefangene hatte keine Eltern, die ihm das Singen hätten beibringen können. Da er aber von morgens bis abends hörte, wie sein Gefährte, der Zeisig, fröhliche Koloraturen sang, wollte er es ihm nachmachen ... Das war für einen Hänfling ein schwieriges Unterfangen. Außerdem hatte seine zarte Stimme alle Mühe, mit der schmetternden Stimme seines Musiklehrers übereinzukommen. Es war nett, die Anstrengungen des armen Kleinen anzusehen. Doch schließlich wurden sie von Erfolg gekrönt; denn sein Gesang – obwohl er eine viel größere Zartheit behielt – wurde dem des Zeisigs völlig gleich. MsA,53r

Mehr als einmal bekam ich zu hören: „Wenn Sie bei mir etwas erreichen wollen, dann müssen Sie mich mit Güte anfassen; mit Gewalt werden Sie nichts erreichen.“ Ich weiß jedoch, daß niemand in eigener Sache ein guter Richter ist und daß ein Kind, das der Arzt einer schmerzhaften Operation unterzieht, unfehlbar ein lautes Geschrei anfängt und schwört, das Heilmittel sei schlimmer als das Übel. Fühlt es sich aber nach wenigen Tagen wieder gesund, dann ist es ganz beglückt, wieder spielen und laufen zu können. Dasselbe gilt für die Menschen. Sie sehen bald ein, daß mitunter ein wenig Bitternis dem Zucker vorzuziehen ist, und scheuen sich nicht, es zuzugeben. MsC,23v/24r

Ohne die Hilfe Gottes Gutes zu tun, ist genauso unmöglich, wie bei Nacht die Sonne scheinen zu lassen. MsC,22v

Könnte die von einem Künstler bemalte Leinwand denken und sprechen, sie würde sich gewiß nicht beklagen, unaufhörlich von einem Pinsel betupft und wieder betupft zu werden. Und sie würde auch nicht das Los dieses Instrumentes beneiden; denn sie wüßte, daß sie keineswegs dem Pinsel, sondern dem Künstler, der ihn führt, die Schönheit verdankt, mit der sie ausgestattet ist. Der Pinsel seinerseits könnte sich nicht des mit ihm hergestellten Meisterwerkes rühmen. Er weiß, daß die Künstler nicht verlegen sind, daß sie mit Schwierigkeiten spielend fertig werden und manchmal mit Vorliebe schlechte und untaugliche Werkzeuge wählen (...) Ich bin ein kleiner Pinsel, den Jesus gewählt hat, um sein Bild in den Herzen zu malen. MsC,20r

Gott hat niemanden nötig, um sein Werk zu tun. Wie er aber einen tüchtigen Gärtner seltene und zarte Pflanzen großziehen läßt und ihm dazu das notwendige Wissen gibt, sich selbst hingegen die Sorge um die Befruchtung vorbehält, so will Jesus, daß ihm in seiner göttlichen Kultur der Menschen geholfen werde.

Was würde geschehen, wenn ein ungeschickter Gärtner seine Sträucher nicht gut veredeln würde, wenn er die Wesensart eines jeden einzelnen nicht zu erkennen verstände und auf einem Pfirsichbaum Rosen zum Blühen bringen wollte? ... Er würde den Baum, der doch gut war und fähig, Früchte zu tragen, zum Absterben bringen.

Genauso muß man von Kindheit an zu erkennen suchen,

was Gott von den Menschen verlangt und das Wirken seiner Gnade unterstützen, ohne es je zu beschleunigen oder zu verzögern. MsA,53r

Nicht alle Menschen können sich gleichen. Es muß verschiedene Familien geben, damit jede Vollkommenheit Gottes in besonderer Weise zur Ehre kommt. MsA,83v

Ich lernte viel, indem ich andere unterwies. Zunächst sah ich, daß alle Menschen nahezu die gleichen Kämpfe haben und andererseits doch so unterschiedlich sind, daß ich keine Schwierigkeiten habe, das Wort von Pater Pichon zu verstehen: „Die Verschiedenheit der Seele ist viel größer als die der Gesichter." Daher ist es unmöglich, alle in gleicher Weise zu behandeln. Im Umgang mit gewissen Personen spüre ich, daß ich mich klein machen muß und nicht zu fürchten brauche, daß ich mich demütige, wenn ich ihnen meine Kämpfe, meine Niederlagen eingestehe. Sehen sie, daß ich die gleichen Schwächen habe wie sie, dann geben meine kleinen Schwestern ihrerseits die Fehler zu, die sie sich vorwerfen, und freuen sich, daß ich sie aus eigener Erfahrung verstehe. Anderen gegenüber – so habe ich festgestellt – ist Festigkeit angebracht, wenn man ihnen helfen will, und nie darf man auf eine bereits entschiedene Sache zurückkommen. Wollte man sich zu ihnen herablassen, so wäre dies keine Demut, sondern Schwäche.
MsC,23v

Gott sagt mir: „Gib, gib immer wieder, ohne dich um das Resultat zu kümmern." DE 208/15.5.5.

2. Vorbilder treiben zur Nachahmung an

In den Tiefen eines jeden Menschen schlummert der Wunsch, aus seinem Leben etwas Großes zu machen. Vorbilder haben die Fähigkeit, diesen Wunsch zu wecken. Sie sind die Wegweiser zu einem großen Leben. Sie sind es, weil sie den Weg nicht nur zeigen, sondern weil sie ihn selbst erprobt haben.

Auffallend ist, daß die Vorbilder ihrerseits Vorbilder hatten. Wer kein Vorbild hat, kann selbst auch keines werden. Theresia von Lisieux wurde für viele ein Vorbild, weil sie selbst nicht ohne Vorbilder war. Nennen wir hier nur zwei. Eine mächtige Anziehungskraft übte Jeanne d'Arc (1412-1431) auf sie aus. Vor allem drei Eigenschaften dieser jungen Heldin faszinierten sie: ihr Mut und ihre Tapferkeit, ihre Geradlinigkeit und ihre Genialität des Herzens. Ein anderes Vorbild fand sie in der hl. Cäcilia (gest. um 250?). Sie wurde ihre Lieblingsheilige, ihre persönliche Vertraute. An ihr bewunderte sie die für den „kleinen Weg" so zentralen Tugenden, nämlich das grenzenlose Vertrauen und die rückhaltlose Liebe.

Berücksichtigen wir, wann diese Vorbilder lebten, dann hat man den Eindruck, daß Vorbilder der Vergänglichkeit enthoben sind. Zeitlos geworden, dienen sie jeder Generation als Leuchtturm zur Orientierung im Dunkel des eigenen Daseins.

Mein ganzes Leben lang hat es Gott gefallen, mich mit Liebe zu umgeben. Meine ersten Erinnerungen sind erfüllt mit Lächeln und Zärtlichkeiten. MsA,4v

Da ich nur gute Vorbilder um mich hatte, wollte ich ihnen natürlich nacheifern. MsA,8v

Gott gab mir einen Vater und eine Mutter, die des Himmels würdiger waren als der Erde. LT 261/26.7.97

Im Hinblick auf ihren Vater: Ich brauchte nur auf ihn zu schauen, um zu wissen, wie die Heiligen beten. MsA,18r

Vor allem hatte ich die Fortschritte bemerkt, die Papa auf dem Weg zur Vollkommenheit machte. Nach dem Vorbild des hl. Franz von Sales war er in einem solchen Maß zum Meister seiner natürlichen Leidenschaften geworden, daß er die sanftmütigste Natur der Welt zu haben schien ... Die irdischen Dinge schienen ihn kaum zu berühren. Leicht erhob er sich über die Widerwärtigkeiten des Lebens. MsA,71v

Sehr stolz war ich auf meine beiden großen Schwestern. Doch das Ideal meiner Kindheit war Pauline (...) Oft hörte ich sagen, Pauline werde ganz sicher Ordensfrau. Damals dachte ich, ohne genau zu wissen, was das war: „Auch ich werde Ordensfrau." Das ist eine meiner ersten Erinnerungen, und nie habe ich seitdem meinen Entschluß geändert! (...) Sie waren mein Ideal. Ihnen wollte ich ähnlich sein. MsA,6r

Ich lese gern das Leben von Heiligen. Die Erzählung ihrer heroischen Taten feuert meinen Mut an und treibt mich dazu, sie nachzuahmen. LT 178/20.-21.7.95

In meiner Kindheit träumte ich davon, auf den Schlachtfeldern zu kämpfen ... Als ich anfing, die Geschichte Frankreichs zu lernen, begeisterte mich der Bericht über die Heldentaten der Jeanne d'Arc. Ich fühlte in mir den Wunsch und den Mut, sie nachzuahmen. Mir schien, der Herr habe auch mich für große Dinge ausersehen. Ich täuschte mich nicht. LT 224/25.4.97

Als ich die Berichte über die patriotischen Taten der französischen Heldinnen las, besonders jene der ehrwürdigen Jeanne d'Arc, hatte ich ein starkes Verlangen, sie nachzuahmen. Ich meinte, in mir dieselbe Glut zu spüren, die sie belebte, dieselbe Eingebung des Himmels. Damals empfing ich eine Gnade, die ich immer als eine der größten meines Lebens angesehen habe; denn zu dieser Zeit empfing ich noch keine Erleuchtungen wie jetzt, da ich von ihnen überflutet werde. Ich dachte, ich sei für den Ruhm geboren. Und als ich das Mittel suchte, ihn zu erlangen, da gab Gott mir die Gefühle ein, die ich soeben beschreibe. Auch ließ er mich verstehen, daß ich meinen Ruhm nicht mit sterblichen Augen wahrnehmen würde, daß er vielmehr darin bestehen sollte, eine große Heilige zu werden!

MsA,32r

Man bedrängt mich mit Fragen. Das läßt mich an Jeanne d'Arc vor ihrem Gerichtshof denken! Ich habe den Eindruck, ich antworte mit derselben Aufrichtigkeit.

DE 273/21.7.6

Wie Jeanne d'Arc sage auch ich: „Der Wille Gottes wird sich trotz der Eifersucht der Menschen erfüllen."

DE 283/27.7.6

Als sie im Krankenbett lag, zeigte man ihr ein Bild der Jeanne d'Arc in ihrem Gefängnis. Da meinte sie: Die Heiligen ermutigen auch mich in meinem Gefängnis. Sie sagen mir: So lange du in Ketten liegst, kannst du deine Sendung nicht erfüllen. Doch später, nach deinem Tod, ist die Zeit deines Wirkens und deiner Eroberungen da.

DE 315/10.8.4

Ich mußte unbedingt irgendein Andenken an die Katakomben mitnehmen. Nachdem sich die Prozession ein wenig entfernt hatte, schlichen Céline und Theresia gemeinsam bis zum Inneren der alten Gruft der hl. Cäcilia und nahmen von der durch ihre Gegenwart geheiligten Erde. Vor meiner Romreise empfand ich für diese Heilige keine besondere Verehrung. Nachdem ich aber ihr in eine Kirche verwandeltes Haus besucht hatte, die Stätte ihres Martyriums (gemeint ist hier die Kirche Santa Cecilia in Trastevere), und als ich erfuhr, daß sie zur Königin der Töne ernannt worden war, nicht wegen ihrer schönen Stimme oder ihrer musikalischen Begabung, sondern zum Andenken an ihren jungfräulichen Lobgesang, den sie ihrem himmlischen Verlobten anstimmte, der sich im Grunde ihres Herzens verbarg, da empfand ich für sie mehr als Verehrung, nämlich eine wahrhaft freundschaftliche Liebe ... Sie wurde meine Lieblingsheilige, meine persönliche Vertraute ... Alles an ihr faszinierte mich, vor allem ihre Hingabe und ihr unbegrenztes Vertrauen, die sie befähigten, selbst solchen Menschen den Geist jungfräulicher Reinheit einzugeben, die nie nach anderen Freuden verlangten als nach denen des augenblicklichen Lebens ... MsA,61v

3. Maria ist mehr Mutter als Königin

Die großen Heiligen sind immer auch große Marienverehrer gewesen. In einer Predigt zum Geburtsfest der hl. Jungfrau nennt Bernhard von Clairveaux (1090-1153) den Grund: „Das ist der Wille dessen, der wollte, daß wir alles durch Maria empfangen.“[56]

Durch Maria hatte Gott auch in das Leben der hl. Theresia hineingewirkt. Sie war damals zehn Jahre alt. Eine unerklärliche psychische Krankheit hielt sie gefangen. Sie schien am Ende, als dieses Ende durch eine Vision, in der sie das heilende Lächeln der Gottesmutter erfuhr, in einen ganz neuen Anfang ihres Lebens verwandelt wurde. Dieses Lächeln scheint in allem gegenwärtig zu sein, was von ihr ausgegangen ist. „Viele der Großen haben in der Religionsgeschichte das Ewige in ... schreckhafter Weise erlebt. Bei Therese jedoch tat sich das Göttliche auf eine unaussprechlich milde Art kund.“[57]

Erwähnt sei noch, daß das letzte ihrer Gedichte Maria gilt und die allerletzten Worte, die sie mit zitternder Hand auf ein Marienbild geschrieben hatte, ihre kindliche Bewunderung und Verehrung der hl. Jungfrau gegenüber zum Ausdruck bringen. Bewunderung und Verehrung schenkte sie ihr vor allem wegen ihres verborgenen Lebens und ihrer alltäglichen Tugenden.

H*insichtlich ihrer Tante:* „Das schönste Meisterwerk des Herzens Gottes ist das Herz einer Mutter" (Dupanloup). Ich erahne, wie wahr dieses Wort ist, und ich danke dem Herrn, daß er mich diese wohltuende Erfahrung machen ließ. LT 138/17.11.92

Wie feinfühlig ist das Herz einer Mutter; wie drückt es sein Zartgefühl in tausend vorausgeschauten Diensten aus, an die keiner denken würde. MsA,6v

Das Herz einer Mutter versteht immer ihr Kind, selbst dann, wenn es nur stammeln kann. MsA,3v

Wahrhaftig, das Herz einer Mutter ist viel gelehrter als das eines Arztes. Es vermag zu erraten, was zu tun ist, wenn ihr Kind krank ist. MsA,28r

Damit ein Kind seine Mutter lieben kann,
muß diese mit ihm weinen
und seine Schmerzen teilen. PN 54,2

Dein mütterlicher Anblick
vertreibt alle meine Ängste.
Er lehrt mich das Weinen;
er lehrt mich die Freude. PN 54,18

Da sie auf der Erde keine Hilfe fand, wandte sich die arme kleine Theresia ebenfalls an ihre himmlische Mutter. Sie bat sie von ganzem Herzen, endlich mit ihr Mitleid zu haben ... Plötzlich erschien mir die hl. Jungfrau schön, so schön, daß ich nie etwas Schöneres gesehen hatte. Ihr Angesicht brachte eine unaussprechliche Güte und Zartheit zum Ausdruck. Was mich aber bis zum Grund meines Herzens durchdrang, das war das „entzückende Lächeln der hl. Jungfrau". Hierauf waren alle meine Leiden verschwunden. MsA,30r

Die hl. Jungfrau ließ mich erfahren, daß es wirklich sie war, die mir zugelächelt und mich geheilt hatte. Ich begriff, daß sie über mich wachte, daß ich ihr Kind war. Daher konnte ich sie nur noch mit dem Namen „Mama" ansprechen, denn dieser schien mir noch zärtlicher als der Name „Mutter" ... Mit welcher Leidenschaft bat ich sie doch, mich immer zu beschützen ... MsA,56v/57r

Am Nachmittag (des Erstkommuniontages) war ich es, die den Weiheakt an die hl. Jungfrau sprach. Es war nicht mehr als recht, daß ich mich im Namen meiner Gefährtinnen an meine himmlische Mutter wandte; ich, die in so jungen Jahren ihrer irdischen Mutter beraubt worden war ... Ich setzte alles ein, um mit ihr zu sprechen, mich ihr zu weihen, wie ein Kind, das sich in die Arme seiner Mutter wirft und sie bittet, über es zu wachen. MsA,35v

Ich bete ein Ave Maria (...) Ich habe mir angewöhnt, so jedesmal zu handeln, wenn ich mich an die Arbeit mache. CS 89

Bevor ich zur Feder griff, kniete ich mich vor die Marienstatue (vor jene, die uns so viele Beweise mütterlicher Vorliebe der Himmelskönigin für unsere Familie geschenkt hat). Ich bat sie, meine Hand zu führen ... MsA,2r

Wie gern wäre ich Priester geworden, um über die Jungfrau Maria zu predigen (...) Zunächst hätte ich gezeigt, wie wenig das Leben der hl. Jungfrau bekannt ist. Man sollte von ihr keine unwahrscheinlichen Dinge sagen, Dinge, über die man nicht genau Bescheid weiß.

DEA 311-313/23.8.5

Damit eine Predigt über die hl. Jungfrau fruchtet, muß sie ihr wirkliches Leben darstellen, so wie das Evangelium es durchblicken läßt, und nicht, wie man es sich ausdenkt. Man errät leicht, daß ihr wirkliches Leben in Nazaret und später nur ganz einfach verlaufen konnte ... „Er war ihnen untertan!“ (Lk 2,51). Wie einfach ist das!

Man stellt die hl. Jungfrau als unnahbar dar. Man sollte jedoch zeigen, daß sie nachahmbar ist und die verborgenen Tugenden übte; man sollte sagen, daß sie – wie wir – aus dem Glauben lebte; man sollte dafür Beweise aus dem Evangelium bringen, wo wir lesen: „Sie verstanden nicht, was er ihnen sagte“ (Lk 2,50), oder auch: „Sein Vater und seine Mutter waren verwundert über das, was man über ihn sagte“ (Lk 2,33). Diese Verwunderung läßt auf ein gewisses Erstaunen schließen ...

Wie gern singe ich zu ihr: Den schmalen Weg zum Himmel hast du sichtbar gemacht, indem du stets die alltäglichsten Tugenden geübt hast!

DEA 313/23.8.6

Man ist sich wohl bewußt, daß die hl. Jungfrau die Königin des Himmels und der Erde ist. Aber sie ist mehr Mutter als Königin. Auch sollte man nicht behaupten (wie ich es oft gehört habe), daß sie aufgrund ihrer Vorrechte die Herrlichkeit aller Heiligen so in den Schatten stellt, wie die aufgehende Sonne die Sterne verschwinden läßt. Mein Gott, wie befremdend ist das. Eine Mutter, die den Ruhm ihrer Kinder verschwinden läßt! Ich denke, genau das Gegenteil ist wahr! Ich glaube, sie wird die Herrlichkeit der Erwählten noch bedeutend steigern.

Es ist schon richtig, von ihren Vorrechten zu sprechen; aber man darf sich nicht darauf beschränken. Man muß dafür Sorge tragen, daß sie geliebt wird. Wenn man durch eine Predigt über die hl. Jungfrau gezwungen wird, von Anfang bis Ende innerlich „Oh! … Oh!" zu rufen, dann fühlt man sich gelangweilt, und das fördert die Liebe und Nachahmung keineswegs. Wer weiß, ob nicht irgendeiner hierauf eine gewisse Entfremdung einem solch hervorragendem Geschöpf gegenüber empfindet?

Das einzige Privileg der hl. Jungfrau besteht darin, daß sie von der Erbsünde frei blieb und die Mutter Gottes ist. Hinzu kommt, daß Jesus uns über diesen letzten Punkt gesagt hat: „Wer den Willen meines Vaters, der im Himmel ist, tut, ist mein Bruder, meine Schwester, meine Mutter" (Mt 12,50). DEA 315/23.8.7

Die letzten niedergeschriebenen Worte notierte Theresia mit schwacher Hand auf die Rückseite eines kleinen Bildchens, auf dem „Unsere Frau vom Siege" dargestellt war:

O Maria, wäre ich die Königin des Himmels und du Theresia, so wollte ich Theresia sein, damit du die Königin des Himmels bist!!! … 8. September 1897. PO 309

4. Die kanonisierten Heiligen müssen nicht immer die größten sein

Im Hinblick auf Jesus Christus sagt Hans Urs von Balthasar: „Feuer ist jedes seiner Worte, seiner Werke und Wunder; Feuer, das um so verzehrender ist, als es nicht Feuer der Gerechtigkeit, sondern Feuer der Liebe ist. Die Heiligen des Herrn sind dazu da, dieses Feuer, das er auf die Erde geworfen, zu schüren und nicht in der Harmlosigkeit eines verbürgerlichten Christentums ersticken zu lassen.“[58] In diesem Sinn verstand Theresia die Heiligen, und unter diesem Gesichtspunkt wollte sie selbst eine Heilige werden.

Zwischen ihr und ihnen bestand ein familiäres Verhältnis. Sie wußte, daß es derselbe Geist ist, der in ihr und ihnen lebt und der alle Heiligen, die im Himmel wie die auf Erden, zur Erfüllung des Willens Gottes befähigt. Denn dies allein – die Erfüllung von Gottes Willen – verbindet Himmel und Erde. Die den Willen Gottes tun, sind einander verwandt und gehören zur großen Familie Gottes. Dabei bleibt Theresia sich stets bewußt, daß die kanonisierten Heiligen keineswegs die größten sein müssen.

Hinsichtlich der Heiligen, die ihr nahestanden, brachte sie eine Unterscheidung an. Die einen nannte sie „Beschützer“, die anderen „Freunde“.[59]

Es werden immer nur sehr wenige sein, die einen bestimmten Heiligen bewundern, ihn lieben und sein „Leben" lesen. CS 65

Kämen die Heiligen wieder, um uns zu sagen, was sie von ihren Lebensbeschreibungen halten, man wäre sehr überrascht ... Zweifellos würden sie oft einräumen, daß sie sich in dem Bild, das man von ihnen gemacht hat, nicht wiedererkennen. CS 164

Welcher Heiliger wird um seiner selbst willen geliebt? Man lobt ihn, man schreibt seine Lebensgeschichte, man veranstaltet für ihn prächtige Feste, an religiösen Feierlichkeiten fehlt es nicht. „Laßt uns die Glocke gießen", und schon sehen wir, wie diese Leute, die viel Wind um sich selber machen, einander verärgern, weil nicht alles klappt, oder aber sich freuen, wenn alles ihrem Willen entsprechend läuft. In der Hitze der Vorbereitungen wird geschrien; es kommt zu Tumult. Dann spricht man von der Orgel, den Predigten ... Und wo bleibt der Heilige? Was mich betrifft, so bleibe ich lieber im Verborgenen, als halbe Ehre zu genießen. Allein von Gott erwarte ich das Lob, das ich verdiene. CS 163

Nichts gibt uns die Sicherheit, daß die kanonisierten Heiligen die größten sind. Gott hat sie mehr zu seiner Ehre und unserer Erbauung als um ihrer selbst willen hervorgehoben. CS 162f

Es gibt Heilige, die wir kennen, weil sie uns näherstehen, aber nichts beweist, daß sie die größten sind. Genauso schätzen wir die Sterne nach ihrer Entfernung ein. Doch Gott allein kennt ihre wahre Schönheit. Manche, die uns ganz klein vorkommen, oder selbst jene, die wir gar nicht sehen, sind unvergleichlich schöner als diejenigen, die wir „Sterne erster Größe" nennen. CS 162

Ich finde, daß die Liebe, die wir den Heiligen auf Erden schenken, mehr uns als ihnen nützt, weil wir das Gute ernten und daraus den Nutzen ziehen. CS 164

Wir sollen uns keine Sorge über unsere Ohnmacht machen, sondern uns einzig an die Liebe halten ... Wenn wir aber zu sehr an unserer Armut leiden, sollten wir Gott die Werke der anderen anbieten. Das ist die Wohltat der Gemeinschaft der Heiligen. Tauler sagt: „Wenn ich das Gute, das in meinem Nächsten ist, genauso liebe, wie er selbst es liebt, dann gehört dieses Gute mir in derselben Weise wie ihm." Durch diese Gemeinschaft kann ich an all dem Guten reich werden, das es im Himmel und auf Erden gibt, in den Engeln und Heiligen und in all denen, die Gott lieben. PO 278

Ich glaube, die Seligen haben mit unseren Nöten großes Mitleid. Sie erinnern sich daran, daß sie genauso gebrechlich und sterblich waren wie wir. Sie haben die gleichen Fehler begangen, die gleichen Kämpfe durchgestanden. Ihre brüderliche Liebe wird noch größer sein, als sie es auf Erden war. Daher hören sie nicht auf, uns zu beschützen und für uns zu bitten. LT 263/10.8.97

Wie verschieden sind doch die Wege, auf denen der Herr die Menschen führt. Im Leben der Heiligen sehen wir, daß es unter ihnen viele gibt, die nach ihrem Tod nichts hinterlassen wollten, weder das kleinste Andenken noch das geringste Schriftstück. Im Gegensatz zu ihnen gibt es andere, wie unsere hl. Mutter Theresa, die die Kirche mit ihren Offenbarungen bereichert haben und sich nicht fürchteten, die Geheimnisse des Königs kundzutun, damit er von den Menschen besser erkannt und mehr geliebt wird. Welche dieser beiden Arten von Heiligen gefällt Gott besser? Mir scheint, beide sind ihm in gleicher Weise liebenswert, da sie alle dem Antrieb des Hl. Geistes folgten, und der Herr hat gesagt: „Sagt dem Gerechten, alles ist gut" (Jes 3,10). Ja, alles ist gut, wenn man nur den Willen Jesu sucht. MsC,2v

Mit den Jungfrauen werden wir Jungfrauen sein, mit den Kirchenlehrern Kirchenlehrer, mit den Martyrern Martyrer, weil alle Heiligen uns verwandt sind. DE 258f/13.7.12

Alle Heiligen sind dort oben meine ‚kleinen' Verwandten. DE 258/13.7.10

Als man ihr sagte: „Wie müssen Sie leiden. Offenbar haben die Heiligen Sie verlassen. Sie rufen sie an, und sie kommen nicht, um Sie heimzuholen!", da meinte sie: „Ich liebe sie trotzdem sehr! Sie wollen sehen, wie weit mein Vertrauen reicht ..." DEA 393/22.9.1

Oft bete ich zu den Heiligen, ohne erhört zu werden. Doch je mehr sie meinen Gebeten gegenüber taub zu sein scheinen, um so mehr liebe ich sie.
– Warum?
– Weil ich mehr danach verlangt habe, Gott und die Heiligen nicht zu sehen und in der Nacht des Glaubens zu verharren, als andere danach verlangen, alles zu sehen und alles zu begreifen. DE 316f/11.8.5

Die Heiligen sind nicht heilig, weil man sie dafür hält, und sie sind nicht größer, weil man ihre Lebensgeschichte geschrieben hat. Wer weiß, ob wir nicht einem anderen –

einem unbekannten – das Gute verdanken, das durch ein solches Werk entstanden ist, sei es, daß er es angeregt, gelenkt hat, oder sei es, daß er die Menschen bewegte, daran Geschmack zu finden. Vieles wird man erst später sehen! Manchmal denke ich, daß ich vielleicht die Frucht der Wünsche einer kleinen Seele bin, der ich alles, was ich habe, verdanke. CS 163

Glauben Sie nicht, daß die großen Heiligen ihrerseits, wenn sie sehen, was sie ganz kleinen Seelen verdanken, sie mit einer unvergleichlichen Liebe umfangen werden? Ich bin sicher, daß es dort wunderbare und überraschende Zuneigungen geben wird. Der Bevorzugte eines Apostels, eines Kirchenlehrers wird vielleicht ein kleiner Hirtenbube sein und der vertraute Freund eines Patriarchen ein einfaches Kind. Wie gern möchte ich in diesem Königreich der Liebe sein. HA 1906,276

Was wird im Himmel los sein, wenn die Menschen jene kennenlernen, die sie gerettet haben?! DE 337/23.8.6

Im Himmel wird man keinen gleichgültigen Blicken begegnen, weil alle Erwählten erkennen werden, daß sie einander die Gnaden verdanken, die ihnen die Lebenskrone verdient haben. DE 268/15.7.5

Neuntes Kapitel

MAN MUSS KÄMPFEN, BEVOR MAN SIEGER WIRD

Daß man kämpfen muß, bevor man Sieger wird, ist eine Binsenwahrheit. Doch Binsenwahrheiten haben es an sich, daß sie am ehesten „in die Binsen gehen". Das heißt, wir vergessen allzuoft, daß wahre Größe immer erkämpft werden muß. Das gilt für den rein menschlichen, aber auch für den religiösen Bereich. Darauf macht bereits Paulus aufmerksam: „Wißt ihr nicht, daß die Läufer im Stadion zwar alle laufen, daß aber nur einer den Siegespreis gewinnt? Lauft so, daß ihr ihn gewinnt. Jeder Wettkämpfer lebt aber völlig enthaltsam; jene tun dies, um einen vergänglichen, wir aber, um einen unvergänglichen Siegeskranz zu gewinnen" (1 Kor 9,25). Am Ende seines Lebens sagt dann Paulus: „Ich habe den guten Kampf gekämpft, den Lauf vollendet, die Treue bewahrt. Jetzt liegt für mich der Kranz der Gerechtigkeit bereit" (2 Tim 4,7f). Der Kampf, der uns abverlangt wird, dauert also nicht nur bis zur Volljährigkeit, sondern bis zum Sterbebett, wo noch der Todeskampf bestanden werden muß.

Theresia war eine ausgesprochene Kämpfernatur. Sie kämpfte „hart und erbarmungslos wie das Evangelium".[60] So unersättlich ihr Hunger nach Größe und Grenzenlosigkeit war, so bewußt kämpfte sie sich dorthin durch. Eines Tages in einem Bett zu sterben, paßte nur schlecht in ihr Selbstverständnis. Am liebsten wäre sie in einer Arena gestorben. Wachsamkeit und Nüchternheit, Mut und Tapferkeit bestimmten sie wesentlich. Selbst Glaubensanfechtung und Todesangst konnten sie nicht entmutigen. Gebet und Opfer, Liebe und Leiden waren ihre bevorzugten Waffen.

1. Die Dinge nicht einfach laufen lassen

Der ärgste Feind, den jeder Mensch in seinem Leben zu besiegen hat, ist das eigene „Ich". Deshalb lag für Theresia der Kampfplatz vor allem inmitten des eigenen Herzens. Hier ließ sie die Dinge nicht einfach laufen, sondern war um Selbstkontrolle bemüht. Damit beginnt jeder Kampf, der zum Sieg führt. „Das Tier ist sich seiner Akte und Vorstellungen nicht bewußt. Das Kind vor dem Gebrauch der Vernunft hat nur ein halbes Bewußtsein. Viele Menschen bleiben in einem unvollkommenen Teilbewußtsein. Je geistiger wir werden, desto mehr geben wir uns von allen unseren Anregungen, von unseren Vorstellungen, von den Gedanken, die uns drängen und leiten, Rechenschaft."[61] In diesem Sinn verstand sich Theresia als Wächter, der den Feind vom höchsten Turm aus beobachtet (MsC,23r.). Bedenkenswert ist auch ein Wort, das die Mutter der Heiligen ihrem Bruder Isidor, der seinerzeit zweiundzwanzig Jahre alt war und in Paris Medizin studierte, in einem Brief vom 1.1.1863 schrieb: „Auf dem Weg zum Guten wie zum Bösen kostet nur der erste Schritt etwas. Danach wirst du von der Strömung mitgerissen".[62] Diese Erfahrung formuliert Theresia auf ihre Weise.

Immer wieder erklärte man mir, ich sei mutig. Das stimmte jedoch so wenig, daß ich mir sagte: „Schließlich

darf man nicht jedermann Lügen strafen". Und mit Hilfe der Gnade machte ich mich daran, diesen Mut zu erwerben. Ich machte es wie ein Krieger, den man zu seiner Tapferkeit beglückwünscht. Da er aber genau weiß, daß er nichts als ein Feigling ist, schämt er sich schließlich der Komplimente und möchte sie verdienen. DE 212/21-26.5.6

In dieser Nacht, in der sich Gott aus Liebe zu mir schwach und leidend machte, machte er mich stark und mutig. Er bekleidete mich mit seiner Waffenrüstung, und seit dieser gesegneten Nacht wurde ich in keinem Kampf mehr besiegt. Im Gegenteil! Ich eilte von Sieg zu Sieg und begann sozusagen „einen Riesenwettlauf ..." MsA,44v

Gott hat mir die Gnade geschenkt, den Krieg nicht zu fürchten. Um jeden Preis muß ich meine Pflicht erfüllen. MsC,23v

Die Übung der Tugend wurde für uns wohltuend und selbstverständlich. Anfangs verriet mein Gesicht oft den Kampf. Doch dieser Eindruck verschwand mehr und mehr, und das Entsagen wurde mir selbst im ersten Augenblick leicht. Jesus sagte es: „Dem, der hat, wird dazugegeben, und er wird im Überfluß sein" (Mt 13,12). Für eine treu aufgenommene Gnade gewährte er mir eine Menge anderer hinzu. MsA,48r/48v

Das an Judit gerichtete Lob kam mir wieder in den Sinn: „Du hast mit männlicher Kraft gehandelt und dein Herz ist stark geworden" (15,2). Viele Menschen sagen: „Aber ich habe nicht die Kraft, ein solches Opfer zu bringen!" Würden sie doch tun, was ich getan habe: nämlich eine große Anstrengung. Gott verweigert niemals diese erste Gnade, die den Mut zum Handeln gibt. Danach erstarkt das Herz, und man schreitet von einem Sieg zum anderen. DE 312/8.8.3

Je weiter Sie voranschreiten, um so weniger Kämpfe werden Sie haben, oder besser gesagt: Sie werden sie mit größerer Leichtigkeit gewinnen, weil Sie die gute Seite der Dinge sehen werden. Dann wird sich Ihre Seele über die Geschöpfe erheben. Es ist unglaublich, wie schließlich alles, was man mir sagen mochte, mich nicht einmal berührte, weil ich die mangelhafte Stichhaltigkeit menschlicher Urteile erkannt hatte. CS 186

Nie habe ich irgend jemand gefürchtet. Immer bin ich dorthin gegangen, wohin ich wollte. DE 250/10.7.8

Die Zeit, da ich mich mit den Novizen beschäftigte, war für mich eine Zeit des Krieges, des Kampfes. Gott arbeitete für mich ..., ich arbeitete für ihn. Nie bin ich so vorangekommen ... Ich bemühte mich nicht darum, geliebt zu werden. Es beschäftigte mich nicht, was man über mich sagen oder denken könnte. Ich war allein bemüht, Gott zufriedenzustellen, und dies ohne den Wunsch, daß meine Bemühungen fruchten. Ja, man muß das Gute um sich herum aussäen, ohne sich darum zu kümmern, ob es wächst. Für uns die Arbeit, für Jesus den Erfolg. Wir dürfen den Kampf nicht fürchten, wenn es um das Wohl des Nächsten geht. CS 8

Wenn Sie mit der Nächstenliebe zu kämpfen haben, rate ich Ihnen, das Kapitel aus der „Nachfolge Christi" zu lesen: „Man muß die Fehler des anderen ertragen" (I,16). Sie werden sehen, wie Ihre Kämpfe aufhören werden. DE 777/11.7

Ich verweigere den Kampf nicht, denn „der Herr ist der Fels, auf den ich gestellt bin, der meine Hände kämpfen lehrt und meine Finger, den Krieg zu führen. Er ist mein Schild; auf ihn hoffe ich“ (Ps 144,1-3). MsC,8v

Ein Soldat fürchtet den Kampf nicht, und ich bin ein Soldat. – Habe ich nicht gesagt, daß ich mit den Waffen in der Hand sterben werde? DE 639/8.7.1

Man muß kämpfen, bevor man Sieger ist. RP 1

Ich bin wie der Wächter, der den Feind vom höchsten Turm eines befestigten Schlosses aus beobachtet. Nichts entgeht meinen Blicken. Oft bin ich erstaunt, so klar zu sehen. MsC,23r

Bei jeder neuen Gelegenheit zum Kampf, wenn mich mein Feind herausfordern will, verhalte ich mich tapfer. Da ich weiß, daß es feige ist, sich im Duell zu schlagen, lasse ich meinen Gegner stehen, ohne ihn eines Blickes zu würdigen. MsC,7r

Alle diese Versuchungen muß man verachten, ihnen keine Aufmerksamkeit schenken. LT 92/30.5.89

Die Mächte des Bösen schließen sich zusammen, sobald wir den ersten Schritt getan haben, um uns sofort zu Fall zu bringen und uns zu entmutigen. In der Tat, sind wir einmal gefallen, dann sagen wir: „Wie werde ich meine Entschlüsse halten können, da ich bereits jetzt versagt habe?“ Bei solchen Erwägungen sind die Mächte des Bösen die Sieger. Jedesmal, wenn diese Sie umwerfen, müssen Sie sich ohne Verwunderung wieder erheben, und Jesus demütig sagen: „Wenn sie mich zu Fall gebracht haben, bin ich nicht besiegt. Ich stehe noch, bereit, den Kampf aus Liebe zu dir wieder zu beginnen.“ Dann wird

Jesus, von Ihrem guten Willen betroffen, selbst Ihre Kraft sein. PO 460

Die Mächte des Bösen sagen: „Wir erreichen alles. Nur gibt es da diesen Hund von gutem Willen. Dem können wir niemals widerstehen!" Nun, wenn Sie auch nicht tugendhaft sind, haben Sie doch einen „kleinen Hund", der Sie aus allen Gefahren erretten wird. CS 22

Ich bin nicht gekommen, den Frieden zu bringen, sondern das Schwert" (Mt 10,34). Es bleibt uns nur zu kämpfen. Haben wir die Kraft nicht dazu, dann kämpft Jesus für uns … LT 57/23.7.88

Der wahre Mut zeigt sich nicht in der Glut eines Augenblicks, die den Wunsch weckt, Menschen für Gott zu gewinnen und dabei alle vorstellbaren Gefahren in Kauf zu nehmen. Sie fügen diesem schönen Traum nur einen weiteren Reiz hinzu. Wahrer Mut besteht vielmehr darin, es in der Herzensangst tun wollen und davor doch zur gleichen Zeit wieder sozusagen zurückschrecken, wie unser Herr im Ölgarten. CS 148f

„Das Schwert des Geistes, welches das Wort Gottes ist, sei stets in unserem Mund und in unseren Herzen" (Eph 6,17). Haben wir es mit einem unangenehmen Menschen zu tun, dann sollten wir uns nicht von ihm zurückziehen. Niemals sollten wir ihn aufgeben. Immer sei „das Schwert des Geistes" auf unseren Lippen, um ihn von seinen Torheiten abzubringen. Wir sollten die Dinge nicht einfach laufen lassen, um unsere Ruhe zu haben. Immer sollten wir kämpfen, selbst wenn wir keine Hoffnung haben, die Schlacht zu gewinnen. Was bedeutet schon Erfolg? Gott verlangt von uns, daß wir in den Beschwerlichkeiten des

Kampfes nicht aufgeben, daß wir uns nicht entmutigen, indem wir sagen: „Um so schlimmer! Da steckt nichts mehr drin. Man muß ihn gehen lassen!" Das wäre Feigheit. Bis zum Ende muß man seine Pflicht erfüllen.

DE 201/6.4.2

Ich bin kein Krieger, der mit irdischen Waffen gekämpft hat, sondern mit „dem Schwert des Geistes, welches das Wort Gottes ist" (Eph 6,17). Auch meine Krankheit konnte mich nicht niederwerfen ... DE 313/9.8.1

Ich fürchte in keiner Weise die letzten Kämpfe, noch die Schmerzen der Krankheit, so groß sie auch sein mögen. Gott hat mir geholfen und mich seit meiner frühesten Kindheit an seiner Hand geführt ... Auf ihn verlasse ich mich. Ich bin sicher, daß er mir seine Hilfe bis ans Ende schenken wird. Vielleicht werde ich nicht mehr ertragen können. Trotzdem wird es mir nie zuviel. Dessen bin ich sicher. DE 214/27.5.2

Gott will, daß ich bis zum Tod kämpfe. DE 203/18.4.1

Wenn ich bedenke, daß ich in einem Bett sterbe! Gern wäre ich in einer Arena gestorben ... DE 617; Varia 3/11

Die mühsamste Arbeit ist die an sich selbst, um dahin zu gelangen, sich selbst zu besiegen. CS 150

In der Welt denkt man gewöhnlicherweise, wir hätten keine oder doch nur kindische Leiden, und man sagt: „Nun gut, die Kreuze, denen man in der Welt begegnet, kann man wirklich Kreuze nennen!"

Es stimmt, in der Welt gibt es sehr große und schwere Kreuze ... Jene im Ordensleben sind die alltäglichen

Nadelstiche. Der Kampf spielt sich in einem ganz anderen Bereich ab. Man muß sich selbst bekämpfen, sich selbst überwinden. In diesem Bereich werden die wahren Siege errungen. Wie viele Menschen sind schon aus der Welt ins Kloster gekommen. Sie hatten ihre Eltern, ihre Kinder verloren. Man bewunderte ihren mannhaften Mut und ihre Seelenkraft. Und doch verloren sie angesichts der Kreuze des Ordenslebens den Mut. Ich habe hier selbst festgestellt, daß die scheinbar stärksten Naturen in diesen kleinen Dingen am leichtesten zu schlagen sind. So sehr ist es wahr: Der größte aller Siege ist der, sich selbst zu besiegen … CS 149

Glauben Sie nur ja nicht, diese Kämpfe seien ohne Wert: „…wer sich selbst bezwingt, gilt mehr, als jener, der Städte erobert" (Spr 16,32). CS 102

Ich hatte keine bequeme Natur. Das fiel nicht auf; aber ich spürte es deutlich. Ich kann Ihnen versichern, daß ich viele Kämpfe hatte und daß es keinen Tag gab, an dem ich nicht litt, nicht einen einzigen. PA 337

Es ist so schwer, die richtige Mitte einzuhalten.
LT 180/14.-17.10.95

Ich bin gegen mich selbst im geistigen Bereich in den Krieg gezogen durch die Selbstverleugnung und die kleinen, verborgenen Opfer. In diesem unauffälligen Kampf, in dem die Natur keinerlei Nutzen hat, fand ich Frieden und Demut. DEA 237/3.8.2b

Das Gebet und das Opfer machen meine ganze Kraft aus. Sie sind die unbesiegbaren Waffen, die Jesus mir gegeben

hat. Sie können die Seelen viel besser treffen als das Wort. Diese Erfahrung habe ich sehr oft gemacht. MsC,24v

Ich fühle, daß das sicherste Mittel, mein Ziel zu erreichen, Gebet und Opfer sind. LT 213/26.12.96

Meine einzige Waffe ist die Liebe und das Leiden. LT 193/30.7.96

Wenn ich bereits jetzt den Kampfplatz verlasse, dann geschieht das nicht aus dem egoistischen Wunsch, mich auszuruhen. LT 254/14.7.97

2. Der Kampf gegen die Hinterlist der eigenen Natur

Man irrt sich wirklich, wenn man meint, Theresia sei als Heilige geboren worden. Eitelkeit und Eifersucht, Mißgunst und Egozentrik, Selbstmitleid und Zorn waren ihr nicht fremd. Céline (Sr. Geneviève) schreibt: „Ich bewundere den Scharfsinn, mit dem sie die Hinterlist der Natur, die verschiedensten Regungen unserer Seele aufspürte" (CS 9). Dieser Scharfsinn hatte sich im Blick auf die Regungen der eigenen Natur geübt.

Da sie sich bewußt war, daß Gott jeden mit seinen besonderen Eigenschaften annimmt, bejahte sie sich selbst und auch die anderen. Aber dabei blieb sie nicht stehen. Die Selbstannahme befähigte sie, ihre Triebnatur zu überwinden und sich nicht von ihr narren zu lassen. Auch hier gab sich ihre starke Willensnatur mit keiner Halbheit zufrieden. Sie griff das Übel bei der Wurzel, weil ihr klar war: „Auf dem Boden der Oberflächlichkeit wachsen keine Heiligen."[63] Theresia ging in die Tiefe, und ihr „kleiner Weg" brachte sie dorthin.

Ich könnte diese traurigen Regungen der Natur nicht so gut erläutern, hätte ich sie nicht in meinem Herzen gespürt. MsC,19r

Alles ist der Eifersucht unterworfen. Man erkennt diesen

Keim von der Kindheit an. Der hl. Augustinus erzählt die Geschichte von zwei kleinen Brüdern, die dieselbe Amme hatten. Wenn der eine sah, daß sein kleiner Bruder an die Reihe kam, da stieß er Wutschreie aus und wälzte sich vor Zorn. Und dabei hätte er keinen Tropfen Milch mehr in sich aufnehmen können. CS 165

Céline (Sr. Geneviève de Sainte-Thérèse) erzählt: Theresia war zwei Jahre und vier Monate, als man sie nach Mans mitnahm, um sie unserer Tante im Kloster der Visitandinen vorzustellen. Diese schenkte ihr einen kleinen Korb aus Perlen, der mit Bonbons gefüllt war. Auf ihnen lagen zwei Zuckerringe. Alsbald rief die Kleine: „Welches Glück! Ein Ring ist für Céline!"

Als sie jedoch zum Bahnhof gingen, um nach Alençon zurückzufahren, bemerkte sie, daß ihre Bonbons zerstreut auf der Straße lagen und einer ihrer wertvollen Ringe verschwunden war. „Der Ring von Céline ist verlorengegangen!" dachte sie (...)

Als sie mir später den Vorfall im Karmel erzählte, sagte sie mir: „Da sehen Sie, wie sehr uns die Selbstliebe angeboren ist. Warum war es der Ring von Céline, der verlorengegangen war, und nicht der meine?" CS 32f

Als ich sah, daß Céline eine unserer Lehrerinnen liebte, wollte ich es ihr nachmachen. Da ich es aber nicht verstand, die Gunst der Menschen zu gewinnen, hatte ich damit keinen Erfolg. O glückliches Unvermögen! Es hat mich vor großem Schaden bewahrt! ... Wie dankbar bin ich Jesus, daß er mich „nur Bitterkeit in den irdischen Freundschaften" finden ließ. Mit einem Herzen wie dem meinen hätte ich mich einfangen und mir die Flügel beschneiden lassen. Wie hätte ich dann „fliegen und mich ausruhen" (Ps 55,7) können? MsA,38r

Durch meine zu große Empfindlichkeit war ich wirklich unerträglich (...) Alle Vernunftgründe waren unnütz, und ich schaffte es nicht, von diesem widerlichen Fehler wegzukommen. MsA,44v

Ich fand tausend Gründe, meiner Natur nachzugeben. Wie glücklich bin ich jetzt, vom Anfang meines Ordenslebens an darauf verzichtet zu haben. Schon genieße ich den Lohn, der denen versprochen ist, die entschlossen kämpfen. Ich habe nicht mehr das Gefühl, daß ich mir alle Tröstungen des Herzens versagen muß, denn mein Herz ist durch den gefestigt, den ich allein lieben will. Ich sehe beglückt, daß sich das Herz weitet, wenn es ihn liebt, daß es unvergleichlich mehr Liebe denen schenken kann, die ihm teuer sind, als wenn es sich auf eine egoistische und unfruchtbare Liebe konzentriert hätte. MsC,22r

Welche Gegensätze gibt es in meinem Charakter. Meine Schüchternheit erwächst aus einer extremen Verlegenheit, die ich empfinde, wenn man sich mit mir beschäftigt. DE 234/30.6.2

Sie sind gut gelaunt, solange alles gut geht. Sobald es aber nicht so läuft, wie Sie es wollen, verfinstert sich Ihr Gesicht. Das ist nicht tugendhaft ... CS 18

Sie sagen: ich will gut sein zu den Guten, freundlich zu den Freundlichen. Sobald Ihnen aber einer widerspricht, sind Sie außer sich. Darin sind Sie wie die Heiden, von denen im Evangelium die Rede ist. Im Gegenteil: „Tut Gutes denen, die euch hassen, betet für jene, die euch verfolgen" (Lk 6,27). Gut sein mit jenen, die uns Gutes tun, das ist menschliche Weisheit, aber nichts für Gott. CS 103

Wie sehr neigt unsere Natur dazu, leicht zu finden, was von unseren persönlichen Eingebungen herrührt, während wir im Gegensatz dazu immer wieder unser Wenn und Aber anmelden, wenn es darum geht, die Ideen von anderen aufzugreifen. So beurteilen wir mit wohlwollendem Auge die Vergünstigungen, die man anderen gewährt, wenn wir selbst diese für sie durchgesetzt haben. Waren wir daran aber nicht beteiligt, dann erheben sich in unserem Herzen tausend Versuchungen, und wir haben an allem, woran wir nicht beteiligt waren, etwas auszusetzen. CS 134

Oft fühlt man sich nur müde, weil die anderen vergessen, uns zu bedauern. Würde man einer Schwester sagen: „Sie sind sehr müde; ruhen Sie sich etwas aus!", so würde sie sich bald nicht mehr müde fühlen. PA 290

Auch gab ich mir viel Mühe, mich nicht zu rechtfertigen, was mir sehr schwer fiel. MsA,74v

Wenn man uns mißversteht und ungünstig beurteilt, was bringt es dann ein, sich zu verteidigen, sich näherhin zu erklären? Lassen wir es gut sein; schweigen wir. Es ist so wohltuend, nichts zu sagen, sich jedem Urteil willig zu überlassen! Im Evangelium sehen wir nichts davon, daß sich Maria Magdalena näherhin erklärte, als ihre Schwester sie anklagte, sie sitze Jesus zu Füßen, ohne etwas zu tun. Sie sagte nicht: „Martha, hättest du eine Ahnung von dem Glück, das ich erlebe, würdest du hören, was ich höre! Und außerdem ist es Jesus, der mir sagte, daß ich hier bleiben soll!" Nein, sie zog es vor zu schweigen. O glückliches Schweigen, das der Seele so viel Frieden schenkt! DE 201/6.4.1

Vor allem ein Wort ist für mich voller Licht gewesen. Es lautet: „Halten wir ein Wort zurück, das uns in den Vordergrund stellen könnte.“ LT 95/-.7.-8.(?)89

Wenn ich an diesem Tag viel zu schreiben habe, versetze ich mich – um ein innerlich gelöstes Herz zu haben – in eine Geisteshaltung, mich stören zu lassen. Ich sage mir: „Diese freie Stunde widme ich der Störung. Ich bejahe sie; ich rechne mit ihr. Und wenn man mich in Ruhe läßt, werde ich Gott dafür danken wie für eine Gnade, mit der ich nicht gerechnet habe. Daher bin ich immer glücklich!“ CS 104

Ein Herz, das sich Gott schenkt, verliert nicht seine natürliche Zärtlichkeit. Im Gegenteil! Diese Zärtlichkeit wächst, je reiner und göttlicher sie wird. MsC,9r

Man erzählt, ein Bischof wollte einmal einen Heiligen kennenlernen, der sich eines hohen Ansehens erfreute. Er machte sich in der Begleitung der Großen seiner Umgebung auf den Weg. Als der Heilige den Bischof mit seinem Gefolge von weitem kommen sah, durchzog ihn ein Gefühl der Eitelkeit. Dem wollte er entgegenwirken. Da bemerkte er Kinder, die an einer Schaukel auf einem Baumstamm spielten. Sofort ließ er eines heruntersteigen und setzte sich an dessen Platz. Der Bischof hielt ihn für einen Verrückten und trat ohne weitere Prüfung den Rückweg an. – Oft genug ist die Seele nicht stark genug, ein Lob zu ertragen. Dann muß sie zuweilen selbst den Anschein des Guten um ihrer eigenen Heiligung willen opfern. CS 26f

Die Eitelkeit schleicht sich so leicht ins Herz. MsA,40r

Gott verlangt alles. Verweigern wir ihm das Geringste, so

liebt er uns zu sehr, um uns nachzugeben. Sobald sich aber unser Wille dem seinen angleicht, so daß er sieht, daß wir ihn allein suchen, verhält er sich uns gegenüber, wie er sich ehemals Abraham gegenüber verhalten hat (vgl. Gen 22,12) ... LT 167/18.7.94

Ich kann mir nicht erklären, wie etwas, das der Natur so sehr zuwider ist, ein so großes Glück verursachen kann. Hätte ich es nicht erprobt, ich könnte es nicht glauben. MsC,27r

Welcher Friede überflutet die Seele, wenn sie sich über die Regungen der Natur erhebt. MsC,16v

Wie sehr widersprechen die Lehren Jesu den Regungen der Natur! Ohne die Unterstützung seiner Gnade wäre es nicht nur unmöglich, sie in die Tat umzusetzen, sondern auch, sie zu verstehen. MsC,18v

Ich bin tatsächlich nicht mehr – wie in meiner Kindheit – für jeden Schmerz zugänglich. Ich bin wie von den Toten auferstanden (...) Ich bin so weit, daß ich nicht mehr leiden kann, weil mir jedes Leid angenehm ist. DE 216ff/29.5

Zehntes Kapitel

DAS WAHRE LEBEN VOLLZIEHT SICH IN DER VERBORGENHEIT UND SELBSTVERGESSENHEIT

Da es im Wesen des „kleinen Weges“ liegt, nicht das Außergewöhnliche und Auffallende anzustreben, führt er notwendigerweise in die Verborgenheit und in das Vergessenwerden. Wenn man „klein“ geworden ist, wird man zwangsläufig übersehen und übergangen. Verborgenheit und Vergessenwerden sind also zwei charakteristische Merkmale des „kleinen Weges“. Zugleich geben sie – und das wird in diesem Zusammenhang vielleicht überraschen – der Tugend der Demut, so wie Theresia sie versteht, eine besondere Ausprägung. Es ist ja auffallend, daß alle großen Heiligen der Demut eine persönliche Note gegeben haben. Für Theresia beinhaltet die Demut vor allem das Leben in der Verborgenheit und Vergessenheit. „Durch diesen Charakter ihrer Demut erweist sich Theresia wiederum als die getreue Schülerin ihres Meisters, des hl. Johannes vom Kreuz. Diesem war es so gut gelungen, sich vor seinen Mitbrüdern zu verbergen, daß sie über ihn das vernichtende Urteil abgaben: ‚Der gehört entschieden zu den Schwachbegabten!‘“[64] Ähnlich war auch bei Theresia alles bis zur Unkenntlichkeit verborgen. Bekannt ist das Wort einer ihrer Mitschwestern: „Sie trat bei uns ein, lebte und starb – mehr ist wirklich nicht zu sagen.“[65] Theresias Leben ist zu einem anschaulichen Kommentar zu folgenden Paulusworten geworden: „Richtet euren Sinn auf das Himmlische und nicht auf das Irdische. Denn ihr seid gestorben, und euer neues Leben ist mit Christus verborgen in Gott. Wenn Christus, unser Leben, offenbar wird, dann werdet auch ihr mit ihm offenbar werden in Herrlichkeit“ (Kol 3,2-4).

1. Vom Loslassen zur Gelassenheit

Die Gelassenheit im Leben der hl. Theresia war das Ergebnis eines schmerzhaften Loslösungsprozesses. Durch ihn wurde sie befähigt, teure Menschen und vor allem sich selbst loszulassen. „Wer die eigene Seele nur ein wenig kennt, weiß Bescheid darüber, wie lange es dauert und welch tiefgreifende Umwandlungen es fordert, bis ein solches Loslassen wirklich vollbracht, nicht nur gemeint, gewollt, beschlossen und ausgesprochen ist.“[66]

Durch die geistgewirkte Lösung aller infantilen Bindungen reiften in ihr die seelische Offenheit und die unersättliche Sehnsucht nach Unendlichkeit und Grenzenlosigkeit aus. Gleichzeitig brachte ihr die Erfahrung der Größe der menschlichen Seele zu Bewußtsein, daß nur das Ewige den Menschen zufriedenstellen kann. Die Hingabe an die unendliche und ewige Liebe wurde ihre Gelassenheit. Für sie ist Gelassenheit somit nur ein anderes Wort für „Armsein vor dem gütigen Gott“ oder für „kindliche Hingabe an die ewige Liebe“. Sie ist „die Liebe, die nicht fürchtet, die einschläft und vergißt (…) wie ein kleines Kind“ (PN 3,31f).

Es wird mir nicht das Unglück widerfahren, mich an Strohhalme zu klammern, jetzt, da „mein Herz vorausgeahnt hat, was Jesus denen bereithält, die ihn lieben“ (1 Kor 2,9).

MsA,58r

Auf Erden soll man sich an nichts hängen, selbst nicht an die unschuldigsten Dinge; denn man muß sie in dem Augenblick entbehren, da man am wenigsten daran denkt. Nur was ewig ist, kann uns zufriedenstellen. LT 42/21.2.88

Wenn Sie mich eines Morgens tot finden würden, so sollten Sie sich darüber keine Sorgen machen. Gott, der Vater, hätte mich dann ganz einfach heimgeholt. Gewiß ist es eine große Gnade, vorher die Sakramente zu empfangen. Gewährt es Gott aber nicht, dann ist es auch gut. Alles ist Gnade. DE 221/5.6.4

Wenn ich tot sein werde – eine Leiche –, werde ich keinen Ton mehr von mir geben. Keinen Rat werde ich mehr erteilen. Legt man mich auf die rechte Seite oder auf die linke, so werde ich dabei nicht mithelfen. Man wird sagen: sie liegt besser auf dieser Seite; man kann selbst ein Feuer neben mir anzünden: ich werde nichts sagen. Wie hilft einem dieser Gedanke, von den kleinen Dingen loszulassen, die uns aus der Fassung bringen, sowie von allem, was wir fallenlassen sollten! CS 178

Es ist notwendig, sich auf nichts zu stützen (…) Das Nichts – das ist die Wahrheit – besteht darin, keinen Wunsch und keine Hoffnung auf Freude zu haben. Wie glücklich ist man dann! CS 29

Es ist eine große Prüfung, alles schwarz zu sehen. Doch hängt das nicht ganz von Ihnen ab. Tun Sie, was Sie können. Lösen Sie Ihr Herz von irdischen Sorgen, vor allem aber von den Geschöpfen; dann dürfen Sie sicher sein, daß Jesus das übrige tun wird. LT 241/-.6.97(?)

Ich glaube, die Arbeit Jesu während dieser Exerzitien bestand darin, mich von allem zu lösen, was nicht er ist … LT 78/8.1.89

Alle meine Wünsche, ich überlasse sie dir. PN 36,5

Ich will alles erleiden, was Jesus beliebt, ihn tun lassen, was er tun will mit seinem kleinen Ball. LT 79/8.1.89

Lassen wir ihn alles nehmen und geben, was er will. Die Vollkommenheit besteht darin, seinen Willen zu tun, und wer sich ihm restlos überläßt, wird von Jesus selbst „seine Mutter, seine Schwester" und seine ganze Familie genannt (Mt 12,50). LT 142/6.7.93

Gott will, daß ich mich ihm wie ein ganz kleines Kind überlasse. Es sorgt sich nicht darüber, was man mit ihm anstellen wird. DE 229/15.6.1

Ich werde Ihnen sagen, wie Sie auf dem stürmischen Meer der Welt segeln müssen: mit der Hingabe und Liebe eines Kindes, das weiß, daß sein Vater es gern hat und es in der Stunde der Gefahr nicht allein lassen kann. LT 258/18.7.97

Mit welcher Gelassenheit lasse ich um mich herum erzählen, daß es mir besser gehe! Letzte Woche war ich auf, und man fand, ich sei sehr krank. Diese Woche kann ich mich nicht mehr auf den Beinen halten; ich bin erschöpft. Und siehe, man hält mich für gerettet! Aber was macht das schon! DE 225f/9.6.3

Hören Sie eine kleine, recht lächerliche Geschichte: Eines Tages, es war nach meiner Einkleidung, sah mich Sr. Vinzenz von Paul bei unserer Mutter und rief: „Ach, welch eine gutgenährte Figur! Wie stark dieses große Mädchen ist, wie dick!" Durch dieses Kompliment völlig niedergeschlagen, ging ich fort. Vor der Küche hielt mich Sr. Magdalena auf und sagte mir: „Aber was soll aus Ihnen werden, liebe Sr. Theresia. Sie magern zusehends ab! Wenn Sie so weitermachen, werden Sie mit diesem Aussehen, das einen ängstigt, die Regel nicht lange befolgen!" Ich war wie vor den Kopf geschlagen, sich so widersprechende Urteile hintereinander zu hören. Seit diesem Augenblick habe ich auf die Meinung von Menschen überhaupt keinen Wert mehr gelegt, und dieser Eindruck hat sich in mir dermaßen vertieft, daß jetzt Tadel und Komplimente, alles an mir abgleitet, ohne die geringste Spur zu hinterlassen. DE 281/25.7.15

Ich war so sehr über alle Dinge erhaben, daß ich durch die Erniedrigung gestärkt wurde. DEA 393/22.9.2

„Wenn ich an all das denke," sagte ich ihr, „was ich noch erwerben muß!" „Sagen Sie lieber: Was ich noch verlieren muß! … Jesus wird Ihre Seele in dem Maß mit Licht erfüllen, wie Sie diese von ihren Unvollkommenheiten befreien." CS 25f

Am Abend dieses Lebens wird man euch auf die Liebe hin prüfen. Lernt also, Gott so zu lieben, wie er geliebt werden will, und laßt euch selbst los. LT 188/7.5.76

Ich möchte nicht lieber sterben als leben. Das heißt, hätte ich zu wählen, so würde ich lieber sterben. Da aber Gott für mich wählt, liebe ich das am meisten, was er will. Was er tut, das liebe ich. DE 214f/27.5.4

Was können Tod oder Leben mir antun?
Jesus, meine Freude besteht darin,
dich zu lieben. PN 45,7

2. Lob – Ruhm – Ehre

Die Sehnsucht des Menschen nach Lob, Ruhm und Ehre ist die Sehnsucht nach einem höheren Leben. In Theresia lebte einerseits eine tiefe Sehnsucht nach Ruhm; sie glaubte, sie sei für den Ruhm geboren. Andererseits konnte nur das Echte sie zufriedenstellen. Schließlich strebte sie nach dem Unbedingten und Absoluten. Aufgrund dieser Vorgegebenheiten wurde ihr bald bewußt, daß der Ruhm dieser Welt für sie nichts taugte. Denn irdischer Ruhm vermag nicht bis in die letzten Tiefen auszufüllen; außerdem ist er stets mit Eitelkeit durchsetzt; schließlich steht er auf sehr schwachen Füßen. Das machte sie angesichts aller irdischen Würdigungen und Ehrungen nüchtern.

Da sie sich weder mit Vordergründigem noch mit Vorläufigem abfinden konnte, verzichtete sie auf alle irdischen Auszeichnungen. Dafür strebte sie nach jenem Ruhm, der in der Anerkennung durch Gott liegt, – ein Ruhm, der allein bis ins letzte beglückt, wahr ist und ewig dauert. Hinzu kommt, daß es keiner glänzenden Taten bedarf, um ihn zu erlangen. Sie kannte das Sprichwort: „Es ist nicht alles Gold, was glänzt.“ Sie wußte aber auch um die Wahrheit jenes anderen Wortes: „Vieles glänzt nicht und ist trotzdem pures Gold.“ In diesem Wort fließt ihr ganzes Leben zusammen. Sie verzichtete auf irdischen Glanz, verzehrte ihre Lebenskraft, um Jesus im Leben und Sterben immer ähnlicher zu werden, und überließ ihren Ruhm der Sorge Gottes.

Menschlicher Ruhm ist wenig wert.
Er vergeht wie der Rauch,
der in einem Augenblick verschwindet. RP 3

Menschlicher Ruhm ist nichts. Die Künstler beispielsweise machen ihn einander streitig. Die übrige Welt, die keines ihrer Werke kennt, beschäftigt sich nicht damit. Daher haben sie eine kleine Anzahl von Bewunderern, und in ihrer Verrücktheit geben sie sich damit zufrieden. CS 165

Gott ließ mich bald erfahren, daß der wahre Ruhm jener ist, der ewig dauert, und daß es nicht notwendig ist, glänzende Werke zu schaffen, um ihn zu erlangen, sondern sich zu verbergen und die Tugend in einer Weise zu üben, daß die linke Hand nicht weiß, was die rechte tut (Mt 6,3). MsA, 32r

Ich dachte, ich sei für den Ruhm geboren, und als ich den Weg suchte, dorthin zu kommen, da gab mir Gott jene Gefühle ein, die ich soeben beschrieben habe. Auch ließ er mich verstehen, daß mein Ruhm nicht für sterbliche Augen in Erscheinung treten würde, daß er vielmehr darin bestünde, eine große Heilige zu werden. MsA, 32r

Ich erwarte keinerlei Vergeltung auf Erden. Alles tue ich für Gott. So kann ich nichts verlieren, und immer werde ich sehr gut für die Mühe bezahlt, die ich mir im Dienst am Nächsten gebe. DE 206/9.5.2

Wenn man für Gott arbeitet, sollte man keine Anerkennung seitens der Geschöpfe erwarten. PA 477

Wie gut verstehe ich das Wort unseres Herrn an unsere hl. Mutter Teresa: „Kennst du jene, die mich wirklich lieben? Das sind die, welche erkennen, daß alles, was sich nicht auf mich bezieht, nichts als Lüge ist.“ (...) Ja, alles außer Gott ist Eitelkeit. DE 231/22.6

Allein Gott soll zur Geltung kommen. An meinem kleinen Nichts ist nichts hervorzuheben. DE 311/8.8.1

Gott allein die Ehre. Wir sollten den einzigen Wunsch haben, daß sie ihm zuteil wird, und auch zufrieden sein, wenn dies durch andere als uns geschieht. CS 163

Nichts darf man sich selbst zuschreiben, weder dieses noch jenes für größer halten. Alles muß auf Gott zurückgeführt werden. CS 161

Die Ehre meines Jesus ist der Inbegriff meines Lebens. Was für die meinige getan wird, das überlasse ich ihm. Und wenn er mich zu vergessen scheint, nun, er ist frei. Schließlich gehöre ich nicht mehr mir, sondern ihm.

LT 103/4(?).5.90

Lieber läßt er mich in der Finsternis, als daß er mir ein falsches Licht gäbe, das nicht *er* wäre.

LT 76/7.1.89

Bleiben wir weit weg von allem, was glänzt. Lieben wir unsere Kleinheit. Lieben wir es, nichts zu fühlen. Dann sind wir arm im Geist, und Jesus wird uns abholen, so weit wir auch entfernt sein mögen. Er wird uns in Flammen der Liebe verwandeln. LT 197/17.9.96

Wie kann sich ein an die geschöpfliche Liebe ausgeliefertes Herz tief mit Gott vereinen? … Ich spüre, daß dies nicht möglich ist. Obwohl ich nicht aus dem Giftbecher einer allzu brennenden Liebe zu den Geschöpfen getrunken habe, spüre ich, daß ich mich nicht täuschen kann. Ich habe viele gesehen, die von diesem falschen Licht verführt wurden. Sie stürzten sich wie arme Schmetterlinge hinein und verbrannten sich die Flügel. Dann kehrten sie zum wahren und milden Licht der Liebe zurück, die ihnen neue Flügel schenkte, prächtigere und leichtere, damit sie sich zu Jesus erheben konnten, diesem göttlichen Feuer, „das brennt und doch nicht verzehrt“ (vgl.Ex 3,2). MsA,38r/v

Allein im Himmel will ich geliebt und geschätzt werden … Denn nur dort wird alles vollkommen sein. CS 31

Ich sah, daß nicht „alles, was glänzt, Gold ist“, und verstand das Wort aus der Nachfolge Christi: „Lauft nicht jenem Schatten nach, den man einen großen Namen nennt“ (NC III,24.2). MsA,56r

Ich ziehe es vor, verborgen zu bleiben, als halben Ruhm zu genießen. Allein von Gott erwarte ich das Lob, das ich verdiene. CS 163

In Wirklichkeit bin ich nur das, was Gott von mir denkt. CS 159

3. Die Kunst, sich selbst zu vergessen

Im Karmel hatte die Heilige zwei „Titel“. Sie nannte sich „Theresia vom Kinde Jesus und vom heiligsten Antlitz“. Diese beiden Titel verweisen zunächst auf das „Kleinsein“ oder das „Verborgensein“ Gottes in Jesus. Da Liebe Ähnlichkeit will, strebte Theresia ihrerseits diese beiden Daseinsweisen Gottes in der Welt an. In der Betrachtung des geschändeten und leidenden Antlitzes entdeckte sie das Geheimnis des im Verborgenen leidenden Gottesknechtes, dessen Antlitz durch unsere Schuld völlig entstellt wurde.

Mit der Verborgenheit liebte die Heilige das Vergessenwerden. Bemerkenswert ist, daß sie das Vergessenwerden der Verachtung vorzog. Der Grund leuchtet ein: Wenn man einen anderen verachtet, dann schenkt man ihm noch eine ganze Menge Aufmerksamkeit. Wird man hingegen vergessen, so ist man der Gleichgültigkeit preisgegeben. Es ist, als hätte man in dieser Welt jede Daseinsberechtigung verloren. Wie aber bewältigte die Heilige dieses Vergessenwerden? Dadurch, daß sie sich selbst vergaß. Und sie konnte es, indem sie sich in das Geheimnis der unendlichen Liebe verlor.

Mein ganzes Leben lang hat er dies für mich getan: Er hielt mich völlig unter seinen Flügeln verborgen!

DE 224/7.6.1

Ich habe keine Lust, nach Lourdes zu gehen, um dort Ekstasen zu erleben. Die Eintönigkeit des Opfers ist mir lieber. Welches Glück, so verborgen zu sein, daß niemand an einen denkt! … selbst jenen unbekannt zu sein, mit denen man zusammenlebt. LT 106/10.5.90

Wenn man seine Pflicht erfüllt und sich nie rechtfertigt, nimmt keiner Notiz davon. Im Gegensatz dazu springen die Unzulänglichkeiten ins Auge. MsA,74v

Céline (Sr. Geneviève) schreibt: „Ich äußerte den Wunsch, die Menschen sollten meine Bemühungen honorieren und meine Fortschritte beachten." Theresia entgegnete spontan: „So handeln würde bedeuten, das Huhn nachahmen, das – sobald es ein Ei gelegt hat – alle Passanten darauf aufmerksam macht. Genauso wollen Sie, kaum daß Sie etwas Gutes getan haben oder eine selbstlose Absicht verfolgten, daß alle Welt es erfährt und Sie beachtet." CS 30f

Auch ist es nicht notwendig, daß du die geerntete Frucht deiner Anstrengungen sehen willst. Jesus möchte diese kleinen Nichtigkeiten in seine Obhut nehmen. LT 109/27-29.7.90

Soweit wie möglich verberge ich, was ich tue, und lege es auf der Spielbank Gottes an, ohne mich zu sorgen, ob es mir etwas einbringt oder nicht. CS 31f

Jesus ist ein verborgener Schatz, ein unbezahlbares Gut, das wenige zu finden verstehen, denn es ist verborgen, und die Welt liebt, was glänzt (…) „Um etwas Verborgenes zu finden, muß man sich selbst verbergen" (Johannes vom Kreuz). Unser Leben soll also ein Geheimnis sein. Wir sollen Jesus, dessen Antlitz verborgen war, ähnlich sein ... „Wollt ihr etwas lernen, das euch hilft", sagt die Nachfolge Christi, „dann liebt es, unbekannt zu sein und nichts zu gelten" (NC I,2.3) ... Und anderswo heißt es: „Nachdem man alles verlassen hat, muß man vor allem sich selbst verlassen" (NC XI, 11.4). „Während sich der eine hiermit rühmt und der andere damit, solltet ihr eure Freude einzig in der Verachtung eurer selbst finden" (NC III,49.7). Welchen Frieden schenken dem Herzen diese Worte! LT 145/2.8.93

Geben wir ohne zu zählen. Eines Tages wird er sagen können: „Jetzt ist es an mir!" LT 107/19.-20.5.90

Welch ein Privileg, auf Erden verkannt zu sein! ... Ach, die Gedanken Gottes sind nicht unsere Gedanken.
LT 107/19.-20.5.90

Die Geschöpfe werden meine Anstrengungen nicht zu Gesicht bekommen. Sie werden in meinem Herzen verborgen bleiben. Ich bemühe mich darum, daß man mich vergißt. Von keinem anderen als von Jesus möchte ich gesehen werden ... Was macht es aus, wenn ich als arm und ohne Geist und Talente gelte. LT 176/28.4.95

Unsere Sendung besteht darin, uns zu vergessen, zu nichts zu werden. LT 96/15.10.89

Vergessen wir nicht die Menschen, vergessen wir uns jedoch um ihretwillen. LT 130/23.7.91

Nie sollte man sich selber suchen, worum es sich auch handelt; denn „sobald man sich selbst zu suchen anfängt, hört man auf zu lieben" (NC III,5.7). Am Ende meines Ordenslebens habe ich das glücklichste Leben geführt, das man sich vorstellen kann, da ich nie mich selber suchte. Löst man sich von sich selbst, so empfängt man seinen Lohn bereits auf Erden. Sie fragen mich, wie man zur reinen Liebe gelangt. So, daß Sie sich selbst vergessen und sich in nichts suchen. CS 105f

– Wie sind Sie zu diesem unverwüstlichen Frieden gekommen, der Ihnen zu eigen ist?
– Ich habe mich selbst vergessen und versucht, mich in nichts zu suchen! DE 298/3.8.1

Ich fühlte – kurz gesagt – die Liebe in mein Herz einziehen, das Bedürfnis, mich selbst zu vergessen, um anderen Freude zu machen, und seitdem war ich glücklich! MsA,45v

Gott will, daß ich mich vergesse, um anderen Freude zu machen. LT 165/7.7.94

Seien Sie kein kleines, trauriges Mädchen, wenn Sie sehen, daß man Sie nicht versteht, Sie schlecht beurteilt und Sie vergißt. Überlisten Sie vielmehr alle, indem Sie versuchen, sich wie die anderen zu geben oder besser gesagt, indem Sie mit sich selbst tun, was die anderen mit Ihnen tun, das heißt: Vergessen Sie alles, was nicht Jesus ist, vergessen Sie sich aus Liebe zu ihm! LT 251/-.6.-7.97

Die Verachtung fühlte sich zu meinem Herzen hingezogen. Als ich aber erkannte, daß Verachtung noch zu ruhmvoll ist, begeisterte ich mich dafür, vergessen zu werden. CS 165

Sie sind ein Adler, berufen, in den Höhen zu kreisen und in die Sonne zu schauen. Beten Sie für das kleine, schwache Schilfrohr, das im hintersten Winkel des Tales steht. LT 49/12-20.5.88

Gib, daß ich nie der Gemeinschaft zur Last falle, sondern daß sich niemand um mich kümmert, daß man mich verachtet und vergißt wie ein kleines Sandkorn, das dir gehört, Jesus. MA 315

Ich will stets das kleine Sandkorn sein ... LT 45/27.3.88

Beten Sie darum, daß Ihre kleine Tochter immer ein kleines Sandkorn bleibt, recht unbekannt und verborgen in aller Augen, auf daß allein Jesus es sehen kann und es immer kleiner wird, daß es zu nichts wird. LT 49/12-20.5.88

Daß das Sandkorn immer an seinem Platz ist, das heißt, unter den Füßen aller, daß niemand an es denkt, daß sein Dasein sozusagen unbekannt ist. Das Sandkorn wünscht nicht, gedemütigt zu werden. Das wäre noch zuviel des Guten, da man sich dann mit ihm beschäftigen müßte. Es wünscht nur eines, vergessen zu sein, für nichts gehalten zu werden! Doch wünscht es, von Jesus gesehen zu werden.
LT 95/-.7.-8.89

Wie sehr wünscht es, zu nichts zu werden, für alle unbekannt zu sein. Arm und unbedeutend, wünscht es sich nichts mehr, nichts als das Vergessenwerden ... keine Verachtung, keine Beschimpfung, das wäre für ein Sandkorn zu ehrenvoll. Würde man es verachten, dann müßte man es genau ins Auge fassen. Aber das Vergessenwerden! ... Ja, ich sehne mich danach, vergessen zu werden, und das nicht nur von den Geschöpfen, sondern auch von mir selbst. Ich möchte so sehr zu nichts werden, daß ich keinen Wunsch mehr habe ... LT 103/4(?).5.90

Ich habe begriffen, daß die wahre Größe in der Seele und nicht im Namen liegt, denn Jesaja sagt: „Der Herr wird seinen Erwählten einen anderen Namen geben“ (65,15), und auch der hl. Johannes sagt: „Der Sieger wird einen weißen Stein empfangen, auf dem ein neuer Name steht, den nur kennt, wer ihn empfängt“ (Off 2,17). Im Himmel werden wir also wissen, welches unsere Adelstitel sind. Dann empfängt jeder von Gott das Lob, das er verdient (1 Kor 4,5), und wer auf Erden aus Liebe zu Jesus der Ärmste, der Vergessenste sein wollte, der wird der Erste, der Edelste und Reichste sein! MsA,56r

Ich begriff, was wahrer Ruhm ist. Der, dessen Königreich nicht von dieser Welt ist (vgl.Jo 18,36), zeigte mir, daß die wahre Weisheit darin besteht, „ignoriert sein zu wollen und für ein Nichts gehalten zu werden“ (NC I,2.3) – „seine Freude in der Selbstverachtung zu finden“ (NC III,49.7) ... Ach, ich wollte, daß „mein Antlitz“ wie das Antlitz Jesu „wirklich verborgen sei, daß mich niemand auf Erden erkennt“ (Jes 53,3). MsA,71r

Diese Worte von Jesaja: „Wer hat deinem Wort geglaubt? ... Er ist ohne Glanz, ohne Schönheit ... usw.“ (Jes 53,1f) machen die ganze Tiefe meiner Verehrung des Heiligen Antlitzes aus, oder besser gesagt, die Tiefe meiner ganzen Frömmigkeit. Auch ich verlangte danach, ohne Schönheit zu sein, allein beim Keltertreten (Jes 63,3) und jedermann unbekannt. DE 305/5.8.9

Unser einziges Verlangen ist, unserem anbetungswürdigen Meister ähnlich zu werden. Ihn wollte die Welt nicht anerkennen, weil er sich verleugnete, indem er die Gestalt und das Wesen eines Sklaven annahm (Phil 2,7).
LT 201/1.11.96

Seien Sie nicht verwundert, wenn ich Ihnen nach meinem Tod nicht erscheine und Sie nichts Außergewöhnliches als

Hinweis auf mein (ewiges) Glück sehen werden. Sie werden sich erinnern, daß es zu „meinem kleinen Weg“ gehört, nichts sehen zu wollen. Sie wissen, daß ich Gott, den Engeln und den Heiligen gesagt habe: Es ist nicht mein Wunsch, sie auf Erden zu sehen ... DE 218/4.6.1

Elftes Kapitel

WIE SICH POSITIVES DENKEN AUSWIRKT

Erinnern wir uns zunächst daran, wie positiv Leben und Lehre der hl. Theresia sind. Das hat theologische Hintergründe. Theresia hat ein auffallend positives Gottesbild. Für sie ist Gott der unvergleichliche Vater. Die Eigenart seines Denkens charakterisiert die Heilige in ihrem Schrifttum nicht zuletzt dort, wo von Gottes Gerechtigkeit die Rede ist. Sie besteht vor allem darin, nicht in erster Linie das Negative, sondern das Positive im Leben seiner Kinder zu sehen. Einem so positiv eingestellten Gott kann man sich rückhaltlos anvertrauen. Keine Schuld, und mag sie noch so schwerwiegend sein, braucht einen mutlos oder gar hoffnungslos zu machen.

Diesen Gott entdeckte die Heilige, als sie in der Kraft von Gottes Geist die biblische Verkündigung von allem Beiwerk befreite, das sich im Verlauf der Jahrhunderte um sie herumgelegt hatte. Sie hat „den Schutt auf dem Weg zum Himmel weggeräumt“ und „in unserem Verkehr mit Gott die Mathematik ausgeschaltet.“[67] Damit hat sie Gott für den Menschen wieder anziehend gemacht; denn der über den Menschen so positiv denkende Gott befähigt diesen dadurch zum positiven Denken. Christen, die die Freude an Gott verloren haben, sollten sich fragen, ob ihr Gottesbild wirklich biblische Züge trägt, ob sie an den Gott glauben, den Jesus verkündet hat.

„Therese schöpft also aus der von Jesus selbst gelernten Theologie den unwiderleglichen Grund ihres siegreichen Optimismus.“[68] Durch ihn gelingt es ihr, sich auch mit dem Schweren und Leidvollen anzufreunden, da freundschaftliche Verbindungen nur über das Positive möglich sind.

1. Die positiven Augen

Das positive Gottesbild ist nur eine der Wurzeln, aus denen die positiven Augen der Heiligen erwachsen sind. Die andere ist ihr Leben in der Verborgenheit. Diesen Zusammenhang hat der Psychologe Erik Blumenthal aufgedeckt. Dabei geht er von dem Axiom aus: „Der Mensch ist das, was er behält." Wer also das Schlechte, das er tut, nicht bekennt, sondern verbirgt, der behält es in sich und läßt es in sich arbeiten. So wird er immer negativer und verliert zunehmend die Kraft, in Zukunft Gutes zu tun. Bekenne ich hingegen das Schlechte, so werde ich es los, und es hört auf, in mir sein Unwesen zu treiben.

„Auf der anderen Seite sollen wir unsere guten Werke und Taten, unsere Tugenden und Stärken nicht offenbaren, damit wir durch das dadurch angesammelte ‚Guthaben' innerlich positiv, optimistisch, mutig, lebendig und schöpferisch werden, uns selbst akzeptieren, anderen und uns selbst vertrauen und mehr und mehr glauben können."[69] Es fällt nicht schwer, diese Einsichten im Leben der hl. Theresia festzustellen. Wir wissen um ihr tiefes Schweigen und um ihre Liebe für das verborgene Leben. Bekannt ist aber auch, wie sie sich über jeden freute, der ihr aufrichtig sagte, was ihm an ihr mißfiel.

Ich verstehe es, immer das Mittel zu finden, glücklich zu sein, und aus meinen Nöten Nutzen zu ziehen ... Zweifellos mißfällt dies Jesus nicht, denn er scheint mich auf diesem Weg zu ermutigen. MsA,80r

Immer hatte ich das Große und Schöne geliebt. MsA,46v

Ein Erlebnis vom Campo Santo, den die Heilige mit ihrem Vater und ihrer Schwester Céline (Sr. Geneviève de Sainte-Thérèse) auf dem Weg nach Rom besuchte:

Ein alter Herr (ein Franzose), der offensichtlich keinen poetischen Sinn hatte, sah uns schief an und meinte schlecht gelaunt, wobei er eine Miene machte, als bedauere er, unsere Bewunderung nicht teilen zu können: „Ach, was sind die Franzosen doch für Enthusiasten!" Ich glaube, dieser arme Herr hätte besser daran getan, zu Hause zu bleiben, denn seine Reise schien ihm keine Freude zu bereiten. Oft hielt er sich in unserer Nähe auf, und immer wieder brachte er Beschwerden hervor. Er war mit den Wagen, den Hotels, den Leuten, den Städten, kurzum mit allem unzufrieden. Aufgrund seiner Seelengröße versuchte Papa ihn zu trösten; er bot ihm seinen Platz an, usw... Nun, Papa fühlte sich immer und überall wohl, da seine Wesensart der seines unfreundlichen Nachbarn entgegengesetzt war ... Welch unterschiedliche Menschen haben wir gesehen. Wie interessant ist es, die Welt zu studieren, wenn man bereit ist, sie zu verlassen.
MsA,59r

Während gewisse Familienmitglieder meinen Vater kritisierten, weil er den Hauptaltar der Kathedrale St. Peter zu Lisieux gestiftet hatte – gemessen an seinem Vermögen, so sagte man, ein zu beträchtliches Geschenk, was ein Unrecht an seinen Kindern sei –, freute sich Theresia darüber und meinte: „Nachdem er uns alle Gott geschenkt hat, ist es ganz natürlich, daß er einen Altar stiftet, um uns und sich selbst darauf zu opfern." CS 61

Es ist eine große Prüfung, wenn man alles schwarz sieht. Doch das hängt nicht nur von Ihnen ab. Tun Sie, was in Ihren Kräften liegt. Lösen Sie Ihr Herz von den irdischen Sorgen und vor allem von den Geschöpfen. Dann seien Sie sicher: Jesus tut das Übrige. LT 241/-.6.97(?)

Immer sehe ich die gute Seite der Dinge. Es gibt Leute, die alles von der schwersten Seite nehmen. Bei mir ist das Gegenteil der Fall. Habe ich nichts als schweres Leid, ist der Himmel so düster, daß ich keine helle Stelle sehe, nun gut, dann mache ich mir meine Freude daraus. DE 215/27.5.

Schauen Sie sich dieses kleine Glas an. Man glaubt, es sei mit einem köstlichen Likör gefüllt. In Wirklichkeit nahm ich nie etwas Bittereres zu mir. Nun, das ist das Spiegelbild meines Lebens: In den Augen der anderen erschien es immer in den leuchtendsten Farben. Sie hatten den Eindruck, ich hätte einen auserlesenen Likör getrunken, und doch war es Bitterkeit. Ich spreche von Bitterkeit, obwohl mein Leben nicht bitter war; denn ich verstand es, mir aus aller Bitterkeit eine Freude und einen Trost zu machen.
DEA 215/30.7.5

Ich bin nicht immer treu; aber nie verliere ich den Mut.
LT 143/18.7.93

Ich sollte darüber bekümmert sein, (seit sieben Jahren) während meiner Betrachtungen und Danksagungen einzuschlafen. Nun gut, es bekümmert mich nicht ... Ich denke, daß die kleinen Kinder ihren Eltern im Schlaf genauso gut gefallen, wie wenn sie wach sind! Ich denke auch daran, daß die Ärzte ihre Kranken in den Schlaf schicken, um sie zu operieren. Schließlich denke ich daran, daß „der Herr unsere Gebrechlichkeit sieht und sich daran erinnert, daß wir nur Staub sind“ (Ps 103,14)! MsA,75v/76r

Wie wohltuend ist der Weg der Liebe. Zweifellos kann man schwer fallen. Man kann Treulosigkeiten begehen. Aber die Liebe, die aus allem Nutzen zu ziehen versteht, verzehrt sehr schnell alles, was Jesus mißfallen kann, und hinterläßt nichts als einen demütigen und tiefen Frieden im Abgrund des Herzens. MsA,83r

Der hl. Johannes vom Kreuz sagt: „Die Liebe weiß aus allem Nutzen zu ziehen, aus dem Guten und aus dem Schlechten, das sie in mir findet, und alles in sich hineinzuverwandeln.“ CS 70

Wie oft wurde ich während meiner Danksagungen gestört! Aber ich dachte daran, daß das Volk den Herrn, als er sich in die Einsamkeit zurückzog, verfolgte und er es nicht wegschickte. Ich wollte ihn nachahmen.

DEA 219/30.7.7

Ich spüre: Wenn ich liebevoll bin, dann handelt allein Jesus in mir. Je mehr ich mit ihm eins bin, desto mehr liebe ich alle meine Schwestern. Will ich in mir diese Liebe vergrößern – vor allem wenn der böse Geist mir die Fehler dieser oder jener Schwester, die mir weniger sympathisch ist, vorzuführen sucht –, dann spüre ich schnell ihre guten Seiten auf. Sah ich sie einmal fallen, dann sage ich mir, daß sie durchaus eine große Anzahl von Siegen errungen haben kann, die sie demütig verbirgt, und daß selbst das, was mir fehlerhaft erscheint, aufgrund der inneren Absicht sehr wohl ein Tugendakt sein kann. Ich habe keine Schwierigkeiten, mich davon zu überzeugen, denn eines Tages machte ich eine kleine Erfahrung, die mir den Beweis lieferte, daß man niemals urteilen soll. MsC,12v/13r

Nichts ist wohltuender, als gut über seinen Nächsten zu denken. CS 25

Man sollte die anderen immer liebevoll beurteilen, denn sehr oft ist es so, daß in unseren Augen als Nachlässigkeit erscheint, was in Gottes Augen Heldentum ist. CS 107

Immer will ich wohlwollende Gedanken haben, denn Jesus hat gesagt: „Richtet nicht, und ihr werdet nicht gerichtet!" (Lk 6,37) MsC,13v

Ein strapazierter Mensch, der Migräne oder ein seelisches Leiden hat, tut mehr, wenn er nur die Hälfte seiner Arbeit zustande bringt, als ein anderer, der, an Leib und Seele gesund, sie vollständig ausführt. Daher muß unser Urteil für den Nächsten in jedem Fall günstig ausfallen. Man muß stets das Gute annehmen; man muß immer verzeihen. Und selbst wenn es keinen einzigen gültigen Beweggrund geben sollte, so bleibt doch noch die Möglichkeit, sich zu sagen: „Diese Person hat offensichtlich unrecht, aber sie ist sich dessen nicht bewußt." CS 107

Sie lassen sich so leicht aus der Fassung bringen, weil Sie Ihr Herz nicht im voraus besänftigen. Sind Sie irgendeinem Menschen gegenüber aufgebracht, dann ist das beste Mittel, den (inneren) Frieden wiederzufinden, wenn man für diesen Menschen betet. CS 150

2. Die Fähigkeit zu lächeln

Das Lächeln kann unendlich viele Schattierungen haben. Es gibt das ironische, spöttische, überhebliche, nichtssagende, gleichgültige, gewollte, verkrampfte, aber auch das wohlwollende, stille, einfache, heitere, bescheidene, strahlende, freundliche, zufriedene oder entwaffnende Lächeln. Zum Leben der hl. Theresia gehört das Lächeln so sehr, daß Walter Nigg meint: „An der Frage, wie man das Lächeln im Leben der Therese deutet, entscheidet es sich, wie tief man diese Gestalt verstanden hat."[70]

Ihre Fähigkeit zu lächeln wurde durch die ihr von frühester Kindheit an zulächelnde Umwelt geweckt. Den entscheidenden Einfluß übte jedoch jenes Ereignis aus, durch das sich der Zehnjährigen das Göttliche im heilbringenden Lächeln der Madonna offenbarte. Widerschein dieses göttlichen Lächelns ist von diesem Augenblick an ihr eigenes Lächeln, mit dem sie ihre Mitmenschen bejaht und alles Schwere freundschaftlich annimmt. Dieses ihr eigentümliche Lächeln ist der schlichte Ausdruck ihrer inneren Schönheit, „von der ein russischer Dichter einmal gesagt hat: ‚Schönheit wird die Welt erlösen'."[71]

Meine frühesten Erinnerungen sind vom Lächeln und von Liebenswürdigkeiten geprägt. MsA,4v

Alles lächelte mir auf Erden zu (...) Auch trug meine glückliche Wesensart dazu bei, mir das Leben angenehm zu machen. MsA,12r

Plötzlich erschien mir die hl. Jungfrau schön, so schön, daß ich nie etwas Schöneres gesehen hatte. Ihr Angesicht brachte eine unaussprechliche Güte und Zartheit zum Ausdruck. Was mich aber bis zum Grund meines Herzens durchdrang, das war das „entzückende Lächeln der hl. Jungfrau". Hierauf waren alle meine Leiden verschwunden. MsA,30r

Du kamst, um mir am Morgen meines Lebens zuzulächeln. Hör nicht auf, mir zuzulächeln ... Mutter ... der Abend ist da! PN 54,25

Mein kleines Hilfmittel, (positiv zu denken), besteht darin, immer froh zu sein, immer zu lächeln, gleichgültig, ob ich falle oder einen Sieg davontrage. CS 23

Wenn mich vieles bedrückt, wenn schwierige und unfreundliche Dinge auf mich zukommen, dann mache ich kein betrübtes Gesicht, sondern beantworte alles Schwere mit einem Lächeln. Anfangs gelang es mir nicht immer; doch heutzutage ist es mir zur Gewohnheit geworden, und ich bin sehr froh, sie angenommen zu haben. HA 1953/192

Anstatt mein Gesicht durch den Schmerz verzerren zu lassen, lächle ich. PO 463

Selbst wenn ich nichts von den Vorfällen begreife, lächle ich und danke. Immer erscheine ich vor Gott zufrieden.

Man darf nicht an ihm zweifeln. Dann würde man es an Feingefühl fehlen lassen. Nein, niemals dürfen wir die Vorsehung verwünschen; wir sollten ihr gegenüber stets dankbar sein.

CS 72

Ein Wort, ein liebenswürdiges Lächeln genügen oft, um einen niedergeschlagenen Menschen aufzuheitern.

MsC,28r

3. Humor ist Siegesfreude

Ohne die Kraft positiven Denkens und die Fähigkeit zu lächeln gibt es keinen Humor. Der humorvolle Mensch lebt geradezu von der Entdeckung des Positiven. So wird das Negative relativiert. Die Heiterkeit des Lächelns aber verwandelt es und macht es auf diese Weise annehmbar und erträglich.

Theresia ist eine humorvolle Heilige. „Alles blitzt und platzt beinah von Schalkhaftigkeit und guter Laune."[72] Ihr Humor war zunächst die Frucht ihrer Einfachheit und Einfalt, ihrer inneren Freiheit und Gelassenheit, ihrer Geradlinigkeit und Gläubigkeit. „So wundern wir uns nicht, wenn in ihre ehrfürchtigen Aufblicke zu den ‚großen Heiligen' sich ein schelmischer, ironischer Zug mengt, ein Zug, der sich immer deutlicher ausprägt und der sie, die Kämpferin, wie einen kleinen David mit einer Schleuder, schließlich den offenen Kampf gegen den Goliath, der ‚großen Heiligkeit' aufnehmen läßt."[73]

Hinzu kommen ihre Spontaneität und Originalität, die dafür sorgen, daß man nie im voraus wissen kann, was sie sich wiederum hat einfallen lassen, um eine Situation völlig umzuwandeln. Hinzu kommt ihr Sinn für die „Komik des Lebens". Aufgrund ihrer scharfen Beobachtungsgabe bemerkte sie schnell das Kümmerliche und Beschränkte, das Kleinliche und Eitle, das Erstarrte und Boshafte und verlieh ihm – je nach Situation – einen eher heiteren oder ernsteren Ausdruck.

Marie (ihre Kusine) und ich waren immer der gleichen Meinung. Wir hatten so sehr die gleichen Neigungen, daß einmal unsere Willensgleichheit über die Grenzen ging. Als wir eines Abends von der Abteischule zurückkamen, sagte ich zu Marie: „Führe mich; ich schließe die Augen!" – „Auch ich will sie zumachen," erwiderte sie mir. Gesagt, getan! Ohne zu diskutieren, tat jede ihren Willen ... Wir waren auf dem Bürgersteig und brauchten die Wagen nicht zu fürchten. Nach einem angenehmen Spaziergang von einigen Minuten, in denen wir die Freude genossen zu gehen, ohne etwas zu sehen, fielen die beiden Leichtsinnigen gemeinsam über Kisten, die am Eingang eines Geschäftes aufgestellt waren, oder besser gesagt, sie warfen diese um. Wütend kam der Händler heraus, um seine Waren wieder aufzulesen. Doch die beiden freiwilligen Blinden hatten sie inzwischen selbst aufgesammelt und liefen mit großen Schritten und weit geöffneten Augen davon. MsA,23v

In meinem Bett ... verrichtete ich meine tiefsten Gebete, und im Gegensatz zur Braut des Hohenliedes fand ich dort immer meinen Vielgeliebten. MsA,31r

Wenn man liebt, empfindet man das Bedürfnis, tausend Verrücktheiten zu sagen. MsA,52r

Der 31. Oktober (1887) war der für meine Reise nach Bayeux festgesetzte Tag. Allein mit Papa brach ich auf, das Herz voller Hoffnung, aber auch sehr bewegt bei dem Gedanken, daß ich mich dem Bischof vorstellen sollte. Zum ersten Mal in meinem Leben sollte ich einen Besuch ohne die Begleitung meiner Schwestern antreten, und dieser Besuch galt einem Bischof (...) Wir gingen sofort zu Abbé Révérony, der von unserem Kommen unterrichtet war, da er selbst den Reisetag festgesetzt hatte (...)

Abbé Révérony war sehr liebenswürdig. Doch ich glaube, der Beweggrund unserer Reise erstaunte ihn sehr. Nachdem er mich lächelnd betrachtet und einige Fragen an mich gerichtet hatte, sagte er uns: „Ich will Sie seiner Exzellenz vorstellen. Wollen Sie mir bitte folgen!" Als er in meinen Augen Tränen sah, fügte er hinzu: „Ach, ich sehe Diamanten ... die darf man seiner Exzellenz nicht zeigen! ..." Er führte uns durch mehrere sehr große Zimmer, die mit Portraits von Bischöfen geschmückt waren. In diesen großen Räumen fühlte ich mich wie eine arme, kleine Ameise, und ich fragte mich, was ich dem Bischof zu sagen wagen würde (...) Ich hoffte, Papa würde sprechen. Doch er sagte mir, ich sollte selbst dem Bischof den Zweck unseres Besuches erläutern. Ich tat es auf die beredsamste Weise. Doch seine Hoheit, an Beredsamkeit gewöhnt, schien von meinen Gründen nicht sehr berührt zu sein (...)

Der Bischof fragte mich, ob ich schon lange den Wunsch hätte, in den Karmel einzutreten. „Oh ja, gnädiger Herr, schon sehr lange ..." „Nun gut," erwiderte Abbé Révérony lächelnd, „Sie werden nicht behaupten können, daß Sie diesen Wunsch schon seit fünfzehn Jahren haben." „Das ist wahr," antwortete ich, wobei auch ich lächelte, „aber man kann nicht viele Jahre wegstreichen." (...) Doch alles war umsonst (...) Daher zeigte ich ohne Rücksicht auf die Ermahnung von Abbé Révérony dem Bischof nicht nur Diamanten, sondern ich g a b ihm d a v o n (...) Ich sah ein, daß es sinnlos war, neue Bitten vorzubringen. Außerdem hatte ich nichts mehr zu sagen, da ich alle Quellen meiner Beredsamkeit erschöpft hatte.

Der Bischof begleitete uns bis zum Garten. Papa machte ihm viel Spaß, als er ihm sagte, ich hätte mir die Haare hochgesteckt, um älter auszusehen. (Diese Bemerkung war nicht umsonst, denn der Bischof sprach nicht von „seiner kleiner Tochter", ohne die Geschichte mit den Haaren zu erzählen ...). MsA,53v/55r

Céline (Sr. Geneviève de Sainte-Thérèse) erzählt: Die Weihnachtsnacht 1887, in der Theresia hoffte, in den Karmel einzutreten, war für sie eine außerordentliche Prüfung. Da sie sich nach all ihren Maßnahmen noch immer in der „Welt" sah, war sie seelisch am Ende.

„Nun gut!" sagte sie mir später. „Glauben Sie mir: trotz dieses Ozeans von Bitterkeit, in den ich getaucht war, hatte ich noch Lust, meinen schönen blauen Hut, der mit einer großen weißen Taube geschmückt war, auszuprobieren! Wie seltsam sind doch die Launen der Natur!" CS 24

Unsere hl. Mutter Teresa sagte unserem Herrn mit einem Lächeln diese so wahren Worte: „Mein Gott, mich wundert nicht, daß du so wenige Freunde hast. Du behandelst sie so schlecht." LT 155/29.12.93

Einzig dein Herz wird diesen Brief lesen können, denn ich selbst habe Mühe, ihn zu entziffern. Ich habe nämlich keine Tinte mehr. Daher mußte ich in unser Tintenfaß spucken, um es aufzufüllen ... Ist das nicht zum Lachen!
LT 142/6.7.93

Verzeihen Sie mir meinen zusammenhanglosen Brief und meine Katzenschrift ... Schauen Sie nur auf das Herz.
LT 155/29.12.93

Wenn ich schrieb, so waren meine Katzenschrift und meine Rechtschreibung, die keineswegs die gewohnte war, nicht geschaffen, um einen zu faszinieren. MsA,37v

Theresia ist augenblicklich nicht auf der Höhe. Aber Jesus lehrt sie, „aus allem Guten und Schlechten, das sie in sich vorfindet, Nutzen zu ziehen". Er lehrt sie, auf der Spielbank der Liebe zu spielen, oder besser gesagt: er spielt für sie, ohne ihr zu sagen, wie er es macht; denn das ist seine Sache, und nicht die von Theresia. Ihr ist aufgegeben, sich zu überlassen, sich völlig herzugeben, ohne etwas zurückzubehalten, selbst nicht die Freude zu erfahren, wieviel die Spielbank ihr einbringt. LT 142/6.7.93

Ich spiele auf der Spielbank der Liebe ... Ich spiele ein gewagtes Spiel. Wenn ich es verliere, werde ich es schon merken. Um Spekulationen kümmere ich mich nicht. Das besorgt Jesus für mich. Ich weiß nicht, ob ich reich oder arm bin. Später werde ich es schon sehen. CS 71

Wäre ich allein, dann könnte ich sehr wenig oder absolut nichts tun. Was mich tröstet, ist der Gedanke, daß ich an Ihrer Seite zu etwas nützlich sein kann. Tatsächlich hat die Null für sich allein keinen Wert. Doch in Verbindung mit der Eins wird sie mächtig, vorausgesetzt jedoch, daß sie sich auf die richtige Seite stellt: hinter die Eins und nicht davor! LT 226/9.5.97

Ich bin ein kleiner Pinsel, den Jesus gewählt hat, um sein Bild in den Herzen zu malen. MsC,20r

Gott allein muß uns genügen, wenn es ihm gefällt, den Ast, der den kleinen Vogel trug, wegzuziehen! Der Vogel hat Flügel; er ist zum Fliegen geschaffen! LT 250/-.7(?).97

Ich bin wie ein Buchfink, es sei denn, ich habe Fieber. Glücklicherweise befällt es mich gewöhnlich nur abends, in der Zeit also, da die Buchfinken schlafen und den Kopf unter die Flügel stecken. Ich wäre nicht so heiter, wie ich bin, würde Gott mir nicht zeigen, daß die einzige Freude in dieser Welt darin besteht, seinen Willen zu erfüllen.
LT 255/16.7.97

Ich bin sehr zufrieden, Gott um nichts gebeten zu haben. Daher ist er gezwungen, mir Mut zu geben. DE 342/26.8.2

Die anderen werden sich im Himmel mit ihren Bußwerkzeugen vorstellen und ich mit einer Heizplatte (...) Aber allein die Liebe und der Gehorsam zählen ... CS 64

Ich bin wie dieser arme Reisende „semivivo", halb tot, halb lebendig. DE 348/29.8.1

Meine Grabstätte bedeutet mir wenig. Wo immer sie sein mag, was macht es aus. Viele Missionare sind im Magen von Menschenfressern begraben, und die Martyrer haben als Friedhof den Leib von wilden Tieren. CS 179

Gerade im Hinblick auf meinen nahen Tod hat mich eine Schwester für den Namenstag unserer Mutter fotografiert. Die Novizinnen schrien vor Lachen, als sie sahen, daß ich mein ernstes Gesicht aufgesetzt hatte. Scheinbar mache ich sonst ein freundlicheres Gesicht. LT 258/18.7.97

Wenn ich an das Wort Gottes denke: „Ich trage meinen Lohn mit mir, um jedem nach seinen Werken zu vergelten" (Apg 22,12), dann sage ich mir, daß er bei mir in eine schöne Verlegenheit geraten wird: Ich habe keine Werke. Er wird mir also nicht „nach meinen Werken" vergelten können ... Nun gut! Dann wird er mir eben „nach seinen Werken" vergelten. DE 206/15.5.1

Im Himmel muß mir Gott immer meinen Willen erfüllen, weil ich auf Erden nie meinen Willen haben wollte. DE 256/13.7.2

Ich brauche keine Vorbereitungen zu treffen. Jesus wird

alle Reisekosten und den Eintrittspreis zum Himmel selbst bezahlen müssen. LT 191/12.7.96

Lebt wohl, meine Schwestern. Ich breche auf für eine weite Reise. DE 317/12.8.1

Ich bin jetzt völlig bereit, abzureisen. Ich habe meinen Paß für den Himmel bekommen. LT 263/10.8.97

4. Die Freude wächst mit der inneren Weite

In dem Brief, den Albino Luciani, der spätere Papst Johannes Paul I., an die Adresse der hl. Theresia gerichtet hat, heißt es: „Die Freude gehört zum Wesen des Evangeliums, das ja die ‚Frohe Botschaft‘ ist. Sie ist auch ein Merkmal der großen Heiligen. ‚Ein Heiliger, der traurig ist,‘ sagt Teresa von Ávila, ‚ist ein trauriger Heiliger.‘ Und Dominikus Savio: ‚Hier bei uns wird man mit Fröhlichkeit heilig!‘“[74]

Die Freude und das Glück, wovon Theresia immer wieder spricht, vermitteln sich wie von selbst demjenigen, der den „kleinen Weg“ geht. Er wird sich bewußt, daß die wirkliche Freude und das echte Glück nicht in den äußeren Dingen liegen können. Was diese geben, ist genauso flüchtig wie sie selbst. Freude und Glück liegen vielmehr drinnen, das heißt, im Verborgenen, in der geistigen Einstellung, in der inneren Gesinnung. Die gute Gesinnung führt über die eigenen engen Grenzen hinaus in die Weite. Mit der inneren Weite aber wächst die Freude.

Weil das Leiden, wenn es freundlich aufgenommen wird, vom Irdischen löst und den Leidenden Gott näher bringt, liebte Theresia das Leiden als die tiefste Quelle der Freude und des Glücks. Immer aber ist es die Erfüllung von Gottes Willen, die uns die Weite der Unendlichkeit erschließt und uns in ihr eine Freude erleben läßt, die nicht mehr von dieser Welt ist.

Allein in Gott ist Ruhe. Und die wahre Freude, die niemals müde macht, ist jene, die man aus der Geringschätzung seiner selbst schöpft. CS 24

Ich füge mich jetzt darein, mich immer unvollkommen zu sehen, und darin finde ich meine Freude. MsA,74r

Ich empfinde eine sehr lebhafte Freude nicht nur, wenn man mich für unvollkommen hält, sondern vor allem, wenn ich mich selbst so fühle. Das übersteigt alle Komplimente, die mich langweilen. DE 298/2.8.6

Ich kann mir nicht erklären, wie etwas, das der Natur so widerspricht, eine so große Freude verursachen kann. Hätte ich es nicht selbst erlebt, ich könnte es nicht glauben. MsC,27r

Je demütiger Sie sind, um so glücklicher werden Sie sein. DE 619/3.19; CS 25

Sich selbst für unvollkommen halten, die anderen hingegen vollkommen finden, das ist das Glück. CS 25

Meine Freude besteht darin, klein zu bleiben. PN 45,4

Als ich den Beichtstuhl verließ, war ich so zufrieden und erleichtert, daß ich nie zuvor eine so große Freude in mir spürte. Seitdem ging ich zu allen großen Festen zur Beichte, und jedesmal, wenn ich hinging, war es ein wirkliches Fest für mich. MsA,16v/17r

Es ist wahr: manchmal wird das Herz des kleinen Vogels vom Sturm bedrängt. Dann scheint ihm, er glaube nicht, daß es noch etwas anderes als die Wolken gibt, die ihn einhüllen. Das ist dann für das arme, kleine, schwache Wesen der Augenblick der vollkommenen Freude. Welches Glück für ihn, selbst dann noch dort zu bleiben, um das unsichtbare Licht, das sich seinem Glauben entzieht, fest im Auge zu behalten. MsB,5r

Es ist notwendig, sich auf nichts zu stützen (...) Das Nichts – das ist die Wahrheit – besteht darin, weder einen Wunsch noch irgendeine Hoffnung auf Freude zu haben. Wie glücklich ist man dann. CS 29

Wenn immer ich kann, tue ich mein Bestes, um froh zu sein, damit ich Freude machen kann. DE 358/6.9.2

Keine Verdienste! Allein Freude machen. DE 643/11.8

Wenn ich an diesem Tag viel zu schreiben habe, dann stelle ich mich, um innerlich frei zu bleiben, geistig darauf ein, daß man mich stören wird. Ich sage mir: „Diese freie Stunde widme ich der Störung. Ich bin mit ihr einverstanden. Ich rechne mit ihr, und wenn ich in Ruhe gelassen werde, danke ich Gott dafür wie für eine Gnade, mit der ich nicht gerechnet habe. Daher bin ich immer glücklich.“ CS 104

Theresia wurde gefragt: Wie bringen Sie es fertig, die Tugend so zu praktizieren, daß Sie stets fröhlich, ruhig und die gleiche sind? Sie antwortete:

Nicht immer habe ich so gehandelt. Doch seitdem ich mich nicht mehr selbst suche, führe ich das glücklichste Leben, das man sich denken kann. HA 1906,263

Gott will, daß ich mich selbst vergesse, um (anderen) Freude zu machen. LT 165/7.7.94

Ich fühlte die Liebe in mein Herz einziehen, daß Bedürfnis,

mich selbst zu vergessen, um anderen Freude zu machen, und von diesem Augenblick an war ich glücklich! MsA,45v

Durch Erfahrung habe ich erkannt, daß das Glück einzig darin besteht, sich selbst zu verbergen. MsA,81v

Oh, wie reich sind Sie! Sie können nicht glücklich sein.
HA 1953,232

Reichtum schafft noch kein Glück ... Sehr deutlich habe ich erfahren, daß sich die Freude nicht in den Dingen findet, die uns umgeben. Sie findet sich im Innersten der Seele. Man kann sie genauso gut in einem Gefängnis wie in einem Palast besitzen. Der Beweis dafür ist, daß ich im Karmel, selbst inmitten der inneren und äußeren Prüfungen, glücklicher bin als in der Welt, wo ich von den Annehmlichkeiten des Lebens und vor allem von den Freuden des väterlichen Hauses umgeben war! MsA, 65r

Es gibt auf Erden Menschen,
die vergeblich das Glück suchen.
Doch für mich gilt das Gegenteil;
die Freude liegt in meinem Herzen. PN 45,1

In der Tiefe meiner Seele sind Freude und Begeisterung.
DE 320/15.8.1

Das Glück besteht für uns darin, von den Dingen der Seele zu sprechen, unsere Herzen in die Unendlichkeit einzutauchen! LT 151/5.11.93

Alle großen Wahrheiten der Religion, die Geheimnisse der Ewigkeit tauchten meine Seele in ein Glück, das nicht von dieser Welt war ... Ich erahnte bereits, was Gott denen vorbehält, die ihn lieben (...), und da ich sah, daß der ewige Lohn in keinem Verhältnis zu den unbedeutenden Opfern des Lebens steht, wollte ich lieben, wollte ich Jesus leidenschaftlich lieben, ihm tausend Zeichen der Liebe geben, solange ich es konnte. MsA, 47v

Auf Erden finde ich nichts, was mich glücklich macht. Mein Herz ist zu groß. Nichts von dem, was man in dieser Welt Glück nennt, kann es zufriedenstellen. Mein Denken erhebt sich zur Ewigkeit; die Zeit geht dem Ende entgegen! ... Mein Herz ist still wie ein ruhiger See oder ein heiterer Himmel. Ich sehne mich nicht nach dem Leben in dieser Welt. Mein Herz hat Durst nach den Wassern des ewigen Lebens. LT 245/-.6.97

Warum das Glück auf der Erde suchen? Ich gestehe Ihnen, daß mein Herz einen brennenden Durst danach hat. Aber dieses arme Herz sieht genau, daß kein Geschöpf imstande ist, seinen Durst zu löschen. Im Gegenteil! Je mehr es aus dieser reizvollen Quelle trinkt, um so brennender wird sein Durst! ... Ich kenne eine andere Quelle. Es ist jene, an der man noch Durst hat, nachdem man getrunken hat. Aber es ist kein gieriger, sondern vielmehr ein überaus angenehmer Durst; denn er hat etwas, das zufriedenstellt. Diese Quelle ist das Leiden, das Jesus allein bekannt ist! LT 75/6.(7.)1.89

Ich begreife noch nicht die Freude, die im Opfer liegt. MsA,25v

Es gibt keine Freude ohne Leid. LT 18b/11.2.86

Für uns werden die Freuden immer mit Leid vermischt sein. LT 114/3.9.90

Immer wird es auf Erden irgendeine kleine Wolke geben,

da das Leben nun einmal nicht ohne sie vorübergehen kann. Erst im Himmel wird die Freude vollkommen sein.
LT 131/17.10.91

Meine Freude besteht darin, das Leiden zu lieben. PN 45,2

Nichts gibt mir so viele „kleine“ Freuden, wie die „kleinen“ Leiden … DE 210/19.5

Ich habe das Glück und die Freude auf Erden gefunden, aber einzig im Leiden. DE 294/31.7.13

Liebend leiden, das ist das reinste Glück. DEA 131/11.7.4

Manchmal frage ich mich, wie es mir möglich sein wird, glücklich zu sein, ohne zu leiden. LT 258/18.7.97

Die Freude, die die Weltleute mitten in den Vergnügungen suchen, ist nur ein flüchtiger Schatten. Unsere Freude hingegen, in Mühen und Leiden gesucht und gekostet, ist eine sehr wohltuende Realität, ein Vorgeschmack des himmlischen Glücks. LT 221/19.3.97

Für den Genuß von tausend Jahren weltlicher Feste hätte ich nicht die zehn Minuten hergegeben, die ich damit verbrachte, meinen bescheidenen Liebesdienst zu erfüllen … Wenn man im Leiden, mitten im Kampf, beim Gedanken, daß Gott uns aus der Welt herausgeführt hat, einen Augenblick des Glücks genießen kann, der alles irdische Glück übersteigt, was wird es dann erst im Himmel sein, wenn wir inmitten einer ewigen Freude und Ruhe die unvergleichliche Gnade sehen werden, die der Herr uns geschenkt hat, indem er uns erwählte, in seinem Haus zu wohnen, dem Vorhof der Himmel. MsC,30r

Die großen Heiligen haben für die Ehre Gottes gearbeitet.

Ich hingegen, die ich nur eine ganz kleine Seele bin, arbeite allein ihm zur Freude. DEA 167/16.7.4

Vernachlässigen wir nichts, was ihm Freude machen könnte. LT 89/26.4.89

Würde selbst Gott – was unmöglich ist – meine guten Werke nicht sehen, so wäre ich keineswegs verstimmt. Ich liebe ihn so sehr, daß ich ihm Freude machen will, selbst wenn er nicht wüßte, daß sie von mir kommt. Weiß und sieht er es, so ist er gleichsam verpflichtet, „mir es zu vergelten". Diese Mühe möchte ich ihm ersparen.
DE 206/9.5.3

Was können mir der Tod oder das Leben antun?
Mein einziges Glück ist meine Liebe zu dir! PN 45,7

Ich wäre nicht so heiter, wie ich bin, hätte mir Gott nicht gezeigt, daß die einzige Freude auf Erden darin besteht, seinen Willen zu erfüllen. LT 255/16.7.97

Dein heiliger Wille
ist meine Ruhe, mein einziges Glück. PN 24,32

Das Wort Jesu bewahren, das ist die einzige Bedingung für unser Glück, der Beweis unserer Liebe zu ihm. Aber um welches Wort geht es hier? Mir scheint, das Wort Jesu ist er selbst … LT 165/7.7.94

Jesus wird uns die Freude zurückgeben, die er uns für einen Augenblick genommen hat. LT 130/23.7.91

Das Leben ist nur ein Traum. Bald werden wir erwachen. Und welche Freude dann … LT 82/28.2.89

5. Der Friede liegt in der Tiefe

Die Selbstvergessenheit ist die Voraussetzung nicht nur für die wahre Freude, sondern auch für den echten Frieden. Das Ich, das sich selbstsüchtig sucht, vagabundiert unaufhörlich allerorts umher, um Frieden zu finden, und kommt doch nicht zur Ruhe. Das war die traurige Erfahrung von Augustinus, die ihn schließlich bekennen ließ: „Unruhig ist unser Herz, bis es ruht in dir!"

Die Ruhe und der Friede liegen also im Geheimnis der ewigen Liebe, und wir kommen nur durch die Selbstvergessenheit dorthin. Wie gelangt man zur Selbstvergessenheit? Durch die Hingabe an den Willen Gottes, der unsere Armut in seinen Reichtum aufnehmen will. Wo das geschieht, da verliert sich die innere Unruhe des Menschen; denn er hat, was er suchte.

Um diesen Frieden anschaubar zu machen, gebraucht Theresia das Bild vom Ozean. Sie spricht vom „Ozean des Friedens". In diesem tiefen Frieden möchte sie für immer ausruhen. Friede liegt immer in der Tiefe. Wie die Freude mit der Weite wächst, so der Friede mit der Tiefe. Theresia spricht in diesem Zusammenhang auch vom „Leuchtturm". Angesichts des Leuchtturms verliert sich alle Angst vor dem Untergang des eigenen Ich. Man weiß sich am Ziel; man weiß sich daheim.

Ich bemühe mich, zufrieden auszusehen, und vor allem es zu sein. MsC,17v

Als man sie fragte: „Wie sind Sie zu diesem unverwüstlichen Frieden, der Ihnen zu eigen ist, gekommen?", antwortete sie: „Ich habe mich selbst vergessen und versucht, mich in nichts zu suchen." DE 298/3.8.1

Ich folgte meiner Eingebung, und Gott belohnte mich dafür mit einem großen inneren Frieden. DE 308/6.8.7

Dienen Sie Gott mit Friede und Freude. Erinnern Sie sich daran, daß unser Gott der Gott des Friedens ist. MsA,78r

Mein Herz ist vom Willen Gottes durchdrungen, auch wenn etwas daneben geht. Das dringt nicht in das Innere ein. Es ist ein Nichts, das leicht abgleitet, wie Öl, das sich nicht mit Wasser vermischen läßt. Im Grunde bleibe ich immer in einem tiefen Frieden, den nichts zu stören vermag. DE 263/14.7.9

Ich bin sehr weit davon entfernt zu praktizieren, was ich erkenne; aber schon der bloße Wunsch danach gibt mir Frieden. MsC,17r

Leiden wir in Frieden! ... Ich gestehe, mir erschien dieses Wort vom Frieden etwas stark. Als ich aber neulich darüber nachdachte, fand ich das Geheimnis, in Frieden zu leiden ... Wer von „Frieden" spricht, spricht nicht von der „Freude", zumindest nicht von der spürbaren Freude ... Um in Frieden zu leiden, genügt es, gern alles zu wollen, was Jesus will. LT 87/4.4.89

Gott wollte, daß ich mein Opfer bringe. Ich tat es. Daraufhin habe ich (...) mitten im Schmerz die Ruhe erfahren. LT 167/18.7.94

Trotz ihrer Finsternis befindet sich meine Seele in einem erstaunlichen Frieden. DE 374/24.9.10

Meine Seele war in Bitterkeit getaucht, aber auch in Frieden; denn ich suchte nur den Willen Gottes. MsA,55v

Auf nichts kann ich mich stützen, um Vertrauen zu haben, auf keines meiner Werke ... Diese Armut war für mich ein wahres Licht, eine wirkliche Gnade (...) Man empfindet einen so großen Frieden, wenn man absolut arm ist und sich nur noch auf Gott verläßt. DE 306f/6.8.4

Er schenkt mir in dieser Welt einen Ozean des Friedens. In diesem tiefen Frieden ruhe ich für immer aus. PN 52,6

Mögen die irdischen Dinge nie mein Herz beunruhigen und nichts meinen Frieden stören. MA 315

Ich ziehe die Heiligen vor, die durch ihre Hingabe an Gott alle Unruhe überwunden haben. DEA 91/30.6.1

O glückliches Schweigen, das meiner Seele so viel Frieden gibt. DE 201/6.4.1

Sie dürfen kein Friedensrichter sein. Gott allein hat das Recht dazu. Ihr Auftrag besteht darin, ein Friedensengel zu sein! CS 106

Endlich habe ich meine Berufung gefunden. Meine Berufung ist die Liebe! (...) Warum soll ich von einer übermäßigen Freude sprechen? Dieser Ausdruck paßt nicht. Es ist vielmehr der ruhige und heitere Friede des Seefahrers, wenn er den Leuchtturm bemerkt, der ihn zum Hafen führen soll. MsB,3v

Zwölftes Kapitel

DIE ERFAHRUNG DER VERGÄNGLICHKEIT

Unser Dasein mit den dauernd wechselnden Situationen weckt in uns zwangsläufig eine Unzahl von Fragen. So ist es bei uns; so war es bei Theresia. Die Frage, die sich ihr immer wieder stellte, lautete: „Was ist das Leben?" Wenn sie einen erlebnisreichen Sonntag verbringen konnte, wenn die Ferien zu Ende gingen, wenn der letzte Tag eines Jahres gekommen war, in den Stunden, da ein ihr liebgewordener Mensch sie verließ, dann stellte sich ihr diese Frage nach dem Sinn des menschlichen Lebens.

Die Antworten, die sie gibt, sind für uns deshalb unmittelbar nachvollziehbar, weil sie intuitiv zur Sprache bringen, was bewußt oder unbewußt in jedem Menschen gegenwärtig ist: Das Leben kann bei aller Heiterkeit und Schönheit nie zur endgültigen Heimat werden, weil es seinem Wesen nach eine fortwährende Trennung ist. Das wird uns vor allem im Augenblick des Abschieds bewußt. Erst beim Abschied zeigt das Leben seine tiefere, leidvolle Wirklichkeit.

Noch tiefer als diese schmerzhafte Erfahrung reicht allerdings das untrügliche und trostreiche Gespür, das sich im Abgrund unseres Herzens anmeldet, dem zufolge es einmal einen ewigen Tag geben wird. Dieses Gespür, bestätigt durch die Verkündigung Jesu, läßt uns das Leben als eine Durchgangsphase verstehen: Wir sind unterwegs zu ewigen Ufern, und Jesus ist mit uns im Boot, selbst wenn wir ihn nicht sehen und meinen, er sei weit von uns entfernt.

Vor allem für Theresia gilt, was Hans Urs von Balthasar allen Heiligen zuschreibt: „Ausgeheimatet aus der Welt, noch nicht eingeheimatet im Himmel, und von dieser Erhöhung aus predigen sie der Welt wie von einer Kanzel durch ihr ganzes Leben den Himmel."[75]

1. Feste sind Tage des Himmels

In jedem Menschen gibt es ein starkes Verlangen nach Festen. Dabei fällt auf, daß die meisten Feste religiösen Ursprungs sind. Das ist kein Zufall. Allein durch die Religion erschließt sich dem Menschen seine göttliche Herkunft und seine göttliche Bestimmung. „Was der Mensch in allen Formen des Festes sucht, wünscht, hofft: Beständigkeit seines Lebens, Fülle und Sinnerfüllung, Übereinstimmung mit sich selbst, Freude und Friede, all das ist entweder Illusion (dann ist jedes Fest ein Betrug) oder als göttliche Botschaft Wirklichkeit“ (H.Engel).

So bringt jedes Fest ein Zweifaches zum Ausdruck: einmal die Sehnsucht des Menschen nach Lebensgütern, die er sich selbst nicht vermitteln kann; dann aber die Verheißung des liebenden Gottes, daß alle menschliche Sehnsucht in Erfüllung gehen wird. Daher ist jedes Fest eine Offenbarung des ewigen Festes und ein Lobpreis der versammelten Gemeinde. Das läßt uns verstehen, warum Theresia jeden Festtag als einen Tag des Himmels erlebte. Sie erlebte ihn so intensiv, daß es ihr schwerfiel, den Weg in den grauen Alltag zurückzufinden. Kontaktnahme mit der Ewigkeit, das war für sie ein Fest. Alles, was ihr eine solche Kontaktnahme ermöglichte, sei es eine gute Beichte, eine schwere Prüfung oder gar der Tod, war für sie gleichsam ein Bote, der sie abholte zum Fest.

Die Feste! ... Welche Erinnerungen ruft dieses Wort ins Gedächtnis zurück! ... Ich liebte die Feste sehr! ... Sie, geliebte Mutter, verstanden es so gut, mir alle Geheimnisse zu erklären, die hinter einem jeden von ihnen verborgen sind, so daß diese für mich wirklich Tage des Himmels waren (...)

Die Feste! Wenn auch die großen selten waren, so brachte doch jede Woche eines, das meinem Herzen sehr teuer war: den Sonntag! Welch ein Tag war doch dieser Sonntag! ... Er war das Fest Gottes, das Fest der Ruhe (...) Dieser fröhliche Tag, der so schnell verging, hatte jedoch einen Anflug von Melancholie. Ich erinnere mich, daß mein Glück bis zur Komplet ungetrübt war. Während dieses Gottesdienstes dachte ich daran, daß der Ruhetag seinem Ende entgegenging ..., daß man am folgenden Morgen das Alltagsleben wieder antreten muß, daß man arbeiten und Aufgaben machen muß, und mein Herz spürte die Verbannung auf Erden ... Ich sehnte mich nach der ewigen Ruhe des Himmels, nach dem Sonntag ohne Ende in der Heimat! MsA,17r/v

Als ich den Beichtstuhl verließ, war ich so zufrieden und erleichtert, daß ich nie zuvor eine so große Freude in mir spürte. Seitdem ging ich zu allen großen Festen zur Beichte, und jedesmal, wenn ich hinging, war es ein wirkliches Fest für mich. MsA,16v/17r

Wissen Sie, welche Tage für mich Sonntage und Festtage sind! Das sind die Tage, an denen ich mehr als sonst geprüft werde. CS 155

Für den Genuß von tausend Jahren weltlicher Feste hätte ich nicht die zehn Minuten hergegeben, die ich damit verbrachte, meinen bescheidenen Liebesdienst zu erfüllen ... MsC,30r

Als man ihr gegenüber die Meinung äußerte: „Vielleicht werden Sie an einem Festtag sterben?" antwortete sie: „Ich brauche keinen Festtag, um zu sterben. Mein Todestag wird für mich der allergrößte Festtag sein!" CS 166

2. Man irrt sich, wenn man etwas Leben nennt, was enden muß

Den Träumen der Jugend folgt die Realität des Lebens. Von welchem Standpunkt aus läßt sich aber die „Realität des Lebens" feststellen? Theresia antwortet: Das ist nur von der vorausgeahnten Ewigkeit her möglich. Die Ewigkeit erahnend, erkannte sie die Relativität, das heißt, die Vergänglichkeit des Lebens, der Welt. Aus diesem Grund kann nichts Irdisches dem Menschen fester Halt sein. Allein Jesus gibt ihm Halt und Festigkeit; denn er allein ist, alles andere ist nicht.

Die Vorausahnung des Ewigen läßt die Welt zugleich als einen Ort der Verbannung in Erscheinung treten. Aus ihr will Jesus sein Volk herausführen wie Mose die Israeliten aus der ägyptischen Gefangenschaft. Durch Jesus sind wir auf dem Weg zur ewigen Heimat, auf dem wir „alles Vergängliche gegen alles Unvergängliche eintauschen." [76] Je mehr wir uns dem Ziel nähern, um so mehr gewinnen wir den Eindruck, das ganze Leben sei nichts als ein kurzer Augenblick, ein Traum. Die Kürze des Lebens und die unendliche Dauer der Ewigkeit befähigen uns, alle Strapazen des Weges zu ertragen.

Zwanzig Jahre! Ein Alter voller Illusion. LT 89/26.4.89

Der Sommer war dem Frühling gefolgt; den Träumen der Jugend die Realität des Lebens … LT 137/19.10.92

In einem Augenblick verstand ich, was das Leben war. Bis dahin hatte ich es nicht so finster gesehen. Aber es erschien mir in seiner ganzen Wirklichkeit. Ich sah, daß es nur Leid und fortwährende Trennung war. MsA,25v

Gott verwöhnt uns. Aber du stellst dir nicht vor, was es bedeutet, von einem Menschen, den man liebt, getrennt zu sein. LT 21/2.10.86

Das Leben ist voller Opfer. Das stimmt! Doch welches Glück. Ist es nicht besser, daß unser Leben, das „eine in einer schlechten Herberge verbrachte Nacht" ist (hl. Teresa von Ávila), in einer völlig schlechten Herberge vorübergeht als in einer, die nur in einem mittelmäßigen Zustand ist … LT 49/12.-20.5.88

Das Leben geht vorüber … Die Ewigkeit nähert sich mit großen Schritten (…) Bald werden wir mit einem Blick erfassen können, was im Innersten unseres Wesen vor sich geht. LT 85/12.3.89

Die Gestalt dieser Welt vergeht … Bald werden wir neue Himmel schauen. Eine strahlendere Sonne wird in ihrem Glanz himmlische Meere, unendliche Horizonte aufleuchten lassen … Die Unermeßlichkeit wird unser Eigentum sein … Wir werden nicht mehr die Gefangenen dieser Welt der Verbannung sein … Alles wird vergangen sein! (…) Die Unendlichkeit hat weder Grenzen, noch einen Grund, noch ein Ufer. LT 85/12.3.89

Die Gestalt dieser Welt vergeht; die Schatten lösen sich auf. Bald werden wir in unserer Heimat sein.

LT 130/23.7.91

Das Leben ist ein Exil, das Exil auf Erden; vor allem in den Stunden, wo alles uns zu verlassen scheint ... Aber gerade dann ist es wertvoll; gerade dann leuchten auf die Tage des Heiles. LT 129/8.7.91

Zuweilen fühle ich mich allein, sehr allein. Wie damals in den Tagen meines Lebens als Pensionsschülerin, als ich traurig und krank im großen Hof auf- und abging, wiederholte ich diese Worte, die meinem Herzen immer wieder neu Frieden und Kraft gaben: „Das Leben ist ein Schiff, doch deine Heimat ist es nicht..." Als ich noch ganz klein war, da gaben mir diese Worte Mut. Trotz der Jahre, die so viele Eindrücke kindlicher Frömmigkeit auslöschen, erfreut mich noch heute das Bild vom Schiff und hilft mir, die Verbannung zu ertragen ... Sagt nicht auch die Weisheit: „Das Leben ist wie das Schiff, das die stürmischen Wogen durchzieht und keine Spur seiner schnellen Durchfahrt hinterläßt ..." (Weish 5,10)? Überdenke ich diese Dinge, dann verliert sich meine Seele ins Unendliche. Ich habe den Eindruck, als berührte ich bereits das ewige Ufer. MsA,41r

Wie wohltuend ist der Gedanke, daß wir unterwegs sind zum ewigen Ufer! LT 173/-.1.95

Mein kleiner Nachen hat große Mühe, den Hafen zu erreichen. Seit langem suchte ich das Ufer und bin von ihm immer noch weit entfernt. Doch Jesus steuert mein kleines Schiff, und ich bin sicher, daß er es den Hafen an dem Tag glücklich anlaufen lassen kann, da er es will.

LT 43B/18(?).5.88

Wie wenig habe ich gelebt. Das Leben erschien mir immer sehr kurz. Ich habe den Eindruck, als seien meine Kindheitstage erst gestern gewesen. DE 254/11.7.5

Ich frage mich, was die Zeit ist? ... Die Zeit ist nur eine Spiegelung, ein Traum ... LT 108/18.7.90

Das Leben ist nur ein Traum. Bald werden wir erwachen, und welche Freude ... Je größer unsere Leiden sind, um so grenzenloser wird unsere Herrlichkeit sein ... LT 82/28.2.89

Man irrt sich, wenn man etwas Leben nennt, das enden muß. HA 1953,246

Sehen wir das Leben in seinem wahren Licht ... Es ist ein Augenblick zwischen zwei Ewigkeiten. LT 87/4.4.89

Das Leben wird kurz sein; die Ewigkeit ist ohne Ende ... Machen wir aus unserem Leben ein fortwährendes Opfer, ein Martyrium der Liebe. LT 96/15.10.89

Wir haben nur den kurzen Augenblick des Lebens, um Gott etwas zu geben, ... und er rüstet sich schon zu sagen: „Jetzt ist es an mir ...“ LT 169/19.8.94

Ich liebe sehr dieses Psalmwort: „Tausend Jahre sind in den Augen des Herrn wie der gestrige Tag, der bereits vergangen ist“ (Ps 90,4). Welche Schnelligkeit. Ich will gut arbeiten, solange der Tag des Lebens noch leuchtet, denn danach kommt die Nacht, in der ich nichts mehr tun kann. LT 71/28.12.88

An *Céline:* Du erhälst meinen letzten Gruß in diesem

Jahr! ... In wenigen Stunden wird es für immer vergangen sein ... Es wird aufgehoben sein in der Ewigkeit! (...)

Ziehen wir Nutzen aus den kürzesten Augenblicken. Machen wir es wie die Geizigen. Seien wir eifersüchtig hinsichtlich der kleinsten Dinge (...)

Ein weiteres Jahr gehört der Vergangenheit ... Céline, es ist vergangen, vergangen, es kommt nie mehr wieder. Wie dieses Jahr vergangen ist, wird auch unser Leben vergehen, und bald werden wir sagen: „Es ist vergangen!“ Verlieren wir nicht unsere Zeit. Bald leuchtet uns die Ewigkeit!

LT 101/31.12.89

In der Erwartung dieser glückseligen Ewigkeit, die sich uns in Kürze eröffnen wird, da das Leben nur ein Tag ist, wollten wir miteinander für das Heil der Menschen arbeiten. LT 226/9.5.97

Ich weiß, die Erde ist der Ort unserer Verbannung. Wir sind auf dem Weg zu unserer Heimat. Was macht es, wenn der Weg, den wir gehen, nicht derselbe ist, da das einzige Ziel der Himmel ist. LT 148/13.8.93

Der Weg, den wir gehen, ist verschieden; doch das Ziel ist dasselbe. Wir beide dürfen nur ein Ziel haben, nämlich uns zu heiligen auf dem Weg, den Gott uns vorgeschrieben hat. LT 166/16.7.94

Dieser Gedanke an die Kürze des Lebens gibt mir Mut. Er hilft mir, die Strapazen des Weges zu ertragen.

LT 173/-.1.95

Wie sehr ist die Erde doch ein Bannort! ... Außer Jesus gibt es keinen Halt; denn er allein ist unwandelbar. Welches Glück, wenn man daran denkt, daß er sich nicht ändern kann. LT 104/5.-6.5.90

Nur Jesus ist; alles übrige ist nicht. LT 96/15.10.89

An Céline: Mir scheint, ich liebe dich schon seit Jahrhunderte, und doch sind es keine einundzwanzig Jahre ... Aber jetzt habe ich die Ewigkeit vor mir ... LT 102/27.4.90

Wie groß ist unsere Seele ... Erheben wir uns über alles, was vergeht. Halten wir Distanz zur Erde. Weiter oben ist die Luft rein. LT 57/23.7.88

Auf Erden soll man sich an nichts hängen, selbst nicht an die unschuldigsten Dinge; denn man muß sie in dem Augenblick entbehren, da man am wenigsten daran denkt. Nur was ewig ist, kann uns zufriedenstellen. LT 42/21.2.88

Die Geschöpfe sollten uns nur im Vorübergehen berühren. LT 96/15.10.89

Oft lassen sich die Menschen durch die Anhänglichkeit an die irdischen Nichtigkeiten verführen und vergessen dabei, daß sie eine Seele haben, die als Gottes Abbild geschaffen ist. RP 6

Heute Abend habe ich das Bedürfnis (...), mich ins Unendliche zu verlieren ... Ich muß die Erde vergessen. Hienieden macht mich alles müde, alles ist mir zur Last. LT 85/12.3.89

In deinen Augen ist die Zeit nichts. Ein einziger Tag ist wie tausend Jahre. Du kannst mich also in einem Augenblick vorbereiten, vor dir zu erscheinen. MA 318

3. Jeder Augenblick ist eine Fundgrube

In Thornton Wilders Schauspiel: „Unsere kleine Stadt“ heißt es an einer Stelle: „Begreifen die Menschen jemals das Leben, während sie's leben – jeden, jeden Augenblick? – Nein. Die Heiligen und die Dichter vielleicht – bis zu einem gewissen Grade.“

Man könnte vielleicht auf den Gedanken kommen, Theresia sei vor der Welt und den Aufgaben, die es in ihr zu bewältigen gibt, geflohen. Daß ein solcher Gedanke der Wahrheit in keiner Weise entspricht, erkennt man bereits an ihrer Zusage, auch nach ihrem Tod unter den Menschen wirksam bleiben zu wollen. Dies sagte sie in der Überzeugung, daß Gott ihr diese Absicht nicht verwehren wird. Andernfalls wäre sie lieber bei den Menschen geblieben, als das ewige Glück zu genießen. Daß die Lebenseinstellung der Heiligen nichts mit Weltflucht zu tun hat, zeigt sich auch daran, wie ernst sie den gegenwärtigen Augenblick nahm, um sich auf seinen göttlichen Anspruch voll einzulassen. Das ist ja das Charakteristische ihres „kleinen Weges“: im Angesicht von Gottes Ewigkeit den gegenwärtigen Augenblick nutzen.

Theresia wußte: „Der Himmel wächst hier und heute (...) in der Tat, in jeder Stunde (...) Das bedeutet ein ungeheures Ernstnehmen jedes Herzschlages, jedes Menschen ...“[77]

Sehen wir das Leben in seinem wahren Licht ... Es ist ein Augenblick zwischen zwei Ewigkeiten. LT 87/4.4.89

Mein Leben dauert nur einen Augenblick, eine vorübergehende Stunde./ Mein Leben dauert nur einen einzigen Tag, der mir entflieht und war. / Du weißt es, o mein Gott! Um dich zu lieben hier auf Erden, / hab ich nichts als nur das Heute. PN 5,1

Sehen wir nur auf jeden einzelnen Augenblick! ... Ein Augenblick ist eine Fundgrube ... Ein einziger Akt der Liebe läßt uns Jesus besser kennenlernen ... Er wird uns ihm für die ganze Ewigkeit näherbringen! LT 89/26.4.89

Ziehen wir Nutzen aus den kürzesten Augenblicken. LT 101/31.12.89

Jeder Augenblick ist eine Ewigkeit, eine Ewigkeit der Freude für den Himmel, eine Ewigkeit, Gott von Angesicht zu Angesicht zu sehen, nur noch eins mit ihm zu sein. LT 96/15.10.89

Was kümmert es mich, Herr, wenn die Zukunft dunkel ist! Dich für morgen zu bitten, nein, das kann ich nicht! PN 5,3

Genießen Sie in Frieden die Freude, die Gott Ihnen schenkt, ohne sich über die Zukunft zu beunruhigen. Er hält Ihnen neue Gnaden und zahlreiche Tröstungen bereit. Dessen bin ich sicher. LT 166/16.7.94

Oftmals habe ich bemerkt, daß Jesus mir keine Vorräte geben will. In jedem Augenblick nährt er mich mit einer ganz neuen Nahrung. Ich finde sie in mir, ohne zu wissen, wie sie dort hingelangte ... Ich glaube ganz einfach, daß es

Jesus – verborgen in der Tiefe meines armen, kleinen Herzens – selbst ist, der mir die Gnade schenkt, in mir tätig zu sein, und mich all das erfassen läßt, was ich nach seinem Willen im gegenwärtigen Augenblick tun soll.
MsA,76r

Denke ich an morgen, so fürchte ich meine Unbeständigkeit. / In meinem Herzen spüre ich Traurigkeit und Langeweile aufkommen. / Doch, mein Gott, gern nehme ich die Prüfung an, das Leiden, / nur für den heutigen Tag. PN 5,4

Bei mir ist es nicht wie bei jenen, die an der Vergangenheit oder an der Zukunft leiden. Ich leide nur am gegenwärtigen Augenblick. Daher ist es keine aufsehenerregende Angelegenheit. DE 645/27.8

Nur einen Augenblick leide ich. Weil man an die Vergangenheit und an die Zukunft denkt, verliert man den Mut und verzweifelt. DE 327/19.8.10

Ich leide von einer Minute zur anderen. DE 342/26.8.3

Ich beunruhige mich nicht. Nur an den gegenwärtigen Augenblick will ich denken. DE 337/23.8.3

Von einem Augenblick zum anderen kann man viel ertragen. DE 342/26.8.3

Warum haben Sie im voraus Angst. Warten Sie doch mit Ihrer Angst wenigstens, bis es eintrifft. DE 268/16.7.1

Man sagt mir, ich werde vor dem Tod Angst haben. Das ist durchaus möglich. Hier ist keine, die ihren Gefühlen gegenüber mißtrauischer ist als ich. Nie stütze ich mich auf

meine eigenen Gedanken. Ich weiß, wie schwach ich bin, doch will ich das Gefühl auskosten, das Gott mir jetzt schenkt. Es wird immer noch früh genug sein, das Gegenteil zu erleiden! DE 210/20.5.1

Dreizehntes Kapitel

GOTT PRÜFT UNS IN DEM, WAS UNS AM TEUERSTEN IST

Eines der bekanntesten Worte Jesu lautet: „Wer zu mir gehören will, der verleugne sich selbst; er nehme sein Kreuz auf sich und folge mir nach“ (Mt 16,24). „Sich selbst verleugnen“ verstand Theresia im Sinn von „auf sich selbst verzichten“. Solcher Verzicht war für sie einerseits die Vorbereitung auf ihre große Liebe; andererseits brachte sich ihre große Liebe in solchem Verzicht zum Ausdruck. Nur von hier ist das auffallendste Kennzeichen in ihrem Leben zu verstehen, nämlich ihre Freude am Leid. „Sie ist gewiß eine jener Heiligen, die am allerbesten verstanden haben, das Leiden mit einem Lächeln zu begrüßen.“[78]

Das von Theresia durchgestandene Leid war dreifach. Das Martyrium des Leibes wurde durch ihre Erkrankung an Tuberkulose ausgelöst. Übersehen wir hier nicht, daß die Behandlungsmethoden damaliger Zeit nicht gerade zimperlich gewesen sind.

Hinzu kam das Martyrium des Herzens. Man kann sich die „Nadelstiche“ vorstellen, zu denen es allein aufgrund der Tatsache kam, daß vier leibliche Schwestern, die sehr begabt waren und einander gut ergänzten, in einem Konvent mit vierundzwanzig Schwestern zusammenlebten. Mère Marie de Gonzague, die damalige Priorin, erklärte wiederholt: „Theresia ist in allem vollkommen. Ihr einziger Fehler ist, daß sie drei Schwestern bei sich hat“ (PA 2897).

Zu allem kam das Martyrium der Seele. Dieses war zweifellos das schwerste. Sie, deren Leben ohne die Existenz des Himmels unvorstellbar ist, begann selbst am Himmel zu zweifeln. Sie war versucht zu glauben, am Ende vom Nichts verschluckt zu werden.

1. Kein Opfer übersteigt unsere Kraft

Jeder Mensch steht täglich vor vielerlei Angeboten. Er muß zwangsläufig wählen. Je bedeutungsvoller aber das Gewählte ist, um so leichter fällt es, alles übrige loszulassen. Man denke hier an jenen Bauern, von dem Jesus in einer seiner Gleichnisreden (Mt 13, 44) erzählt. Als dieser einen großen Fund gemacht hatte, da opferte er mit Freude alles, was er sonst noch hatte, um sich diesen Fund anzueignen.

Vielleicht wird man sagen: „So mag es sein! Doch jener Mann sah den Fund vor sich liegen und war von ihm dermaßen fasziniert, daß er gar nicht anders konnte. Was aber sehen wir?" In der Tat, hier liegt das Problem. Wie kommen wir weiter?

Theresia lehrt uns den „Weg der kleinen Schritte". Anfangs sehen wir noch wenig. Je mehr wir aber – den kleinen Weg gehend – in den alltäglichen Situationen uns selbst zum Einsatz bringen, um so greifbarer wird für uns Gottes Gegenwart, die uns ihrerseits ergreift und dafür sorgt, daß das Opfer, das uns abverlangt wird, nie unsere Kraft übersteigt.

Die Hingabe und das Vertrauen auf Gott ernähren sich vom Opfer. CS 50

Ich bringe viele kleine Opfer. DE 240/6.7.8

Verweigern wir ihm nicht das geringste Opfer. Im religiösen Leben ist alles so groß ... Eine Stecknadel aus Liebe aufheben kann einen Menschen bekehren. Welch ein Geheimnis! Allein Jesus kann unseren Taten einen solchen Wert geben. LT 164/ 22.5.94

Meine Abtötungen bestanden darin, meinen Eigenwillen, der sich immer durchsetzen möchte, zu beherrschen, ein Wort der Widerrede zurückzuhalten, kleine Dienste zu tun, ohne sie ins Licht zu stellen ... MsA,68v

Das Refektorium, wo ich nach meiner Einkleidung beschäftigt wurde, bot mir mehr als eine Gelegenheit, meine Eigenliebe an ihren Platz zu setzen, das heißt, unter die Füße. MsA,75r

Auf diese Weise wird sich mein Leben vollziehen ... Ich habe kein anderes Mittel, um dir meine Liebe zu beweisen, als (...) kein kleines Opfer zu unterlassen, keinen Blick, kein Wort, aus den kleinen Dingen Nutzen zu ziehen und sie aus Liebe zu tun. MsB,4r/v

Würden Sie den Wert, den ein kleiner Verzicht in den Augen Jesu hat, kennen, Sie würden sich darum bemühen, wie der Geizige, der hinter Schätzen her ist. PO 429

Als man ihr von einem Priester erzählte, der sich einer außergewöhnlichen Askese bediente, meinte sie: Wie gut, daß der Herr gesagt hat: „Es gibt verschiedene Wohnungen im Haus meines Vaters" (Jo 15,2) (...) Mir ist lieber eine Askese, die dem Geist größere Freiheit läßt.

DEA 229/1.8.3

Jesus schaut nicht so sehr auf die Größe der Taten, selbst nicht auf ihre Schwierigkeit, als vielmehr auf die Liebe, die diese Taten hervorbringt. LT 65/20.10.88

Ein Engel gab dem Heiligen (gemeint ist der selige Heinrich Seuse) zu verstehen, daß der geistige Kampf über der körperlichen Abtötung steht. DEA 237/3.8.2b

Unser Herr verlangt von uns niemals Opfer, die über unsere Kräfte gehen. Manchmal freilich läßt uns dieser göttliche Erlöser die ganze Bitterkeit des Kelches, den er uns reicht, verkosten. Verlangt er das Opfer von allem, was uns in dieser Welt am teuersten ist, dann ist es ohne eine ganz besondere Gnade unmöglich, nicht wie Er im Garten der Todesangst auszurufen: „Mein Vater, laß diesen Kelch an mir vorübergehen ... Doch dein Wille geschehe, nicht der meine" (Mt 26,39).
Es ist sehr tröstlich zu bedenken, daß Jesus, der starke Gott, unsere Schwächen kannte, daß er beim Anblick des bitteren Kelches zitterte, jenes Kelches, den er zuvor so sehnsüchtig zu trinken verlangt hatte ... LT 213/26.12.96

Ich bin nur ein ohnmächtiges und schwaches Kind. Doch gerade meine Schwachheit gibt mir die Kühnheit, mich deiner Liebe, Jesus, als Opfer anzubieten. MsB,3v

Apostel der Apostel werden durch Gebet und Opfer.

MsA,50r

Bringen Sie Gott das Opfer, niemals Früchte zu ernten.

CS 33

Diese stille Freude, die das Opfer schenkt! MsA,50v

Oft widerfährt es mir, daß ich mir diese kleinen Opfer, die einen so großen Herzensfrieden geben, entgehen lasse. Doch das entmutigt mich nicht. Ich ertrage es, etwas weniger Frieden zu haben, und bemühe mich, das nächste Mal aufmerksamer zu sein. MsC,31r

2. Auch das Leid will freundlich empfangen werden

Durch ihre vielen kleinen Opfer hatte sich Theresia auf ihre Todeskrankheit vorbereitet. Diese nahm in der Nacht vom Gründonnerstag, den 2., zum Karfreitag, den 3. April 1896 Besitz von ihr. Guy Gaucher hat ihren Verlauf sehr gewissenhaft dargestellt.[79]

Theresia litt in einer mannhaften Weise. „In der Einstellung zum Leidensproblem erweist Therese sich als eine viel herbere Gestalt, als sie gemeinhin dargestellt wird. Es wohnte ihr eine Strenge inne, die im ersten Augenblick fast überraschend wirkt."[80] Doch blieb sie, bei aller Strenge sich selbst gegenüber, „menschlich immer anziehend".[81] Das vermochte sie, weil sie mit ihrem Leid freundschaftlichen Umgang pflegte, eine Fähigkeit, die in ihrem Leben lange zuvor durch die Bejahung von allem Schweren und Leidvollen gewachsen war.

Der tiefste Grund ihrer Leidensfähigkeit, die bis zur Leidensfreude reichte, war ihr Wunsch, Jesus ähnlich zu werden. Ihr Leiden sollte Ausdruck ihrer Liebe sein, ihrer Liebe zum Gekreuzigten, zum geschändeten Gottesknecht. „Aus der Betrachtung des zerschlagenen Antlitzes Jesu, aus der Meditation über seine Erniedrigung schöpfte sie die Demut, die Liebe zum Leiden, die Großmut im Opfer, den Seeleneifer, das Losgelöstsein von den Geschöpfen, kurz: alle aktiven, starken, mannhaften Tugenden" (CS 83).

Deutlicher als je zuvor offenbaren mir diese feinsinnigen Worte ihre Tiefe: „Wahrlich, wahrlich, ich sage euch: wenn das Weizenkorn nicht in die Erde fällt und stirbt, bleibt es allein; wenn es aber stirbt, bringt es viel Frucht" (Jo 12,24f). MsA, 81r

Auf die Frage: „Was sind Sie?" antwortete Theresia: „Ich bin ein kleines Samenkorn; man weiß noch nicht, was daraus hervorgehen wird …" DE 271/20.7.1

Wo ich den Trost zu finden hoffte, fand ich das Kreuz. MsA,60v

Gott wollte mir das Kreuz und nicht den Trost geben. MsA,63r

Wenn die Heiligen zu Füßen unseres Herrn weilten, dann begegneten sie ihrem Kreuz! LT 89/26.4.89

Ich freute mich beim Gedanken, bald eine volle Christin zu sein und vor allem darüber, für immer und ewig das geheimnisvolle Kreuz auf der Stirn zu tragen, das der Bischof beim Spenden des Sakramentes (der Firmung) zeichnet. MsA,36v

Ich beschloß, mich im Geist am Fuß des Kreuzes aufzuhalten. MsA, 45v

Zum Ausruhen gibt er uns allein das Kreuz. LT 67/18.11.88

Ich wollte diesen Becher, den Jesus mir entgegenhielt, ergreifen. Doch er zog seine Hand zurück und gab mir zu verstehen, daß ihn die Bereitschaft bereits zufrieden stellt. MsC, 10v

Ich bin überhaupt nicht unglücklich. Gott gibt mir genau das, was ich tragen kann. DE 340/25.8.2

Wenn ich viel leide und das Leiden ständig größer wird, habe ich keine Furcht. Gott wird mir die Kraft geben. Er wird mich nicht im Stich lassen. DE 294/31.7.14

Streckte Gott seine Hand aus, um immer wieder neu anzufragen, so hielt er sie nie leer hin. Seine wertvollsten Freunde konnten daraus in reichem Maß die Kraft und den Mut schöpfen, die sie so dringend brauchten ... MsA,51v

Gott gibt mir Mut im Verhältnis zu meinem Leiden. Ich spüre, daß ich im Augenblick nicht mehr ertragen könnte. Doch ich habe keine Furcht, da er meinen Mut vergrößern wird, wenn die Leiden wachsen. DE 321/15.8.6

Ich fürchte mich nicht vor seinen Schlägen; denn selbst in den bittersten Leiden spürt man immer, daß es seine gütige Hand ist, die schlägt. LT 43B/18(?).3.88

Alle Geschöpfe können mich im Stich lassen; / ohne Murren werde ich in deiner Nähe damit fertig werden. PN 52,13

Nie würde ich Gott um größere Leiden bitten. Wenn er sie vergrößert, werde ich sie mit Wohlgefallen und Freude tragen, da sie ja von ihm kommen. Doch ich bin zu klein, um aus mir die Kraft zu haben. Würde ich um Leiden bitten, so wären sie meine eigenen Leiden; ich müßte sie allein tragen. Doch nie habe ich etwas ganz allein machen können. DE 316/11.8.3

Seit meiner Ersten Kommunion, seit ich Jesus gebeten hatte, alle Tröstungen für mich in Bitternis zu verwandeln, hatte ich ein ständiges Verlangen zu leiden. Ich dachte indessen noch nicht daran, daraus eine Freude zu machen. Das ist eine Gnade, die mir später geschenkt wurde.
Bis zu jenem Zeitpunkt war es wie mit einem in der Asche verborgenen Funken und wie mit den Blüten eines Baumes, die zu ihrer Zeit zu Früchten ausreifen sollen ...

DE 294/31.7.13

Ich spürte in mir ein großes Verlangen nach dem Leiden aufkommen und zur selben Zeit die innere Überzeugung, daß Jesus für mich eine große Anzahl von Kreuzen bereithielt. Da fühlte ich mich von so großen Tröstungen überflutet, daß ich sie als eine der größten Gnaden meines Lebens erachte. Das Leiden zog mich an. Es besaß Kräfte, die mich faszinierten, ohne daß ich sie wirklich kannte. Bis dahin hatte ich gelitten, ohne das Leiden zu lieben. Von diesem Tag an empfand ich eine wahre Liebe dafür. Auch fühlte ich den Wunsch, nur Gott zu lieben, nur in ihm Freude zu finden. MsA, 36r/v

Wenn ich früher, als ich noch in der „Welt" lebte, morgens erwachte, dachte ich an das, was im Verlauf des Tages wahrscheinlich auf mich zukommen würde. Und sah ich nur Unannehmlichkeiten voraus, dann stand ich niedergeschlagen auf. Heute ist es genau umgekehrt ... Ich erlebe mich um so fröhlicher und mutiger, als ich mehrere Gelegenheiten voraussehe, Jesus meine Liebe zu bezeugen.

PO 457

Das Wort: „Er ist auferstanden; er ist nicht mehr hier; schaut den Ort, wo man ihn hingelegt hatte" (Mk 16,6) kommentiert Theresia so: Ja, so ist es! Ich bin wirklich nicht mehr, wie in meiner Kindheit, für jeden Schmerz zugänglich. Ich bin auferstanden. Ich bin nicht mehr an

dem Ort, an welchem man mich glaubt ... Ach! Sorgen Sie sich nicht um mich. Ich bin soweit, nicht mehr leiden zu können, weil mir jedes Leid angenehm ist. DE 216f/29.5

Wenn ich in meiner Kindheit mit Traurigkeit litt, so leide ich jetzt nicht mehr in dieser Weise, sondern in Freude und Friede. Ich bin wirklich glücklich zu leiden. MsC,4v

Ich habe mir angewöhnt, das Leiden stets freundlich zu empfangen. CS 173

Das Leiden streckte mir seine Arme entgegen, und ich warf mich mit Liebe hinein. MsA,69v

„Wenn man etwas liebt, verschwindet der Schmerz" (Augustinus). LT 197/17.9.96

Je mehr unser Herz im Himmel ist, um so weniger fühlen wir diese Nadelstiche ... LT 81/23-25 (?).1.89

Bevor wir durch das Schwert sterben, wollen wir an Nadelstichen sterben. LT 86/15.3.89

Die kleinen Kreuze machen unsere ganze Freude aus. Sie sind alltäglicher als die großen und bereiten das Herz darauf vor, diese dann anzunehmen, wenn es der Wille unseres guten Meisters ist. LT 148/13.8.93

Stellt man sich auf ein reines und unvermischtes Leiden ein, dann wird selbst die kleinste Freude zu einer unerwarteten Überraschung und außerdem: (...) das Leiden selbst wird zur größten Freude, wenn man es wie den teuersten aller Schätze aufsucht. MsC,10v

Mein Gefallen am Leiden wuchs in dem Maß, wie das Leiden zunahm. MsA,69v

Die drei Jahre des Martyriums von Papa schienen mir die liebsten und fruchtbarsten unseres ganzen Lebens. Ich würde sie nicht gegen alle Ekstasen und Offenbarungen der Heiligen eintauschen. MsA,73r

Welche Freude, für den zu leiden, den man liebt. PO 426

In der Kelter des Leidens
werde ich dir meine Liebe beweisen;
ich will kein anderes Glück,
als mich täglich aufzuopfern. PN 25,7

Gibt es eine größere Freude, als um deiner Liebe willen zu leiden?... Je innerlicher das Leiden ist, je weniger es in die Augen der Geschöpfe springt, um so mehr erfreut es dich, o Gott! MsC,7r

Theresia liebte das Wort von Johannes vom Kreuz: „Herr, leiden und verachtet sein für dich!" CS 18

Leiden wir in Frieden!... Ich gestehe, mir erschien dieses Wort etwas stark. Als ich aber neulich darüber nachdachte, fand ich das Geheimnis, in Frieden zu leiden ... Wer von „Frieden" spricht, redet nicht von der „Freude", zumindest nicht von der spürbaren Freude ... Um in Frieden zu leiden, genügt es, gern alles zu wollen, was Jesus will. LT 87/4.4.89

Wenn man leidet, tut es gut, befreundete Herzen zu haben, in denen unser Schmerz sein Echo findet. LT 88/24.4.89

Es ist ein Exil, das Exil auf Erden, vor allem in den Stunden, da uns alles im Stich zu lassen scheint … Aber gerade das sind wertvolle Augenblicke; gerade dann leuchten die Tage des Heils. LT 129/8.7.91

Die ihm am teuersten sind, entäußert er vollständig … Er liebt es, ihnen ihr Nichts und seine Macht zu zeigen. LT 147/13.8.93

Nie hätte ich geglaubt, daß man so viel leiden kann! Ich kann mir dies nur durch den brennenden Wunsch erklären, den ich hatte, um Menschen für das ewige Heil zu retten. DE 383/30.9.-

Wenn schon, dann ist es besser, viel und überall zu leiden, mehrere Krankheiten zugleich zu haben. Es ist wie bei einer Reise, wo man alle möglichen Unannehmlichkeiten auf sich nimmt, da man weiß, daß sie bald ein Ende hat, und man sich darüber nur um so mehr freut, wenn das Ziel einmal erreicht ist. DE 334/22.8.4

Seit langem ist mir das Leiden zum Himmel auf Erden geworden, und ich sollte schlecht begreifen, wie es mir möglich sein wird, in einem Land Fuß zu fassen, wo für immer die Freude ohne jede Beimischung von Traurigkeit herrscht. PA 358

Ich leide viel; aber leide ich gut? Das ist die entscheidende Frage! DE 324/18.8.1

Ein Heiliger hat gesagt: „Die größte Ehre, die Gott einem Menschen erweisen kann, besteht nicht darin, ihm viel zu geben, sondern darin, ihm viel abzuverlangen!“ LT 213/26.12.96; LT 172/17.11. 94

Es tut so gut zu erkennen, daß Gott allein vollkommen ist,

daß er allein uns genügen muß, wenn es ihm gefällt, den Ast, der den kleinen Vogel trug, wegzuziehen! Der Vogel hat Flügel; er ist zum Fliegen geschaffen! LT 250/–.7(?).97

Wie gut ist der Herr, daß er mich innerlich wachsen ließ, daß er mir Flügel gab … Alle Netze der Jäger können mich nicht erschrecken, denn: „Vergeblich wirft man das Netz vor den Augen derer, die Flügel haben“ (Spr 1,17).

MsC,15r

Man ist sehr niedergeschlagen, wenn man jene so leiden sieht, die man liebt. LT 129/8.7.91

Es gibt nichts, was so wehtut, wie jene, die man liebt, leiden zu sehen. LT 59/22.8.88

Wenn ich viel leide, bin ich froh, daß ich es bin. Es freut mich, daß es keine von euch ist. DE 329/20.8.8

Ich habe oft bemerkt, daß es gut und anderen gegenüber nachsichtig macht, wenn man Leid zu tragen hat, denn das Leiden bringt uns Gott näher. DEA 119/6.7.6

Sehe ich Heilige leiden, so empfinde ich niemals Mitleid mit ihnen. Ich weiß, daß sie die Kraft haben, ihre Beschwerden zu ertragen, und daß sie dadurch Gott eine große Ehre erweisen. Jene aber, die nicht heilig sind, die keinen Nutzen aus ihren Leiden zu ziehen wissen, ja, die bedauere ich sehr, mit denen habe ich Mitleid! Gern wollte ich alles tun, um sie zu trösten und ihre Lage zu erleichtern. HA 1953,231

Es ist sehr schwer, lachend angeschaut zu werden, während man leidet. Aber ich glaube, unser Herr am Kreuz wurde inmitten seiner Leiden in derselben Weise angeschaut. Das war noch viel schlimmer, denn man machte sich in der Tat über ihn lustig. Wird nicht im Evangelium (Mk 15,29) gesagt, daß man ihn kopfschüttelnd anschaute? Dieser Gedanke hilft mir, ihm dieses Opfer von Herzen anzubieten. DE 340/25.8.1

Bei Kranken muß man fröhlich sein: Man darf nicht jammern wie jene, die keine Hoffnung haben.
DE 365/17.9.1

Weigern wir uns nicht, mit Jesus einen Tag zu weinen, da wir uns ja seiner Herrlichkeit eine Ewigkeit lang erfreuen werden! LT 132/20.10.91

Ich leide!... Doch die Hoffnung auf die Heimat gibt mir Mut. Bald werden wir im Himmel sein. Dort wird es weder Tag noch Nacht geben. Vielmehr wird das Antlitz Jesu ein unvergleichliches Licht ausstrahlen.
LT 95/–.7.–8(?).89

Wie leicht kann man den Mut verlieren, wenn man sehr krank ist! ... Deutlich spüre ich, daß ich den Mut verloren hätte, hätte ich nicht den Glauben, oder besser: würde ich Gott nicht lieben. DE 301/4.8.4

Hätte ich nicht den Glauben, ich würde verzweifeln. Ich verstehe sehr gut, daß diejenigen, die den Glauben nicht haben, sich das Leben nehmen, wenn sie so leiden. Achten Sie darauf, wenn Sie Kranke haben werden, die solch heftigen Schmerzen ausgeliefert sind, daß neben ihnen keine giftigen Arzneien stehen bleiben. Ich versichere Ihnen, es braucht nur einen Augenblick, um die Besinnung zu verlieren, wenn man solche Schmerzen hat.
PA 204; DEA 348 f/30.8.3

Hätte ich nicht den Glauben, niemals könnte ich so viele Schmerzen ertragen. Es wundert mich, daß es unter den Atheisten nicht mehr gibt, die sich das Leben nehmen.

PO 472

Welche Gnade, den Glauben zu haben. Hätte ich den Glauben nicht, ich hätte, ohne einen einzigen Augenblick zu zögern, Selbstmord begangen. DE 371/22.9.6

Es ist sehr leicht, schöne Dinge über das Leiden zu schreiben. Aber Schreiben bedeutet nichts, gar nichts. Man muß es selbst durchmachen, um Bescheid zu wissen.

DE 375/25.9.2

3. Gott prüft den Glauben, bevor er Wunder wirkt

Ab Ostersonntag, den 25. April 1896, hatte Theresia aufgrund innerer Prüfungen und Anfechtungen gegen Glauben und Hoffnung bis zu ihrem Tod dunkelste Stunden zu durchstehen. Etwa zehn Jahre zuvor hatte sie ihrer Schwester Marie geschrieben: „Du stellst dir nicht vor, was es heißt, von einem Menschen getrennt zu sein, den man liebt“ (LT 21/2.10.86). Jetzt schien sie von Gott selbst getrennt zu werden. Nur sein undurchschaubares Wort war ihr noch geblieben. Und allein auf dieses Wort setzte sie. Das ist biblischer Glaube. Er beginnt im eigentlichen Sinn erst dort, wo einem außer dem Wort Gottes alles genommen wird und dieses Wort noch völlig sinnwidrig zu sein scheint. Man denke hier beispielsweise an den Glauben Abrahams oder an den Glauben Marias unter dem Kreuz.

„Alles in allem bestand das Wesen der Versuchung darin, das Leben des kleinen Weges durch die Aufgabe des bedingungslosen Vertrauens, das sein Fundament ist, vollständig zu zerstören.“[82] In der dunklen Nacht erwies Theresia ihre unbedingte Treue Gott gegenüber dadurch, daß sie nicht aufhörte, die Werke des Glaubens zu vollbringen. Was war der Sinn dieser Prüfung? Ihr Glaube, ihre Hoffnung, ihre Liebe sollten vollkommen gereinigt und ihre apostolische Sendung sollte ausgeweitet werden.

Theresia von Lisieux: Schicksalsgefährtin aller, die von

einer schweren Krankheit heimgesucht worden sind; Schicksalsgefährtin aller, die ein schweres seelisches Leid belastet; Schicksalsgefährtin aller, die keinen Glauben haben, die ohne Hoffnung leben und das Leben sinnlos finden, sich hineingehalten fühlen in die Nacht des Nichts.

Wenn du dich manchmal zu verbergen scheinst,
dann bist du es, der mir hilft,
dich zu suchen.
PN 36,2

Er verbirgt sich nicht so sehr, daß er sich nicht erahnen läßt.
LT 147/13.8.93

Das Leben ist oft bedrückend; welche Bitterkeit, aber auch welche Anmut. Ja, das Leben hat seinen Preis. Es ist mühsam, einen Arbeitstag zu beginnen (...) Würde man wenigstens etwas von der Gegenwart Jesu spüren. Ach, gern würde man alles für ihn tun. Aber nein! Er scheint meilenweit weg zu sein. Wir sind mit uns selbst allein. Was für eine langweilige Gesellschaft, wenn Jesus nicht dabei ist. Doch, was tut er denn, dieser liebenswürdige Freund? Sieht er nicht unsere Angst, die Last, die uns bedrückt? Wo ist er? Warum kommt er nicht, um uns zu trösten, wo wir doch nur ihn als Freund haben? Ach, er ist nicht weit entfernt. Er ist da; er ist ganz nah; er schaut uns an; er bittet uns um diese Traurigkeit, die Angst; er braucht sie (...)
LT 57/23.7.88

Er hat so Großes mit uns vor. Aber wie wird er sagen können: „Nun ist die Reihe an mir", wenn wir noch gar nicht dran waren, wenn wir ihm noch nichts gegeben haben. Es fällt ihm schwer, uns mit Traurigkeit zu trän-

ken. Aber er weiß, daß dies das einzige Mittel ist, um uns darauf vorzubereiten, „ihn zu erkennen, wie er sich erkennt und so selbst Götter zu werden" (Arminjon). Welche Bestimmung! Wie groß ist unsere Seele …

LT 57/23.7.88

Lassen wir die Prüfung, die Jesus uns schickt, nicht ungenutzt. Sie ist eine Goldgrube, die man ausbeuten muß. Sollten wir uns diese Gelegenheit entgehen lassen?

LT 82/28.2.89

Wir sind noch nicht in unserer Heimat, und die Prüfung soll uns reinigen wie das Gold im Schmelztiegel.

LT 165/7.7.94

In der gegenwärtigen Prüfung reinigt Gott das, was in unserer Liebe noch zu sinnenhaft ist. LT 167/18.7.94

Es ist sehr wahr: Der Tropfen Galle muß in alle Kelche hinein. Doch ich finde, die Prüfungen helfen sehr, sich von der Erde zu lösen. Sie lassen uns über diese Welt hinausschauen. Auf Erden kann uns nichts zufriedenstellen. Man kann nur ein bißchen Ruhe genießen, wenn man bereit ist, den Willen Gottes zu tun. LT 43B/18(?).3.88

Er prüft uns in allem, was uns am teuersten ist.

LT 68/25.11.88

Diese Prüfung war für meinen Glauben eine erste Probe. Aber er, „dessen Herz während des Schlafens wacht" (Hld 5,2), ließ mich verstehen, daß er denen, deren Glaube (auch nur) einem Senfkorn gleicht, Wunder gewährt und daß er Berge versetzt, um diesen so kleinen Glauben zu festigen. Doch für seine besten Freunde (…) wirkt er keine Wunder, bevor er ihren Glauben geprüft hat.

MsA,67v

Selbst jetzt, da du den Prüfungen meiner Seele das äußere Leiden beifügst, kann ich nicht sagen: „Todesängste haben mich eingekreist“ (Ps 18,5). Vielmehr rufe ich in meiner Dankbarkeit: „Ich bin in das Tal des Todesschattens hinabgestiegen; doch ich fürchte kein Unheil, weil du, Herr, mit mir bist!“ (Ps 23,4). LT 262/3.8.97

Du wirst sehen, daß die Freude der Prüfung folgen wird und daß du später glücklich sein wirst, gelitten zu haben. LT 171/11.10.94

Meine Seele ist im Schmelztiegel der äußeren und inneren Prüfungen reif geworden. MsA,3r

Wie gut ist Gott!... Wie paßt er die Prüfungen den Kräften an, die er uns gibt. MsA,21r

Gott kann mir keine Prüfungen auferlegen, die meine Kräfte übersteigen. Er gab mir den Mut, diese Prüfung zu tragen. LT 36/20.11.87

Selbst wenn ich die Ereignisse nicht verstehe, lache ich, danke ich, erscheine ich vor Gott immer zufrieden. Man darf an ihm nicht zweifeln. Das wäre taktlos. Nein, nie eine „Verwünschung“ gegen die Vorsehung, sondern immer Dankbarkeit. CS 72

Bevor Gott über mir einen Hoffnungsstrahl aufleuchten ließ, wollte er mir ein sehr schmerzhaftes Martyrium schicken, das drei Tage dauerte (...) Ich war in einer trostlosen Wüste, oder besser: meine Seele glich einem zerbrechlichen kleinen Boot, das ohne Steuermann den stürmischen Wellen ausgeliefert war ... Ich weiß, Jesus war da, er schlief in meinem Nachen. Aber die Nacht war so schwarz, daß es mir nicht möglich war, ihn zu sehen. Nichts gab mir Licht. Es kam nicht einmal ein Blitz, um die finsteren Wolken aufzureißen ... zweifellos ist das Aufleuchten der Blitze ein schwaches Licht, doch wäre ein Gewitter losgebrochen, so hätte ich Jesus wenigstens für einen Augenblick sehen können ... Es war Nacht, tiefe Nacht der Seele ... Wie Jesus im Garten der Todesangst fühlte ich mich allein. Weder auf der Erde, noch vom Himmel her fand ich Trost. Gott schien mich aufgegeben zu haben!... Die Natur schien an meiner schmerzlichen Niedergeschlagenheit Anteil zu nehmen. Während dieser drei Tage schickte die Sonne nicht einen Strahl, und es regnete in Strömen! (Ich habe bemerkt, daß in allen schwerwiegenden Situationen meines Lebens die Natur das Abbild meiner Seele war. An den Tagen der Tränen weinte der Himmel mit mir; an den Tagen der Freude schickte die Sonne ihre frohen Strahlen im Überfluß, und das Blau wurde durch keine Wolke getrübt ...). MsA,51r/v

Theresia beschreibt ihren Reiseweg zum „Gipfel des Berges der Liebe“: Vor ihrer Abreise schien ihr Verlobter sie zu fragen, in welches Land sie reisen und welchen Weg sie einschlagen wolle ... Die kleine Braut antwortete, sie habe nur den einen Wunsch, den Gipfel des Berges der Liebe zu ersteigen. Um dort hinzukommen, boten sich ihr viele Wege an. Es gab unter ihnen so viele vollkommene, daß sie sich unfähig sah zu wählen. Daher sagte sie zu ihrem göttlichen Führer: „Du weißt, wohin ich möchte. Du weißt, für wen ich den Berg hinaufsteigen will, für wen ich am Ziel ankommen möchte. Du kennst den, den ich liebe, und den, den ich einzig und allein zufriedenstellen will. Für ihn allein unternehme ich diese Reise. Führe mich also auf den Wegen, die er gerne geht. Wenn er zufrieden ist, bin ich restlos glücklich. Da nahm mich Jesus bei der Hand und ließ mich in einen unterirdischen Gang eintreten, in dem es weder kalt noch warm ist, wo es keine Sonne gibt und weder Regen noch Wind hinkommen; ein unterirdischer Gang, in dem ich nur ein gedämpftes Licht sehe, das Licht, das die gesenkten Augen des Antlitzes meines Verlobten ausstrahlen!...

Mein Verlobter sagt mir kein Wort, und ich sage ihm nichts, außer daß ich ihn mehr liebe als mich selbst, und in der Tiefe meines Herzens spüre ich, daß es wahr ist, denn ich gehöre mehr ihm als mir!... Ich sehe nicht, daß wir auf die Bergspitze zugehen, da unsere Reise unterirdisch verläuft. Aber dennoch habe ich den Eindruck, daß wir uns ihr nähern, ohne zu wissen, wie. Der Weg, auf dem ich mich befinde, bietet mir keinerlei Trost, und dennoch schenkt er mir allen Trost, da Jesus ihn gewählt hat und ich ihn allein trösten will, ihn allein!... LT 110/30.-31.8.90

Ich denke an nichts, mit einem Wort: ich bin in einem sehr dunklen unterirdischen Gang! (...) Ich werde zufrieden und einverstanden sein, wenn es sein Wille ist, daß ich mein ganzes Leben auf dem dunklen Weg gehe, den ich verfolge, wenn ich nur eines Tages auf der Spitze des Berges der Liebe ankomme. Aber ich glaube, dies wird nicht hier auf Erden geschehen. LT 112/1.9.90

Meine Seele befindet sich stets in einem unteriridischen Gang. Aber sie ist dort sehr glücklich. Ja, sie ist glücklich, keinerlei Trost zu haben. LT 115/4.9.90

Könnte ein kleines Kind, das sich ganz allein in einem verlorenen Nachen auf dem Meer inmitten der stürmischen Fluten befindet, wissen, ob es in der Nähe des Hafens ist oder weit von ihm entfernt? Wenn sein Auge noch das Ufer schaut, von wo es abgefahren ist, weiß es, welchen Weg es zurückgelegt hat. Sieht es, wie sich das Land entfernt, kann sich seine kindliche Freude nicht mehr beherrschen. O, ruft es, nun bin ich bald am Ende meiner Fahrt. Doch je mehr sich der Strand entfernt, um so weiter scheint auch der Ozean. Da schrumpft das Wissen des kleinen Kindes zu einem Nichts zusammen. Es weiß nicht mehr, welchen Kurs sein Nachen nimmt. Weil es das Steuer nicht zu führen versteht, ist das einzige, was es tun kann, sich restlos preiszugeben, sein Segel im Belieben des Windes treiben zu lassen (…) Der Nachen (…) gleitet mit entfalteten Segeln dem Hafen entgegen; das Steuer (…) ist nicht ohne Steuermann. Jesus ist da, schlafend wie damals im Nachen der Fischer von Galiläa.

LT 144/23.7.93

Viele dienen Jesus, wenn er sie tröstet; doch wenige raffen sich auf, Jesus Gesellschaft zu leisten, wenn er auf den Wellen (des Meeres) schläft oder im Garten der Todesangst leidet! LT 165/7.7.94

Mein Trost besteht darin, daß ich auf Erden keinen habe.

LT 196/ 13(?).9.96

Über den Wolken ist der Himmel immer blau. PN 52,17

Gestern abend wurde ich von einer wirklichen Angst gepackt, und meine Finsternis verdichtete sich. Ich weiß nicht, welche verfluchte Stimme mir sagte: „Bist du sicher, von Gott geliebt zu sein? Ist er gekommen, um es dir zu sagen? Nicht die Meinung einiger Geschöpfe wird dich vor ihm rechtfertigen!“ PO 59

Damals erfreute ich mich eines so lebendigen und klaren Glaubens, daß der Gedanke an den Himmel mein ganzes Glück ausmachte. Ich konnte nicht glauben, daß es gottlose Menschen gibt, die keinen Glauben haben. Ich glaubte, sie sprächen gegen ihr besseres Wissen, wenn sie die Existenz des Himmels verneinten (...), wo Gott selbst ihr ewiger Lohn sein will. In den so fröhlichen Tagen der Osterzeit ließ Jesus mich spüren, daß es wirklich Menschen gibt, die den Glauben nicht haben, die durch den Mißbrauch der Gnadengaben diesen kostbaren Schatz verlieren, diesen Quell der einzig reinen und wahren Freude. Er ließ zu, daß meine Seele von der dichtesten Finsternis heimgesucht wurde und daß der mir so vertraute Gedanke an den Himmel nur noch ein Gegenstand des Kampfes und der Qual war ... Diese Prüfung sollte nicht nur einige Tage, einige Wochen dauern; sie sollte erst zu der von Gott bestimmten Stunde aufhören ... Diese Stunde ist noch nicht gekommen. Gern würde ich zum Ausdruck bringen, was ich fühle, aber ach! Ich glaube, es ist nicht möglich. Man muß durch diesen dunklen Tunnel hindurchgegangen sein, um seine Dunkelheit zu erfassen.

MsC,5r/v

Die Gewißheit, eines Tages von dem traurigen und finsteren Land fortzuziehen, war mir von Kindheit an eingegeben worden. Ich glaubte es nicht nur aufgrund dessen, was ich weisere Leute als mich sagen hörte, sondern auch im Grunde meines Herzens spürte ich die Sehnsucht nach einem schöneren Land. Wie das Genie des Christoph Kolumbus ihn erahnen ließ, daß es eine neue Welt gibt, als noch niemand davon träumte, so fühlte ich, daß mir ein anderes Land eines Tages als dauerhafte Bleibe dienen würde. Doch plötzlich werden die Nebel, die mich umgeben, dichter. Sie dringen in meine Seele ein und umhüllen sie derart, daß ich in ihr das so vertraute Bild meiner Heimat unmöglich wiederfinden kann. Alles ist entschwunden. Wenn ich meinem Herzen, das der Finsternis, die es umgibt, müde geworden ist, in der Erinnerung an das lichtvolle Land, nach dem ich mich sehne, Ruhe schenken will, so verdoppelt sich meine Qual. Mir scheint, die Finsternis habe sich die Stimme der Sünder geliehen und erkläre mir, wobei sie sich über mich belustigt: „Du träumst vom Licht, von einer Heimat, die von den zartesten Wohlgerüchen duftet; du träumst vom ewigen Besitz des Schöpfers all dieser Wunder; du glaubst, eines Tages aus den Nebeln, die dich umgeben, herauszutreten! Nur vorwärts, vorwärts, freu dich auf den Tod, der dir nicht geben wird, was du erhoffst, sondern eine noch tiefere Nacht, die Nacht des Nichts. MsC,6v

Es ist eine Mauer, die bis zum Himmel geht und das bestirnte Firmament verdeckt ... Besinge ich das Glück des Himmels, den ewigen Besitz Gottes, dann verspüre ich dabei keinerlei Freude, denn ich besinge einfach, was ich glauben will. Manchmal, das ist wahr, erleuchtet ein ganz kleiner Sonnenstrahl meine Finsternis. Dann hört die Prüfung für einen Augenblick auf. Dann aber gibt mir die Erinnerung an diesen Strahl meine Finsternis noch dichter zurück, anstatt mir Freude zu bereiten (...) Niemals habe ich so deutlich erfahren, wie gütig und barmherzig der Herr ist. Er schickte mir diese Prüfung erst in dem Augenblick, da ich die Kraft hatte, sie zu tragen. Früher, davon bin ich fest überzeugt, hätte sie mich in die Mutlosigkeit versenkt . . . Jetzt nimmt sie alles weg, was noch an natürlicher Befriedigung in meiner Himmelssehnsucht hätte stecken können ... Jetzt habe ich den Eindruck, daß mich nichts daran hindert, fortzufliegen; denn ich habe keine großen Wünsche mehr, bis auf diesen einen: zu lieben, bis ich vor Liebe sterbe ... MsC,7v

Meine Seele ist verbannt. Der Himmel ist für mich geschlossen, und auch die Erde kennt nichts anderes als Prüfung. DE 233/ 30.6.3

„Wenn Sie wüßten, welch scheußliche Gedanken mich quälen. Beten Sie viel für mich, damit ich nicht auf den

Dämon höre, der mich von so vielen Lügen überzeugen will. Die Denkweise der schlimmsten Materialisten drängt sich mir auf: Später wird die Wissenschaft, die ja unaufhörlich neue Fortschritte macht, alles auf natürliche Weise erklären. Man wird den absoluten Grund von allem, was existiert und was noch problematisch bleibt, gefunden haben, weil noch viele Dinge zu entdecken bleiben ... usw. Ich will nach meinem Tod Gutes tun; doch ich werde es nicht können! Es wird wie bei Mutter Geneviève sein: man machte sich bei ihr darauf gefaßt, sie Wunder wirken zu sehen, aber vollkommene Stille breitete sich über ihrem Grab aus (...) Muß man solche Gedanken haben, wenn man Gott so liebt! Kurz, ich opfere diese großen Leiden auf, um für die armen Ungläubigen das Licht des Glaubens zu erlangen, für alle diejenigen, die sich von den Ansichten der Kirche entfernen." Sie fügte hinzu, daß sie sich mit diesen finsteren Gedanken nie in eine Diskussion einließ. „Ich lasse sie notwendigerweise über mich ergehen. Aber während ich sie erleide, höre ich nicht auf, meinen Glauben zu festigen". DE 525f/10.8.7; PA 151

Sehen Sie das schwarze Loch da unten (unter den Kastanienbäumen nahe dem Friedhof), wo man nichts mehr unterscheidet? In einem solchen Loch befinde ich mich der Seele und dem Leib nach. Ja, welche Finsternis. Dort aber befinde ich mich in Frieden. DE 346/28.8.3

Es ist wahr: „Die Liebe stößt nie auf Unmögliches, denn sie glaubt: Ich kann alles und darf es auch" (NC III,5.4). Tatsächlich konnte mir einzig die Liebe zu Jesus die Kraft geben, die Schwierigkeiten und jene, die folgten, zu überwinden. MsA,53v

Da ich nicht den Genuß des Glaubens habe, bemühe ich mich wenigstens, dessen Werke zu vollbringen. MsC,7r

Zu Sr. Thérèse vom hl. Augustin sagte sie: **„Wenn Sie wüßten, in welche Finsternis ich versunken bin. Ich glaube nicht mehr an das ewige Leben. Mir scheint, daß es nach diesem sterblichen Leben nichts mehr gibt. Alles ist für mich verschwunden. Es bleibt mir nichts mehr als die Liebe."** PO 402

Vierzehntes Kapitel

IM HIMMEL GIBT ES KEINE GRÄBER MEHR

Wenn ein Mensch nicht mehr anders kann, als nur noch einen ihm vorgegebenen Weg zu Ende zu gehen, dann zeigt er, wer er in Wirklichkeit ist. Wie klein werden auf dieser letzten Wegstrecke des Lebens nicht selten jene, die in den Augen anderer ein großes Ansehen hatten; und wie groß erscheinen plötzlich solche, die nie Beachtung fanden.

Im Angesicht ihres Todes enthüllte Theresia, wer sie wirklich war. Der tiefste Beweggrund ihres Lebens und Leidens war die Liebe. Sie lebte und litt, weil sie liebte. So konnte es gar nicht anders sein, als daß auch ihr Sterben und ihr Tod von der Liebe getragen waren. Wie immer man jene allerletzten Augenblicke ihres irdischen Lebens deuten mag, da sie „für die Zeitdauer eines Credo“ wie entrückt erschien, in ihnen wurde sichtbar, was bis dahin in der bewußt gesuchten Verborgenheit geheimgehalten worden war.

Theresia bejahte die sich im Tod vollziehende Trennung, da sie wußte, daß die Trennung im Tod die Vereinigung mit Gott bedeutet. Für sie war der Tod nicht das Ende, sondern der Beginn des Lebens. So ernst sie einerseits den Tod nahm, so gelassen stand sie ihm andererseits gegenüber. Das vermochte sie, weil sie ihm aufgrund ihrer positiven Sichtweise vieles von seiner Undurchsichtigkeit und damit auch von seinem Schrecken nahm. Immer blieb sie sich bewußt, daß nicht der Tod, sondern Gott sie hole. Vor Gott aber, den sie ihr ganzes Leben geliebt hatte, empfand sie keine Angst.

Theresia erwartete also nicht den Tod, sie erwartete den liebenden Gott, seine Ewigkeit, nach der sie sich sehnte, wie ein eingesperrter Wolf sich nach den Wäldern zurücksehnt.

1. Der Tod ist das Echo des Lebens

In seinem Gefängnistagebuch „Widerstand und Ergebung" schreibt Dietrich Bonhoeffer: „Nicht nur die Tat, sondern auch das Leiden ist ein Weg zur Freiheit. Die Befreiung liegt im Leiden darin, daß man seine Sache ganz aus den eigenen Händen geben und in die Hände Gottes legen darf. In diesem Sinn ist der Tod die Krönung der menschlichen Freiheit."[83] Wie wahr diese Sätze sind, verdeutlichen das Leiden und Sterben Theresias. Sie vor Augen habend, schrieb Pauline (Mutter Agnès de Jésus) ihrem Onkel und ihrer Tante: „Wie wahr ist es doch zu sagen, daß der Tod das Echo des Lebens ist" (DE 735). Pauline rechtfertigte die Anwendung dieses Wortes auf Theresia mit einem vorausgehenden und einem nachfolgenden Hinweis. Zunächst erklärte sie: „Sie bleibt sich immer gleich." Und dies bei aller Not ihrer schweren Krankheit. Hier tritt ihre Geradlinigkeit in Erscheinung. Dann meinte Pauline: „Sie findet täglich ihren Frieden in diesem Psalmwort, das sie entzückt: ‚Herr, ich finde meine Freude in allem, was du tust' (Ps 92,5)." Diesen Vers hatte Theresia im Juni 1897 auf die letzte Seite ihres kleinen Evangeliums geschrieben, das sie täglich mit sich führte. Mit diesem Wort hatte sie gelebt; mit diesem Wort wollte sie offensichtlich sterben.

Von meiner Kindheit an gab mir Gott das sichere Gefühl, daß ich jung sterben werde. DE 259/13.7.

Man fragte Theresia: „An was werden Sie sterben?“ Sie antwortete: „Ich werde des Todes sterben! Sagte nicht Gott mit diesen Worten zu Adam, an was er sterben würde: Ihr werdet des Todes sterben“ (Gn 2,17)? Das ist also ganz einfach! DE 300/3.8.9

Ich fürchte in keiner Weise die letzten Kämpfe noch die Schmerzen der Krankheit, wie groß sie auch sein mögen. Gott hat mir geholfen und mich seit meiner frühesten Kindheit an seiner Hand geführt ... Ich verlasse mich auf ihn. Ich bin sicher, daß er mir seine Hilfe bis ans Ende schenken wird. DE 214/27.5.2

Der Tod von Papa macht auf mich nicht den Eindruck des Todes, vielmehr eines vollendeten Lebens. Ich finde ihn nach sechsjähriger Abwesenheit wieder. Ich fühle, wie er um mich herum ist, mich anschaut und beschützt ...

LT 170/20.8.94

In meiner Kindheit erschienen mir die großen Ereignisse meines Lebens aus der Ferne wie unerreichbare Bergspitzen. Wenn ich die kleinen Mädchen zu ihrer Ersten Kommunion gehen sah, fragte ich mich: „Wie werde ich meine Erste Kommunion feiern?“ ... Später: „Wie werde ich es schaffen, in den Karmel einzutreten?“ Und danach: „... meine Einkleidung, meine Profeß? ...“ Jetzt frage ich mich dasselbe hinsichtlich des Sterbens. DEA 65f/5.6.4

Ich frage mich, wie ich mich im Sterben verhalten werde. Gern würde ich es ehrenvoll tun! Nun, ich glaube, das hängt nicht von uns ab. DE 221/6.6.3

Ich glaube, hinsichtlich meines Todes bedarf es der gleichen Geduld wie bei den anderen großen Ereignissen meines Lebens. DE 238/6. 7.2

Unser Herr ist am Kreuz in Todesqualen gestorben. Und doch war es der größte Liebestod (...) Aus Liebe sterben bedeutet nicht, daß man in Verzückung stirbt.

DE 236f/4.7.2

Ich las eine gute Stelle in der „Nachfolge Christi“ ...: „Unser Herr erfreute sich im Ölgarten aller Herrlichkeiten des Dreifaltigen Gottes, und doch war seine Todesangst nicht weniger qualvoll.“ Das ist ein Geheimnis. Aber ich versichere Ihnen, daß ich davon etwas verstehe, weil ich es meinerseits empfinde. DE 239/6.7.4

Haben Sie jetzt Angst vor dem Tod, da Sie ihn so nahe vor sich sehen? –Ach, immer weniger!
Haben Sie Angst vor dem Dieb? Diesmal ist er vor der Tür!
–Nein, er ist nicht vor der Tür, er ist eingetreten. Aber was sagen Sie, geliebte Mutter? Ob ich Angst vor dem Dieb habe? Wie könnte ich Angst haben vor einem, den ich so liebe?! DE 240f/7.7.3

Wenn Sie Ihr Leben noch einmal beginnen sollten, was würden Sie tun?
–Ich würde es genauso machen, wie ich es getan habe.

DE 640/12. 7

Sr. Marie du Sacré Cœur sagte ihr: „Wie glücklich ist man doch zu sterben, wenn man sein Leben in der Liebe (zu Gott) verzehrt hat.“ Theresia antwortete ihr: „Ja, man darf es aber auch nicht an der Nächstenliebe fehlen lassen.“

DE 642/28.7.2

Céline (Sr. Geneviève de Sainte-Thérèse) erzählt: Ich war immer darauf bedacht, daß sich die Einzelheiten meines

Lebens wie bei einem Geduldsspiel ineinanderfügen. Wehe dem, der sie durcheinanderbrachte. Trat ein unvorhergesehener Zwischenfall ein, um diese Zusammensetzung zu zerstören und die Anordnung durcheinanderzubringen, so war ich ungehalten.

Eines Tages, während der letzten Krankheit meiner geliebten Schwester, hatte ich einen Nachmittag reserviert, um eine Arbeit zu beenden. Da wurde ich unvermutet ins Sprechzimmer gerufen. Ich sagte ihr: „Ach, wie bedauere ich, daß ich gestört wurde. Sonst hätte ich meine Arbeit fertiggemacht! ...“ Sie schaute mich an: „Im Augenblick des Todes werden Sie sehr wünschen, gestört worden zu sein!“ CS 104

Um aus Liebe sterben zu können, muß man aus Liebe leben. PO 399

Unsere Mutter sagte mir, ich brauchte nichts zu tun, um mich auf den Tod vorzubereiten, weil ich es bereits getan hätte! DE 365/ 15.9.3

Wie glücklich bin ich, meine Unvollkommenheit zu sehen und so sehr das Erbarmen Gottes im Augenblick des Todes nötig zu haben. DE 286/29.7.3

Man sagte mir, ich werde vor dem Tod Angst haben. Das ist durchaus möglich. Hier ist keine, die ihren Gefühlen gegenüber mißtrauischer ist als ich. Nie stütze ich mich auf meine eigenen Gedanken. Ich weiß, wie schwach ich bin. Doch will ich das Gefühl auskosten, das mir Gott jetzt schenkt. Es wird immer noch früh genug sein, das Gegenteil zu erleiden. DE 210/20.5.1

Warum sollte ich mehr als andere vor der Todesangst

abgesichert sein? Ich sage nicht wie der hl. Petrus: „Ich werde dich nie verleugnen" (Mt 26,35). DE 248/9.7.6

Ich freue mich auf den Tod nur, weil er der Ausdruck des Willens Gottes für mich ist. DEA 205/27.7.3

Warum sollte ich vor dem Tod Angst haben? Immer habe ich alles für Gott getan. CS 166

Ich fürchte mich nicht zu sterben.
Es ist die Ewigkeit, die ich erwarte. RP 1

Der Tod erschreckt mich nicht mehr.
Ich ersehne ihn wie die Morgenröte meines ewigen Glücks! RP 3

Für's Sterben empfinde ich Freude. DE 221/6.6.2

Nicht der Tod wird mich holen, sondern Gott.
DE 204/1.5.1

Mein Gott wird meine große Belohnung sein.
Keine anderen Güter will ich besitzen. PN 17,15

Der Tod ist die einzige Möglichkeit, um zu Gott zu gelangen. PA 351

Ich bin jetzt völlig bereit, abzureisen. Ich habe meinen Paß für den Himmel bekommen. LT 263/10.8.97

Lebt wohl, meine Schwestern. Ich breche für eine weite Reise auf. DE 317/12.8.1

Bleiben Sie bei mir, liebe Mutter. Es ist für mich eine Stütze, Sie bei mir zu haben. DE 326/19.8.2

Wie sehr muß man für die Sterbenden beten! Wenn man wüßte! DE 341/ 25.8.6

Ich bedaure das Leben nicht. Keineswegs! Ich überlege nur: „Was bedeutet diese geheimnisvolle Trennung von Seele und Leib?“ DE 361/11.9.4

Der Tod ist kein Gespenst, kein grauenvolles Schreckbild, wie man ihn auf den Bildern darstellt. Im Katechismus heißt es: „Der Tod ist die Trennung von Seele und Leib.“ Das ist alles. DE 204/1.5.1

Ich habe keine Angst vor einer Trennung, die mich für immer mit Gott vereinen wird. PO 279

Ich sehne mich danach zu sterben, damit ich anfange zu leben./Ich möchte sterben, um mit Jesus eins zu werden ... RP 3

Auch der Tod wird vorübergehen, und dann werden wir uns des Lebens erfreuen, nicht für Jahrhunderte; vielmehr werden Millionen von Jahren für uns wie ein Tag vorübergehen, und weitere Millionen von Jahren voll Ruhe und Glückseligkeit werden ihnen folgen ... LT 122/14.10.90

Gern möchte ich Ihnen tausend Dinge sagen, die ich begreife, weil ich am Tor der Ewigkeit stehe. Aber ich sterbe nicht; ich trete in das Leben ein, und alles, was ich Ihnen hier nicht sagen kann, werde ich Ihnen vom Himmel aus verständlich machen ... LT 244/9.6.97

Ich bin wie ein armer „kleiner grauer Wolf“, der große Lust hat, in seinen Wald zurückzukehren, und den man zwingt, in den Häusern zu wohnen. DE 242f/7.7.7

Ich bin wie ein müde gewordener erschöpfter Reisender, der zusammenbricht, als er am Ziel seiner Reise ankommt ... Ja, aber es sind die Arme Gottes, in die ich falle!
DE 364/15.9.2

Wenn das die Todesangst ist, was ist dann erst der Tod?!
DE 381/ 30.9

Es ist die reine Todesangst, ohne jede Spur von Trost.
DE 380/30. 9.–

Alle meine Wünsche wurden verwirklicht. Dann wird sich auch dieser große (aus Liebe zu sterben) erfüllen.
DE 391/30.9

Ich habe nur noch einen Wunsch, nämlich dich zu sehen, o mein Gott!
RP 3

Oh, ich liebe ihn! ... Mein Gott ... ich liebe dich! ...
DE 384/ 30.9.90

2. Himmel – ein Glück ohne Wolken

Im Schrifttum der hl. Theresia lesen wir immer wieder das Wort: „Je sens – ich fühle." Das Fühlen war ihr Sensorium (H. U. von Balthasar). Es vermittelte ihr unbedingte Gewißheit, die für sie stärker war als jeder Beweis. In dieser Weise „fühlte" sie auch, daß es einen Himmel gibt. Theresia betrachtete den Himmel vor allem unter drei Gesichtspunkten. Er war für sie zunächst die Erfüllung all ihrer unersättlichen Sehnsüchte, Hoffnungen und Wünsche. Sie fühlte, daß der Mensch nicht nur für diese begrenzte Welt geschaffen ist. Zweitens war für sie der Himmel nicht die Belohnung für die auf Erden gesammelten Verdienste. „Sie betrachtet den Himmel als die Vision der reinen Gnade Gottes, als die strahlende Manifestation der Güte Gottes."[84] Schließlich war für sie der Himmel die liebende und helfende Gemeinschaft derHeiligen. Die folgenden Worte von Abbé Arminjon beeindruckten sie sehr: „Die Erwählten werden nur ein gemeinsames Herz besitzen … Jeder wird reich durch den Reichtum aller, jeder wird erfaßt sein von der Freude aller" (CS 63,1).

Mit all diesen Himmelsvorstellungen geriet Theresia in die dunkle Nacht des Nichts. Doch hielt sie in unwandelbarem Gehorsam und unbeugsamer Treue durch. Sie versprach, ihren Himmel damit zu verbringen, Gutes auf Erden zu tun. Da diesen Worten alsbald die Taten folgten, hat sie die Unsterblichkeitsfrage im wahrsten Sinne des

Wortes „praktisch" beantwortet. „Das ist die einzig sinnvolle Art, wie der Frage des Nachher überhaupt begegnet werden kann."[85]

Das erste Wort, das ich allein lesen konnte, war „Himmel". MsA, 13v

Hast du nicht oft gesagt:
„Der Himmel ist für das Kind …"? PN 24,9

Für meine Natur, ja, den Himmel. DE 297/2.8.4

Mein Himmel ist, immer in seiner Gegenwart zu bleiben,
Ihn meinen Vater zu nennen und sein Kind zu sein. PN 32,4

Das Leben ist sehr geheimnisvoll! … Es ist eine Wüste, ein Exil … Doch im Abgrund der Seele fühlt man, daß es einen Tag unendlicher Fernen geben wird, Fernen, die für immer die Traurigkeit der Wüste und des Exils vergessen lassen … LT 114/3.9.90

Ich glaubte, ich fühlte, daß es einen Himmel gibt, und daß dieser Himmel mit Seelen bevölkert ist, denen ich teuer bin … MsB,2v

Ich hatte großes Mitleid mit den Menschen, die bei den großen Festen bedienten. Wenn es ihnen unglücklicherweise passierte, daß sie einige Tropfen auf das Tischtuch oder auf einen der Tischgäste fallenließen, sah ich, wie die Hausherrin sie streng anschaute. Dann erröteten diese armen Leute vor Scham, und ich sagte mir, innerlich ganz aufgewühlt: „Ach, wie deutlich beweist dieser Unterschied, der hier auf Erden zwischen den Herrn und Die-

nern besteht, daß es einen Himmel gibt, wo jeder seinem inneren Verdienst entsprechend seinen Platz bekommt, wo alle am Festmahl des Familienvaters teilnehmen werden." Doch wer wird dann unser Diener sein, da Jesus sagte, er „werde hingehen und wiederkommen, um uns zu bedienen!" (Lk 12,37)? Das wird dann für die Armen und vor allem für die Kleinen der Augenblick sein, da sie für ihre Verdemütigungen reichlich belohnt werden. DE 312f/8.8.4

Gehen wir unseren Weg in Frieden, indem wir zum Himmel aufschauen, dem einzigen Ziel unserer Mühen. Die Stunde der Ruhe naht. LT 90/27(?).4.89

Ihre Seele ist zu groß, um sich an irgendeinen irdischen Trost zu hängen. Sie müssen bereits im Himmel leben, denn es heißt: „Wo euer Schatz ist, ist auch euer Herz" (Mt 6,21). Ist Ihr einziger Schatz nicht Jesus?

LT 261/26.7.97

Unsere Gedanken müssen sich zum Himmel erheben, weil dort Jesus wohnt. Neulich dachte ich, wir dürften uns nicht an das hängen, was uns umgibt, denn wir könnten an einem anderen Ort als dem gegenwärtigen sein. Unsere Gefühle und unsere Wünsche wären dann nicht dieselben. LT 65/20.10.88

Unser Herz ist da, wo unser Schatz ist, und unser Schatz ist oben in der Heimat, wo uns Jesus einen Platz bei sich bereitet. LT 127/ 26.4.91

Wer wird uns sagen, was die Ewigkeit für uns bereithält? LT 127/26.4.91

Was hält er uns erst im Himmel bereit, wenn uns seine Liebe schon hier so großartige Überraschungen schenkt.
LT 201/1.11.96

Ich mache mir ein so erhabenes Bild vom Himmel, daß ich mich manchmal frage, wie Gott mich bei meinem Tod noch überraschen wird. Meine Hoffnung ist so groß, sie ist mir ein solcher Gegenstand der Freude, nicht dem Gefühl, sondern dem Glauben nach, daß es für mich noch etwas geben muß, das alle Gedanken übersteigt, um mich völlig zufriedenzustellen. Anstatt enttäuscht zu sein, möchte ich mir lieber eine ewige Hoffnung erhalten. DE 207/15.5.2

Ich verstand, daß erst im Himmel die Freude wolkenlos sein wird. MsA,14v

Im Himmel gibt es keine Gräber mehr. LT 46/29.4.88

Ich brauche keine Vorbereitungen zu treffen. Jesus wird alle Reisekosten und den Eintrittspreis zum Himmel selbst bezahlen müssen. LT 191/12.7.96

Eines Tages wird Gott dankbar ausrufen: „Jetzt ist es an mir!“ Was werden wir dann zu sehen bekommen? … Was ist dieses Leben, das kein Ende haben wird? … Gott wird die Seele unserer Seele sein … unergründliches Geheimnis … LT 94/14.7.89

Dann wird er sagen: „Jetzt ist es an mir!“ Du hast mir auf Erden das einzige Asyl gegeben, auf das kein Mensch verzichten möchte, d. h. dich selbst, und jetzt gebe ich dir als Wohnstätte mein ewiges Sein, d. h. mich selbst. Dies ist dein Haus für die ganze Ewigkeit. LT 157/März oder Mai 94

Ihr Herz, das auf Erden nie satt geworden ist, wird reichlich trinken an der Quelle der Liebe selbst. Welch ein beglückendes Fest. Welche Freude, Gott zu sehen; von dem gerichtet zu werden, den wir über alles geliebt haben. LT 56/11.7.88

Wie gut wird es sein, Jesus von Angesicht zu Angesicht für die ganze Ewigkeit zu schauen! Immer mehr Liebe, immer mehr Freude, die trunken macht... ein Glück ohne Wolke. LT 94/14.7.89

(...) unaufhörlich das Antlitz Gottes zu schauen, sich zu verlieren im uferlosen Ozean der Liebe. LT 254/14.7.97

Ich sehe, was ich geglaubt habe.
Ich besitze, was ich erhofft habe.
Ich bin mit dem vereint, den ich geliebt habe
mit meiner ganzen Liebeskraft. LT 245/Juni(?)97

Ich möchte im Himmel die Lebensgeschichte von allen Heiligen kennen. Doch wird es nicht nötig sein, daß man sie mir erzählt. Das würde zu lange dauern. Ich müßte nur, wenn ich einen Heiligen anspreche, seinen Namen und sein ganzes Leben in einem Augenblick erfassen.
DE 273/21.7.3

Im Himmel wird man keinen gleichgültigen Blicken begegnen, weil alle Erwählten erkennen werden, daß sie einander die Gnadengaben verdanken, die ihnen die Lebenskrone einbrachten. DE 268/ 15.7.5

Die Kirchenlehrer lehren uns, daß im Himmel die Liebe, die alle Erwählten miteinander vereint, so groß ist, daß jeder sich am Glück des anderen so erfreut, als habe er selbst es verdient. CS 63

Was wird es im Himmel geben, wenn Seelen jene erkennen, die sie gerettet haben?! DE 337/23.8.6.

Gott weiß alle Dinge so zu fügen, daß es für uns keinen Grund gibt, einander zu beneiden. CS 166

Einmal wunderte ich mich darüber, daß Gott im Himmel nicht allen Auserwählten das gleiche Maß an Herrlichkeit schenke, und ich fürchtete, daß nicht alle glücklich seien. Da ließ mich Pauline das große „Glas von Papa" holen und es neben meinen ganz kleinen Fingerhut stellen und sie dann mit Wasser füllen. Dann fragte sie mich, welches voller sei. Ich sagte, sie seien beide gleich voll und es sei unmöglich, mehr Wasser hineinzugießen, als sie faßten. Meine geliebte Mutter ließ mich hierauf verstehen, daß Gott seinen Erwählten im Himmel soviel Herrlichkeit schenke, wie sie fassen können. Daher habe der letzte keinen Grund, den Ersten zu beneiden. MsA,19v

Welches Glück, wenn man bedenkt, daß wir im Himmel vereint sein werden, um einander nicht mehr zu verlassen. Ohne diese Hoffnung wäre das Leben wirklich unerträglich. LT 59/22.8.88

Am Ende ihres Lebens sagte man zu ihr: „Sie werden vom Himmel aus zu uns herunterschauen, nicht wahr?" Darauf antwortete sie spontan: „Nein, ich werde herunterkommen!" DE 610/-.9.1

Wieviele Gnadengaben werde ich für euch erbitten, wenn ich im Himmel bin. Ach, ich werde Gott so sehr plagen, daß meine Aufdringlichkeit ihn zwingen würde, meine Wünsche zu erfüllen, hätte er mich zunächst zurückweisen wollen. Diese Geschichte steht im Evangelium …

DE 212/21-26.5.7

Wenn Gott meine Wünsche erhört, wird sich mein Himmel bis zum Ende der Welt auf Erden ereignen. Ja, ich will meinen Himmel damit verbringen, auf Erden Gutes zu tun. DE 269f/17.7

Wie unglücklich wäre ich im Himmel, dürfte ich denen auf Erden, die ich liebe, nicht kleine Freuden machen! DE 233/29.6.2

Gott gäbe mir nicht diesen Wunsch, nach meinem Tod auf der Erde Gutes zu tun, wollte er ihn nicht verwirklichen. Sonst hätte er mir vielmehr das Verlangen gegeben, mich in ihm auszuruhen. DE 270/18. 7.1

Im Himmel muß Gott meine Wünsche erfüllen, weil ich auf Erden nie meinen Willen getan habe. DE 256/13.7.2

Immer ließ er mich wünschen, was er mir geben wollte. Wird er also im Himmel anfangen, meine Wünsche nicht mehr zu erfüllen? LT 253/ 13.7.97

ABKÜRZUNGEN

CS	=	Thérèse de Lisieux, Conseils et Souvenirs, gesammelt von Sr. Geneviève de la Sainte Face, Schwester und Novizin der Heiligen, Éditions du Cerf-Desclée de Brouwer, Paris 1973.
DE	=	Les „Derniers Entretiens“, die „Letzten Gespräche“ der Heiligen mit ihren Schwestern, Éditions du Cerf-Desclée de Brouwer, Paris 1971.
DEA	=	Les „Derniers Entretiens“, Volume d'Annexes, Éditions du Cerf-Desclée de Brouwer, Paris 1971.
HA	=	Histoire d'une Ame, (06 = 1906; 53 = 1953).
LT	=	Les „Lettres“ de Thérèse, veröffentlicht in: Correspondance Générale I et II, Édition du Cerf-Desclée de Brouwer, Paris 1972–1974, (LT 262/3.8.97 = Brief Nr. 262 vom 3.8.1897).
MA	=	Histoire d'une Ame, Manuscrits autobiographiques, Éditions du Cerf-Desclée de Brouwer, Paris 1972.
MsA	=	Premier manuscrit autobiographique, Mutter Agnès de Jésus gewidmet, 1895; v = linke Seite, r = rechte Seite der ursprünglichen Niederschrift.
MsB	=	Second manuscrit autobiographique, September 1896.
MsC	=	Troisième manuscrit autobiographique, Mutter Marie de Gonzague gewidmet, Juni–Juli 1897.
NC	=	Nachfolge Christi.
PA	=	Procès apostolique (1915–1916), Teresianum, Roma 1976.
PN	=	Les »Poésies« de Thérèse, Éditions du Cerf-Desclée de Brouwer, Paris 1979.
PO	=	Procès de l'ordinaire (1910–1911), Teresianum, Roma.
RP	=	„Récréations pieuses“, von Theresia in der Zeit vom 21.1.1894 bis zum 8.2.1897 acht verfaßte Stücke, die vom Noviziat aufgeführt wurden.

ANMERKUNGEN

[1] Vgl. hierzu: Heinrich Spaemann, Orientierung am Kind (Patmos-Verlag, Düsseldorf 1967) 23ff.

[2] André Combes, Die Heilige des Atomzeitalters, Therese von Lisieux (Verlag Herold, Wien–München 1957) 241.

[3] Walter Nigg, Große Heilige (Artemis Verlag, Zürich–München 1947) 517.

[4] Walter Nigg, Was bleiben soll (Walter-Verlag, Olten–Freiburg i.Br. 1973) 186.

[5] H.Petitot, Die heilige Theresia vom Kinde Jesu (St. Josephs Verlag, Reimlingen 1928) 87.

[6] Hans Urs von Balthasar, Der „kleine Weg". Zum hundertsten Geburtstag der Therese von Lisieux am 2. Januar 1973, in: Deutsche Tagespost (5./6. Jan. 1973) 14.

[7] Martin Heidegger, Was heißt denken? (Max Niemeyer Verlag Tübingen 1961) 20.

[8] Hans Urs von Balthasar, Schwestern im Geist, Therese von Lisieux und Elisabeth von Dijon (Johannes Verlag, Einsiedeln 1970) 227

[9] André Combes, a.a.O. 249f.

[10] Hans Urs von Balthasar, a.a.O. 251.

[11] André Combes, Einführung in das Geistesleben der hl. Theresia vom Kinde Jesu (Johann Josef Zimmer Verlag, 1951) 465.

[12] M.-M.Philipon OP, Le Message de Thérèse de Lisieux (Éditions Saint Paul, Paris 1951) 71f.

[13] Caterina von Siena, Gespräch von Gottes Vorsehung (Johannes Verlag, Einsiedeln 1964) 31.

[14] PL 38,441.

[15] Hans Urs von Balthasar, a.a.O. 52.

[16] Sören Kierkegaard, Gebete, hrsg. v. Walter Rest (Verlag Jakob Hegner, Köln–Olten 1957) 7.

[17] Bekenntnisse, X. 27.

[18] M.-M.Philipon, a.a.O. 108.

[19] M.-M.Philipon, a.a.O. 112.

[20] André Combes, Die Heilige des Atomzeitalters, a.a.O. 66f.

[21] Hans Urs von Balthasar, a.a.O. 51.
[22] Hans Urs von Balthasar, a.a.O. 54.
[23] Ida Friederike Görres, Das Senfkorn von Lisieux, (Verlag Herder, Freiburg i.Br. 1958) 365.
[24] André Combes, Die Heilige des Atomzeitalters, a.a.O. 120 128.
[25] M.-M. Philipon, a.a.O. 63.
[26] Vgl. Hans Urs von Balthasar, a.a.O. 311–319.
[27] Ida Friederike Görres, a.a.O. 135.
[28] André Combes, Einführung, a.a.O. 210.
[29] P. Liagre, Retraite avec Sainte Thérèse de l'Enfant-Jesus (Éditions des Annales, Lisieux o.J.) 37.
[30] V. Sackville-West, Adler und Taube, Eine Studie in Gegensätzen (Christian Wegner Verlag, Hamburg 1947) 195.
[31] Karl Rahner, Alltägliche Dinge (Benziger Verlag, Einsiedeln 1964) 8f.
[32] Ida Friederike Görres, a.a.O. 32.
[33] PL 38,441.
[34] Ida Friederike Görres, a.a.O. 306.
[35] Correspondance Générale, I (Éditions du Cerf et Desclée De Brouwer 1974) 488, Anm. d zu:
LT 92/30.5.89.
[36] André Combes, Die Heilige des Atomzeitalters, a.a.O. 26.
[37] Hanna Wolff, Jesus der Mann, Die Gestalt Jesu in tiefenpsychologischer Sicht (Radius-Verlag, Stuttgart 1975) 44.
[38] Vgl. André Combes, Die Heilige des Atomzeitalters, a.a.O. 242ff.
[39] André Combes, Einführung, a.a.O. 221.
[40] Jean-François Six, Theresia von Lisieux, Ihr Leben wie es wirklich war (Verlag Herder, Freiburg–Basel–Wien 1976) 262.
[41] In: Vie Thérésienne (Juillet 1975) 173.
[42] Waltraud Herbstrith, Anfechtung und Solidarität (Verlag Gerhard Kaffke, Bergen-Enkheim 1972) 145.
[43] Albino Luciani, Ihr ergebener, Briefe an Persönlichkeiten (Verlag Neue Stadt, München–Zürich–Wien 1978) 154.
[44] Vgl. H. Petitot, a.a.O. 53ff.
[45] Walter Nigg, a.a.O. 517.
[46] V. Sackville-West, a.a.O. 184.
[47] Ida Friederike Görres, a.a.O. 520.
[48] Hans Urs von Balthasar, a.a.O. 260.
[49] Albino Luciani, a.a.O. 153.
[50] Ida Friederike Görres, a.a.O. 70.
[51] Hans Urs von Balthasar, a.a.O. 125.
[52] Jean-François Six, Theresia von Lisieux, a.a.O. 64.

[53] René Laurentin et Jean-François Six, Verse et Controverse, Thérèse de Lisieux (Éditions Beauchesne, Paris 1973) 31.
[54] H. Petitot, a. a. O. 58.
[55] Hans Urs von Balthasar, a. a. O. 173.
[56] PL 183, 441, C.
[57] Walter Nigg, a. a. O. 492.
[58] Hans Urs von Balthasar, a. a. O. 227.
[59] Vgl. hierzu: PA 269.
[60] Hans Urs von Balthasar, a. a. O. 232.
[61] H. Petitot, a. a. O. 150.
[62] Zélie Martin, Correspondance familiale (Office Central, Lisieux 1958) 13, Brief v. 1. 1. 1863.
[63] Magnus Beck, Liebe, die bis ans Ende geht (Eos Verlag, St. Ottilien 1976) 98.
[64] H. Petitot, a. a. O. 242.
[65] Ida Friederike Görres, a. a. O. 7.
[66] Ida Friederike Görres, a. a. O. 102.
[67] Monsignore Laveille, Das Leben der hl. Theresia vom Kinde Jesu (Verlag der Schulbruder, Kirnach-Villingen 1926) 352, 1.
[68] André Combes, Die Heilige des Atomzeitalters, a. a. O. 252.
[69] Erik Blumenthal, Wege zur inneren Freiheit (Rex-Verlag, München–Luzern 1978) 116.
[70] Walter Nigg, a. a. O. 492.
[71] Walter Nigg, a. a. O. 487.
[72] Hans Urs von Balthasar, in: Therese vom Kinde Jesu, Selbstbiographische Schriften (Johannes Verlag, Einsiedeln 1958) VII.
[73] Hans Urs von Balthasar, Schwestern im Geist, a. a. O. 248.
[74] Albino Luciani, a. a. O. 156.
[75] Hans Urs von Balthasar, a. a. O. 204.
[76] André Combes, Die Heilige des Atomzeitalters, a. a. O. 166.
[77] Friedrich Heer, in: André Combes, Die Heilige des Atomzeitalters, a. a. O. 291.
[78] H. Petitot, a. a. O. 315.
[79] Guy Gaucher, La Passion de Thérèse de Lisieux (Éditions du Cerf et Desclée de Brouwer, Paris 1973).
[80] Walter Nigg, a. a. O. 508.
[81] Magnus Beck, a. a. O. 68.
[82] Emmanuel Renault, L'épreuve de la foi, Le combat de Thérèse de Lisieux (Éditions du Cerf et Desclée de Brouwer, Paris 1974) 40.
[83] Dietrich Bonhoeffer, Widerstand und Ergebung (Siebenstern Taschenbuch Verlag, Hamburg 1971) 187.
[84] Jean-François Six, Theresia von Lisieux, a. a. O. 247.
[85] Walter Nigg, a. a. O. 523.

LEBENSDATEN

2.1.1873: 23.30 Uhr, Geburt von Marie-Françoise-Thérèse Martin in Alençon (Hauptstadt des Departements Orne, Nordwestfrankreich), damals 16037 Einwohner.

4.1.1873: Taufe in der Kirche Notre-Dame; Taufpatin ist ihre älteste Schwester Marie (1860–1940).

15. oder 16.3.1873: Theresia wird zur Amme Rose Taillé nach Semallé gebracht und bleibt dort bis zum 2.4.1874.

28.8.1877: Zélie Martin (geb. 1831), die Mutter von Theresia, stirbt an Brustkrebs. Sie wird am darauffolgenden Tag beerdigt. Theresia erwählt ihre zweitälteste Schwester Pauline (1861–1951) zur zweiten Mutter.

15.11.1877: Theresia verläßt mit ihren Schwestern Alençon und zieht nach Lisieux, wo ihr Onkel, der Apotheker Isidore Guérin (1841–1909), „Les Buissonnets" als neues Heim ausfindig machen konnte. Hier wohnt die Familie bis zum 25.12.1889. Danach wird der Pachtvertrag nicht mehr erneuert.

8.8.1878: Theresia lernt in Trouville zum ersten Mal das Meer kennen.

3.10.1881: Eintritt als Halbtagsschülerin in die Benediktinerinnenabtei „Notre-Dame du Pré".

2.10.1882: Pauline tritt in den Karmel von Lisieux ein.

13.5.1883: Pfingsten, Theresia wird durch das Zulächeln der Madonna von schwerer Krankheit geheilt.

8.5.1884: Erste hl. Kommunion in der Abtei; am selben Tag legt Pauline (Sr. Agnès de Jésus) im Karmel ihre Profeß ab.

Frühjahr 1886: Theresia verläßt wegen fortwährender Kopfschmerzen und Skrupel die Abteischule und bekommt Unterricht von Frau Papinau.

15.10.1886: Marie, die älteste Schwester, tritt ebenfalls in den Karmel von Lisieux ein.

25.12.1886: Theresia erlebt in der Weihnachtsnacht ihre „Bekehrung". Damit beginnt ihre dritte Lebensphase.

1.5.1887: Herr Martin (1823–1894) erleidet einen ersten Schlaganfall, der Lähmungen der Beine zur Folge hat.

29.5.1887: Pfingstsonntag, Theresia bittet ihren Vater, in den Karmel von Lisieux eintreten zu dürfen, und erhält die Erlaubnis.

An einem Sonntag im Juli 1887: Angesichts eines Bildes vom Gekreuzigten erfährt Theresia ihre Berufung zum Apostolat durch Gebet und Opfer.

1.9.1887: Theresia liest in der Zeitung „La Croix" den Bericht von der Hinrichtung des Mörders Pranzini, für den sie seit Mitte Juli gebetet hatte und der im letzten Augenblick seines Lebens seine Schuld bereute.

31.10.1887: Reise nach Bayeux, um ihren Bischof Hugonin um Erlaubnis zu bitten, im Alter von fünfzehn Jahren in den Karmel eintreten zu dürfen.

4.11.–2.12.1887: Theresia nimmt mit ihrem Vater und ihrer Schwester Céline (1869–1959) an einer Pilgerfahrt nach Rom teil.

20.11.1887: Audienz bei Papst Leo XIII. Theresia bittet den Papst um die Genehmigung zum Eintritt in den Karmel.

28.12.1887: Der Bischof erteilt der Priorin des Karmels, Mutter Marie de Gonzague (1834–1904) die Vollmacht, Theresia in den Karmel aufzunehmen.

6.4.1888: Eintritt in den Karmel.

10.1.1889: Einkleidung.

12.2.1889: Der Gesundheitszustand von Herrn Martin hat sich so verschlimmert, daß er nach Caen ins Hospital „Saint Sauveur" gebracht werden muß, wo er drei Jahre bleibt.

25.12.1889: Les Buissonnets wird aufgegeben.

29.7.1894: Herr Martin stirbt auf dem Schloß La Musse, das Familie Guérin geerbt hatte.

8.9.1890: Feierliche Profeß.

14.9.1894: Céline (Sr. Geneviève de Sainte-Thérèse) tritt als vierte in den Karmel ein.

Januar 1895: Theresia beginnt mit ihren „Selbstbiographischen Schriften".

2.–3.4.1896: Die Todeskrankheit (Tuberkulose) meldet sich mit einem ersten Blutsturz an.

5.4.1896: Beginn der Glaubensprüfung.

8.9.1896: Theresia verfaßt das Manuskript B.

6.4.1897: Mutter Agnès de Jésus beginnt mit der Aufzeichnung der letzten Worte von Theresia.

3.6.1897: Theresia beginnt im Auftrag der Priorin Mutter Maria de Gonzague mit dem Manuskript C, das sie vor dem 11.7.1897 abbricht.

8.7.1897: Sie bezieht das Krankenzimmer.

30.7.1897: Empfang der Krankensalbung.
30.9.1897: Nach zweitägigem Todeskampf stirbt Theresia gegen 19.30 Uhr. Ihre letzten Worte waren: „Mein Gott ... ich liebe dich!"
4.10.1897: Beerdigung auf dem städtischen Friedhof von Lisieux.
30.9.1897: Es erscheint die erste Auflage von „Geschichte einer Seele".
Oktober 1919: Kardinal Vico, der Präfekt der Ritenkongregation, erklärt: „Wir müssen uns mit der Verherrlichung der kleinen Heiligen beeilen, wenn wir nicht wollen, daß uns die Stimme des Volkes überholt."
29.4.1923: Seligsprechung durch Papst Pius XI.
17.5.1925: Heiligsprechung durch Papst Pius XI.
14.12.1927: Papst Pius XI. ernennt Theresia zur Schutzpatronin der Missionen.
3.5.1944: Papst Pius XII. ernennt Theresia mit der hl. Jeanne d'Arc zur zweiten Schutzpatronin von Frankreich.

Packende Portraits großer Heiliger von Christian Feldmann

Liebe, die das Leben kostet
Edith Stein – Jüdin, Philosophin, Ordensfrau
144 Seiten, Paperback. ISBN 3-451-20958-6

Die Wahrheit muß gesagt werden
Rupert Mayer – Leben im Widerstand
120 Seiten, Paperback. ISBN 3-451-20959-4

Träume beginnen zu leben
Große Christen unseres Jahrhunderts
5. Auflage. 416 Seiten, gebunden. ISBN 3-451-19896-7

Gottes sanfte Rebellen
Große Heilige der Christenheit
384 Seiten, gebunden. ISBN 3-451-20244-1

Ich umarme die Schöpfung
Hildegard von Bingen
ca. 240 Seiten, gebunden. ISBN 3-452-20797-4

Verlag Herder Freiburg · Basel · Wien